海南师范大学学术著作出版基金、海南师范大学中国语言文学学科资助

近代江淮官话音韵研究及其明代音系构拟

冯法强 著

科学出版社
北京

内 容 简 介

本书精选江淮官话有代表性的23个方言点，以中古音类为比较单位，分析各音类在不同方言中的今读类型，以读音类型为基础，结合汉语语音史和语音学的一般规则，推断江淮官话声、韵、调在近代的发展演变。再结合明清时期江淮官话区的音韵材料，发掘历史文献中的江淮官话信息，进一步验证了之前所得结论。此外，还对江淮官话的特色现象进行了研究，包括声母和韵母的擦化音变、韵母的开口化音变、元音鼻化、元音链移。最后，在历史演变轨迹梳理清晰的基础上，以几种明代江淮官话区的音韵材料为参照构拟了明代江淮官话音系。

本书可供语言学科研人员、高等院校语言学师生及社会地域语言文化爱好者参阅。

图书在版编目(CIP)数据

近代江淮官话音韵研究及其明代音系构拟/冯法强著. —北京：科学出版社，2017.3

ISBN 978-7-03-052200-9

I. ①近… II. ①冯… III. ①江淮方言-语音-方言研究 IV. ①H172.4

中国版本图书馆 CIP 数据核字（2017）第 055586 号

责任编辑：郭勇斌 彭婧煜 欧晓娟 / 责任校对：韩 杨
责任印制：张 伟 / 封面设计：黄华斌

科学出版社 出版
北京东黄城根北街 16 号
邮政编码：100717
http://www.sciencep.com

北京凌奇印刷有限责任公司 印刷

科学出版社发行 各地新华书店经销

*

2017 年 3 月第 一 版 开本：720×1000 1/16
2017 年 3 月第一次印刷 印张：15 1/2
字数：305 000

POD定价： 85.00元
（如有印装质量问题，我社负责调换）

前　言

江淮官话因长江、淮河而得名，其地理分布也与这两条河流密切相关，主体区域基本上处于这两条河流之间，按照江水流动的方向由西至东分别是鄂东、皖中、苏北，这一区域从北往南看是官话、非官话的过渡区域，从西往东看是“吴头楚尾”。分布地域的过渡性并不意味着它的方言系统就是混杂的，相反由于特殊的地理位置使它能够避开早期官话发展过程中“南染吴越、北杂夷虏”的外来影响，因此今天江淮官话内部仍能保持着较强的统一性，它既迥异于南部的赣语，又区别于东边的吴语。

这么看来，江淮官话是一片蕴藏了早期官话原貌的“净土”。但是目前对于江淮官话发展历史的研究还很薄弱，尚处于提出观点的阶段，很多问题有待进一步论证落实。笔者认为，江淮官话有着悠久的历史，要研究它的历史，可以分段进行；探寻方式可以是由古及今地立“源”疏“流”，也可以是由今及古地溯“流”正“源”。本书乐于采取第二种方式，因为这种方式是由已知推导未知，由现在推测过去，能够把主观影响降到最低。但是这种由今推古的方法，最终能够把江淮官话的历史推到多远却是未知的，而且可以想象，随着推导的延伸，材料由现实走向构想，推导的依据将不可避免地带有主观性。因此本书选择探寻江淮官话最近的一段历史——近代江淮官话，以最大限度地保证客观性。基于这一目标，笔者在材料的选择上也进行了相应的取舍，主要选择江淮官话核心区域的方言，因为它们能够保证江淮官话的本来面貌；放弃了江淮官话边缘地带的方言，希望尽量避免外来的影响。这种选择也可能漏掉了一些江淮官话早期的重要信息，但是笔者认为这对于探寻近代江淮官话的历史来说是够用的。

在具体操作上，主要是通过比较方言之间的差异，推断江淮官话的历史演变。对于比较的单位，笔者还是选择了中古音系这个“旧仓库”，通过比较“旧仓库”中“货物”（音类）的摆放位置跟“新仓库”（当前音系）中“货物”（音类）摆放位置的差异，推断中间经过了怎样的“中转站”（近代音系）中转而来。

但是通过比较得出的音类演变线索是单线的，尽管这条线的底部是整齐的，而其顶部却是参差不齐的，因此需要一个参照系来定位时间，以便把这些参差不齐的线在这一时间点上编织起来，使它具备转化为现实音系的基础，所以古代的音韵文献就是必需的了，因此本书选择了几种近代韵书、韵图作为参考。古代音韵文献的好处在于，一是能够提供一个古代共时音系的参照，二是能够定位音系的时间，这两方面对于探究江淮官话的历史都非常重要。但是音韵文献也有缺点，往往模仿古音，或者立意“正音”，不能完全遵循方音。所以探寻方言的早期音系也不能完全依据音韵文献进行构拟，而应该结合方言演变的线索，综合分析最后加以取舍。于是，方言和文献相结合且主要依据方言比较就是本书的特点。

历史研究之外，本书也对江淮官话的一些独具特色的现象进行了总结归纳，其中的音变规则和蕴含共性很有意思。遗憾的是，原本打算继续采用类型学方法对之进行系统的研究，进一步完成“解释”的部分，但是由于后来研究兴趣的转移，一直未能继续。

付梓之际，我还想说明的是本书在选题和写作过程中得到了导师曾晓渝先生的指导、帮助和鼓励，在材料上大量使用和参考了前人发表的调查成果和研究结论，在出版过程中得到了科学出版社编辑们的细心校对和规范化修改，在经费上得到海南师范大学学术著作出版经费和汉语言文字学学科经费的资助，对以上帮助一并致谢！

冯法强

2017 年 3 月 19 日

于海南海口

目　　录

第1章 绪　论

1.1　江淮官话概况

1.1.1　名称由来

江淮官话旧称“下江官话”，这一名称始于李方桂《中国的语言与方言》（1937）对汉语方言的分区，他把汉语方言分为北方官话、西南官话、下江官话、粤、赣客、闽、吴、湘八大方言区；由史语所编制、上海申报馆发行的《中国分省新图》（1939）第4版的《语言区域图》对汉语方言分区时也采用此名（李荣，1985），之后广为使用。

然而“江淮”一词首次在方言分区中被提到却是黎锦熙的《国语运动史纲》（1934），他把汉语方言分成12系，“江淮系”为一支，但是这里的“江淮”似乎只是一个笼统的地域范围，不是严格的方言分区。袁家骅（1960）把“北方话”分为4个次方言：北方方言、西北方言、西南方言、江淮方言，这里的“江淮方言”是最接近“江淮官话”的一个称呼，应该说二者没有本质区别。

今天所称“江淮官话”被正式使用是在李荣的《官话方言的分区》（1985），他把江淮方言纳入官话范围，作为官话的下位方言，文中以是否有入声及入声的归派方式为依据对官话进行分区，江淮官话因有独立入声与其他官话相区别。至此，作为严格意义上的方言分区，“江淮官话”被正式确定。

1.1.2　自然地理

据《中国语言地图集》（1987），江淮官话主要分布在湖北省（简称鄂）东部、安徽省（简称皖）中南部、江苏省（简称苏）中北部、江西省（简称赣）的部分地区，自然地理见图1-1。

中国两条重要的河流——长江、淮河都流经江淮官话区。经各个支流的汇集，淮河在安徽省北部水面变宽，由西至东穿过安徽省北部，到东注入江苏省的洪泽湖。这也对江淮官话的地理分布产生了直接影响，安徽省的江淮官话基本限定在淮河以南（怀远县除外）；江苏省的江淮官话北部界线则要北移许多，从洪泽湖北部的泗洪县斜向东北延伸到连云港市，这一分布与苏北地势平坦、缺少大河阻隔有一定关系。另一条河流——长江在江淮官话的南部横贯东西，由西向东流经湖北省、安徽省、江苏省，把大多数江淮官话阻挡在大江以北。但是由于长期以来人口的流动，江淮官话的前端业已越过长江，延伸至皖南和苏南的部分地区。

除大江大河以外，江淮官话区还有为数众多的小河流和小湖泊。安徽省处于江淮之间，是长江水系和淮河水系的重要来源，河流、湖泊众多，流经江淮官话区的有沣河、汲河、淠河、东淝河、濠河、池河、淝河、滁河、德胜河、牛屯河、西河、皖河等。流经江苏省江淮官话区的河流有京杭大运河、苏北灌溉总渠、废黄河、秦淮河、滁河、沭河、新沂河、新沭河、盐河、串场河、通榆运河、射阳河、通扬运河、新通扬运河等。此外，巢湖、洪泽湖、高邮湖是苏皖境内水域面积较大的湖泊。河流湖泊尤其是大河大湖对人类聚居有着重要的影响，也是天然的方言分区界限。

江淮官话区内的山脉较少，主要有大别山，大别山自河南南部发源向东南延伸，渐走渐高，主峰白马尖巍然屹立在安徽省霍山县境内，是长江水系和淮河水系的分水岭。在大别山南面、长江北岸的这一片区域形成了江淮官话独具特色的方言片——黄孝方言，这一封闭的地理环境也使黄孝方言保存了很多存古特点。

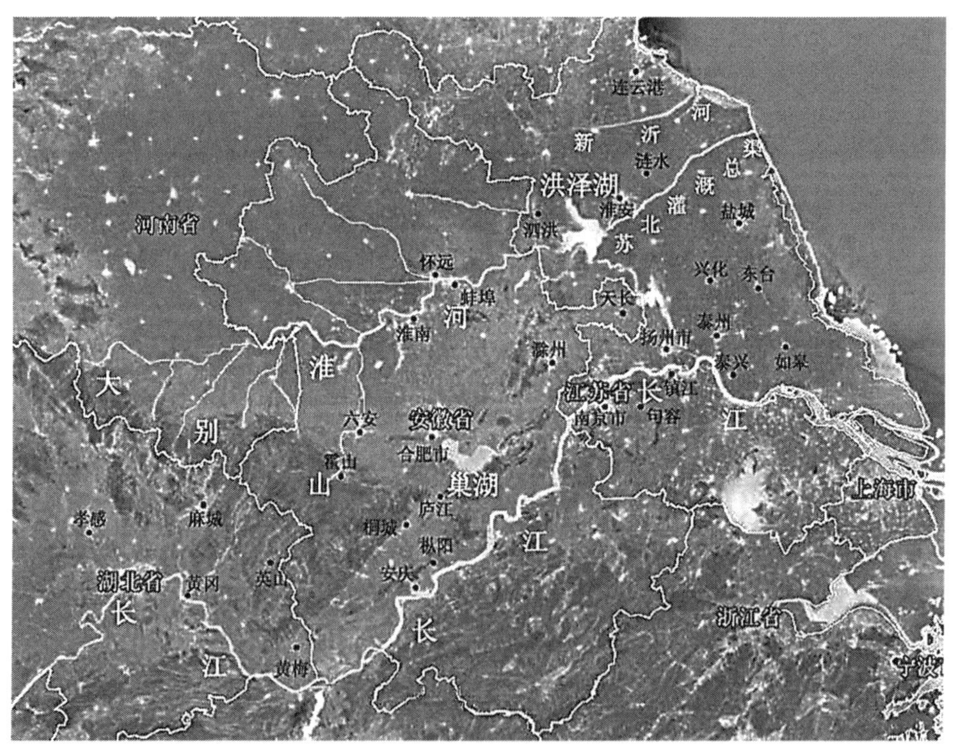

图 1-1　江淮官话区的自然地理

1.1.3 行政区划及历史沿革

据谭其骧《中国历史地图集》（1982），今江淮官话在战国时期大部分地区属楚国，仅江苏省属“九夷”；秦代分属衡山郡、九江郡、庐江郡、东海郡；在西汉、东汉分属荆州、豫州、徐州、扬州；三国时期多数属魏国，但今湖北省东部的黄孝片、安徽省中部的庐江地区以南、江苏省长江以南的地区属吴国；西晋分属弋阳郡、淮南郡、庐江郡、东海郡、广陵郡、临国郡；东晋时期大至以淮河为界，淮河以南归东晋管辖，淮河以北归前秦管辖，江苏省淮阴区以北也归前秦，江淮官话大概在此时开始形成，这一界线基本是今江淮官话的北部界线；南北朝时期，今江淮官话没有分裂，历经宋、齐、梁，至陈其疆域的北界退至长江，今江淮官话的主体在齐的管辖之内，齐的南界基本是今江淮官话的南部界线；隋代分属弋阳郡、永安郡、蕲春郡、庐江郡、同安郡、历阳郡、钟离郡、丹阳郡、东海郡、江都郡；唐代今江淮官话主要分布在淮南道，细分为安州、黄州、寿州、蕲州、庐州、舒州、滁州、和州、楚州、扬州，从这些名称可以看出今地名多源于此时，但是皖南属江南西道，苏南的句容、镇江属江南东道；五代十国时期，今江淮官话都属唐管辖；北宋、南宋时，今江淮官话区分属淮南西路、淮南东路；元代属河南江北行省；明代属南京（南直隶），辖今安徽省、江苏省、上海市；清代分属安徽省、江苏省，与今行政区划基本相同。

可以发现自东晋开始，今江淮官话的核心地区（江淮之间）基本没有分裂过，都是作为一个整体统辖于同一个行政区域之内，这也保证了江淮官话的稳定发展。

1.2 江淮官话的研究现状

1.2.1 江淮官话的分区

对江淮官话分区最有影响的成果是《中国语言地图集》（以下简称《地图集》，1987）。20年后，刘祥柏（2007）根据新掌握的材料对江淮官话的分区进行了调整和总结，概括如下。

江淮官话主要分为黄孝片、洪巢片、泰如片，陕南鄂西的一些方言岛也被纳入江淮官话的范围。《地图集》的分片依据是：①入声是否分阴阳；②入声是否带塞音尾；③古全浊塞音、塞擦音声母今读是否送气；④“书虚”“篆倦”是否同音。刘祥柏（2007）认为①③等效，取其一即可；④不具备区别功能，应舍去，最终用①②两条作为分区条件，分区情况见表1-1。

表 1-1 刘祥柏（2007）对江淮官话的分区依据

分区条件	黄孝片	洪巢片	泰如片
入声分阴阳	−	−	+
入声带塞音尾	−	+	+

这两条标准都是入声的特征，从而坚持了官话分区的一贯标准：根据入声的特征进行分类。并把这一标准进一步深化，在江淮官话的下位分区中继续发挥作用，体现了系统性。因此得出如下具体分区（刘祥柏，2007）。

黄孝片包括湖北省东部的黄冈、孝感地区，以及安徽省、江西省的部分县市，具体有：湖北省的广水市、安陆市、云梦县、应城市、孝感市、孝昌县、大悟县、武汉市（黄陂区、新洲区）、鄂州市、黄冈市、团风县、红安县、麻城市、罗田县、英山县、浠水县、蕲春县、黄梅县、武穴市；江西省的九江市、九江县、瑞昌市；安徽省的安庆市、桐城市、枞阳县（这三点在 1987 年版《地图集》归洪巢片，2012 年版划归黄孝片）。

洪巢片分布在江苏省、安徽省大部分地区。具体有：江苏省的连云港市、灌云县、灌南县、沭阳县、泗阳县、泗洪县、淮安市、涟水县、洪泽县、盱眙县、金湖县、响水县、滨海县、阜宁县、射阳县、建湖县、盐城市、盐都县、宝应县、高邮市、江都市、扬州市、仪征市、南京六合区、靖江市（沿江少数乡镇）（以上长江以北）、南京市、句容市、溧水县（部分乡镇）、镇江市、丹徒区（大部分乡镇）、扬中市、丹阳市（部分乡镇）、金坛市（部分乡镇）（以上长江以南）；安徽省的六安市、霍山县、舒城县、怀远县（南部）、淮南市、合肥市、长丰县、肥东县、肥西县、巢湖市、庐江县、无为县、含山县、和县、滁州市、定远县、来安县、全椒县、明光市、天长市、马鞍山市、当涂县（西部）、芜湖市、芜湖县、南陵县、繁昌县（荻港、赤沙等乡）、铜陵市、铜陵县（大通）、安平、池州市西北、青阳县、石台县（部分）、东至县（北部）、宣城市、郎溪县、广德县（县城）、东亭乡、宁国市（南部）、泾县（童疃乡）、旌德县。此外，浙江省的安吉县章村、姚村一带和临安市的一些村庄也有少量分布。

泰如片包括江苏省长江以北的东南部地区和江中洲岛。具体有：泰州市、姜堰市、泰兴市、如皋市、如东县、南通市、通州区西部、兴化市、大丰市、东台市、海安县。此外，长江以南的武进市、江阴市、张家港市等有少量江淮官话岛，也属于泰如片。

湖北省西部、陕西省南部的江淮官话（秦岭以南，巴山以北，汉水流域上游）单独属于一区，具体有：湖北省的竹山县、竹溪县，陕西省商洛市的柞水县、镇安县、商南县、丹凤县、山阳县，安康市的旬阳县、平利县、白河县等的部分乡镇，人口约 180 万。这一区的共同特点是没有入声，但是其他语言特征和黄孝片非常相似。

1.2.2 江淮官话的描写

成片的描写。赵元任等（1948）的调查涉及江淮官话的竹溪、竹山、应山、安陆、应城、孝感、黄冈、鄂州、麻城、罗田、英山、浠水、黄梅、广济，报告收字1171个。江苏省和上海市方言调查指导组（1960：127-653）的调查涉及洪巢片的7个点：连云港（新海连）、南京、句容、扬州、高邮、盐城、淮安；泰如片3点：泰州、如皋、南通，收字2601个。另有词汇比较567条（655页），方言音韵、词汇比较地图42幅（45页）。合肥师范学院方言调查工作组（1962）也是较早描写安徽方言的成果，其中包括对安徽境内江淮官话话音系统和词汇特点的描写。安徽省地方志编纂委员会（1997：91-140）的描写含江淮官话9个点：芜湖、安庆、贵池、宣城、巢县、滁县（今滁州）、淮南、桐城、怀远，列音系基础字608个，以合肥话为代表作了专门论述，书后有安徽方言论著索引。江苏省地方志编纂委员会（1998：26）分江苏省江淮官话为扬淮、南京、通泰三片，分别以扬州、南京、泰州为代表点，列4000余字的同音字汇（南京563页、扬州581页、泰州599页）。另有39点音系概况和700字的字音对照表，其中属江淮官话的有13点，包括洪巢片10点（207～306页）：盐城、阜宁、镇江、扬州、宝应、盱眙、淮安、泗洪、连云港、南京；泰如片三个点：南通、如皋、泰州。还有常用词对照614条，附语音、词汇方言地图54幅（704页）。

单点的描写多见于单篇论文，有：林美玉和陈有根（1989）、王世华（1981，1992）、顾黔（1990）、俞扬（1991）、侍建国（1992）、苏晓青（1993）、刘丹青（1994）、笪远毅（1997，1999）、卜玉平（1998）、周元琳（2001）、何自胜（2005）、郭丽（2006）、盛银花（2007）、周芸（2007）、陈寿义（2007）、季红霞（2008）、姜莉（2008）、王骏（2010）、夏中华（2011）、汪平（2011）、王文婷（2011）、向然（2011）等。

1.2.3 江淮官话间的比较

对整个江淮官话进行的比较研究：吴波（2007b）论文的最大特点是取材广泛，有102种方言语音数据库，覆盖江淮官话的89个点，对方言读音类型的归纳能做到细密而全面，并通过计算机辅助，用方言地图直观地展示出来，非手工操作所能及。此外还有石绍浪（2007）对江淮官话入声的研究，刘俐李（2007）对江淮方言声调的实验研究，这些都是专著。鲍明炜（1993）对江淮方言特点的总结、伍巍（2006）对江淮官话入声发展演变轨迹的研究，这些都是单篇的文章。

对江淮官话某一片进行研究的专著：孙宜志（2006）对安徽省境内的江淮官话进行专项研究，有12个点的字音对照表：桐城、六安、舒城、含山、滁州、定远、枞阳、无为、全椒、天长、当涂、青阳，收字1512个。顾黔（2001）对江苏省通泰片进行专项研究，有10个点的字音对照：南通、如东、如皋、海安、东台、大丰、兴化、泰兴、姜堰、泰州，收字1878个。其中讨论了通泰方言声韵调的演变，并构拟了早期音系。刘存雨（2012）对江苏省江淮官话进行研究，特点是把江淮官话的语音特点与其他方言的类似特点进行比较分析，涉猎广泛。

此外，还有鲍明炜和王均（2002）对南通地区方言全面的研究，内容包括语音、词汇、语法，所涉方言除了江淮官话外还有吴语；史皓元等（2006）主要研究了江淮官话南部边缘与吴语接触地带的丹徒、泰兴、通州三点的方言特征。

1.2.4　方言特色现象研究

1. 黄孝片

关于ʮ韵类的研究颇受人关注。周扬（2007）指出ʮ韵类字主要分布于遇、蟹、止、山、臻等摄的知章组合口，果、遇、山、臻、曾、梗、通等摄见系合口，遇、止、山、臻等摄日母合口及假、咸、深、山、臻、宕、曾等摄日母开口，遇摄合口三等泥组；并认为产生原因先是合口三等韵的高顶出位iu>^{i}u>u>ʮ，而后类推至其他韵摄，并推测ʮ韵系的产生应该不晚于明代中晚期。郭丽（2009）对ʮ韵类的分布做如下概括：①古合口类：果、遇、山、臻、梗、曾（入）、通（入）见系合口字；知、章组日母合口字；遇合三泥组字；山止合三庄组字。②古开口类：假、咸、山、深（入）开口日母字；宕开三庄组字；江开二知、庄组字。她认为前者与元音的高顶出位有关，后者与声母的平坦（flat）语音特征有关，并指出其演变符合汉语方言中iu>y>ɥ(ʮ)>ɿ的演变模式。

鱼虞韵的层次。郭丽（2009）认为黄孝片鱼虞韵存在三个层次：早期鱼虞有别层（见系）、鱼虞相混次晚层（精泥组）和鱼虞相混最晚层（精泥组），并指出早期吴语的特征是黄孝方言鱼虞韵有别层（见组）次的来源，时间应不晚于唐。

关于入声韵的研究。黄孝片入声韵一般没有塞音尾，有部分入声字派入其他三声，相关研究有：黄宾主（2006）、汪化云（1997）、王求是（1996）。

变韵。陈清汉的《孝感方言的韵母变读》（1984）描写了当语素处于词或词组的末尾时会发生变韵。

2. 皖中片

关于擦化韵类ɿ/ɥ的研究。伍巍（1995）指出，合肥话tɕ、tɕh、ɕ与i、y相拼时变作ts、tsh、s，韵母变为舌尖元音ɿ、ɥ，甚至端组也会变成ts、tsh，泥变成z，并通过分析认为其动因是韵母的前化。吴波（2006）在伍巍研究的基础上更进一步，从链移的角度分析了这一变化的动因。孙宜志（2007）也表达了类似的观点。侯超（2009）对合肥话的ɿ元音进行了声学描写和分析。

关于入声韵。邢公畹（1984）指出安庆方言虽然没有入声韵尾，但是其元音是紧的，跟藏缅语族彝语支塞音尾丢失之后的情形相同。杨自翔（1989）描写了桐城方言的边音尾。吴波（2007a）对江淮方言边音尾进行专项研究，发现边音尾一般出现于古高元音韵摄，认为这是t尾的进一步变化，是高元音的通音性质投射到韵尾使其通音化。关于入声舒化的有：何自胜（2009）、张安生和贡贵训（2010）。

知、庄、章的读音情况。雍淑风等（2010）发现庐江知庄章读音情况复杂，介于昌徐型和南京型之间，更像南京型。吴波（2008）描写了枞阳方言塞擦音的塞化音变现象。

分音词。贡贵训（2010）、耿军（2011）都描写了怀远话的“分音词”或“嵌l词”，并进行了相应的分析。

3. 扬淮片

m尾：黄继林（1992）发现宝应氾光湖方言中古阳声韵摄有读m尾的情况，认为它们不是古音的遗留，而是后起的现象。顾劲松（2011）也发现苏北阴声韵有读m尾的后起现象。

入声的研究：王世华（1992）描写了入声韵有l尾，汪平（2011）调查时发现l尾基本消失，变为ʔ尾，另有苏晓青和丁苏丽（2011）考察了沭阳方言入声的现状。

阴声韵的鼻化：顾黔（1993b）发现盐城阴声韵和阳声韵均向鼻化元音发展且合流。

连读变调：吴继光和李建（1989）研究了扬州话中的连读变调情况。

4. 苏南片

新老派的差异。南京话有成系统的新老派的差别，南京市地方志编纂委员会（1993）分南京话为新老两派，并列新老派读音对照表。刘丹青（1994）分为四派：最老派、老派、新派、最新派，并分项比较了四派在尖团音的分合、平翘舌的对立与否、儿化韵的有无等音韵特点上的差别。笪远毅（1997）也比较了镇江方言新老派之间的差异。

南京话的历史研究。鲍明炜（1986）通过早期方志记载和近代音韵文献资料记录，梳理了南京话从六朝到现代的产生、发展的过程。鲍明炜（1980）研究了从赵元任所记的南京话到其本人调查的南京话 60 年间的最新变化。邓兴锋（1994）利用何美龄（K. Hemeling）1902 年的《南京官话》中所记的南京音与赵元任 1929 年的《南京音系》所记的南京音进行比较，发现二者一致，并解读了当时南京音系的情况。

平翘舌的分混。苏南片的镇江、句容都没有翘舌音，仅南京有。江苏省和上海市方言调查指导组（1960）指出南京话分ts、tsh、s和tʂ、tʂh、ʂ。熊正辉（1990）把南京话的平翘读音情况确立为“南京型”作为代表，特点是：庄组三等字除了止摄合口、宕摄读 tʂ 组，其他全读 ts 组；其他知庄章组字除了梗摄二等读 ts 组，其他全读 tʂ 组。

南京话的声调研究。宋益丹（2006）对南京话 5 个调的单字调和双字调从音高、时长等声学特征方面进行了研究。马秋武（2009）用优选论很好地解释了南京话的两字组连读变调情况。

5. 泰如片

对通泰方言研究史的总结。鲁国尧（2001）结合史料历数从清代康熙年间至今通泰方言的研究史。

连读变调。王韫佳（1998）发现海安话的轻声前接非轻声时，会分享前一音节声调的终点音高，而前一音节则保留自身的起点音高，这一特点与上海话相似；并认为轻声与非轻声的关系可能会反映方言音系的底层信息。

1.2.5　江淮官话的历史研究

鲁国尧（2002，2003a）对江淮官话的来源做了推断，认为西晋末年（4 世纪）北方移民南迁至淮南、江南地区，形成"南朝通语"，此"南朝通语"是江淮方言的源头。

吴波（2007b）的书中第一章对江淮官话区域语言的发展和变迁作了梳理。认为先秦时期江淮地区的语言有地域差别，今皖属江淮官话区的主体语言来自中原雅言系统，而非百越语系统；苏属境内是雅言、百越语并存；鄂属地区是楚方言。两汉时期，"楚语"占据整个江淮方言区，但是内部有方言之分，皖、苏境内为江淮楚方言，鄂境内为楚郢方言。两晋时期，江淮官话地区形成"江东方言"，也即古吴语。西晋灭亡之后，北方士族南渡，"江东方言"被北方通语系统所取代，其代表是《博雅音》。唐代以后，历经安史之乱和黄巢起义、五代十国的混乱、南宋的灭亡，北方移民一次次南迁对江淮地区的方言产生影响，至明代江淮官话达到成熟，其代表是《西儒耳目资》。

这些研究是有积极意义的，尽管很多问题有待论证，但是这些成果能够提供一个江淮官话形成发展的大致轮廓，在江淮官话历史研究中遇到问题时，特别是有关历史层次问题时，对学者的思考有指导意义。

前述都是整体上的研究，也有人运用历史比较法对江淮官话的某一音韵特征的发展演变历史进行研究。平山久雄（1984）运用历史比较法对江淮官话的祖调值进行了构拟。在声调构拟的研究中，他的方法比较独特，遵照了历史比较语言学的方法，也是为数不多的能够构拟出早期调值的成果。顾黔（1993a，1997）分别研究了通泰方言声调、韵母的演变历史，认为通泰方言与客、赣、晋西南方言同源。伍巍（2006）通过排列江淮官话入声今读的各种类型，推断了江淮官话入声发展演变的序列。

此外，由于南京在历史上的特殊地位，学界历来重视对其进行研究。邓兴锋（1994）整理了何美龄《南京官话》（1902）中所记的南京音，并与赵元任《南京音系》（1927）所记南京音进行对比，展现了100年前南京话的音系特点。鲍明炜（1986）先通过历史文献考证了南京话的形成，认为六朝时南京话是吴语，4世纪永嘉之乱后南京话开始向北方话转变，还利用胡垣《古今中外音韵通例》、劳乃宣《增订合声简字谱》、赵元任《南京音系》中南京话的记音，梳理了100多年来南京方言的演变。

1.3 本书的目的及研究方法

本书的目的有两个：一是理清江淮官话在近代的发展演变过程，二是构拟江淮官话在明代的共时音系。前者是纵向角度，后者是横向角度，后者是在前者的基础上进行。

本书第一目的的时间段限定为“近代”。汉语语音史上对“近代”的划分有不同的意见：李新魁（1979a：100）认为近代音是指元明清时期（13～20世纪初）；王力（1980：35）把13～19世纪（鸦片战争）定为近代；杨耐思（2004：350-352）认为近代是指从晚唐五代（9世纪）到清末（20世纪）。本书以李新魁的界定为准，因为这一界定比较清晰，且目前所知元明清音系与中古音系迥异，而与现代音系的传承关系更加紧密。实际上这一界定与王力的界定没有本质区别，仅在下限延后几十年。

江淮官话的“近代”与整个汉语语音史的近代一致。关于江淮官话的发展简史，前人做过梳理，鲁国尧（2002，2003a）认为西晋末年（4世纪）北方移民南迁至淮南、江南地区，形成“南朝通语”，此“南朝通语”是江淮方言的源头。吴波（2007）对于江淮官话源头的观点与鲁国尧一致，并进一步指出至明代江淮官话达到成熟。笔者赞成这些观点，本书研究的起点正是成熟时期的江淮官话，认为大概在明代前后江淮官话已经融合为一个成熟的系统，趋于稳定，此后的发展变化主要是语言系统内部在语言规律支配下发生的自变。当然我们不否认江淮官话也存在外因影响的他变（特别是在方言交界地区还存在语音层次[①]），但是笔者认为近代江淮官话自变是主要的，因此在方言选点时一般选择核心区域的方言点。

① 2003年8月在上海师范大学召开了“汉语方言历史层次及吴闽客赣方言历史层次研究工作小组学术研讨会”，2004年8月在复旦大学召开了“首届历史层次国际研讨会”，依据这两次会议的成果编成《历史层次与方言研究》一书。此后学界对“层次”进行了讨论，王洪君、王福堂、陈忠敏、潘悟云、李如龙的观点大致可以分成两类，前三者主张狭义的层次，主要是指来源不同的语言（包括方言）成分；后两者主张广义的层次，除外来成分之外，把方言内部自身系统由于演变不平衡造成的早期语音遗留也算作层次。

实现第一目的的方法是历史比较法。具体做法是：以中古音类为单位进行研究，首先归纳某一类字在各方言点中的不同读音类型；其次分析这些读音类型，从音理、语言共性、相对年代等角度，推断出这些类型的演变序列；最后构拟这类字的早期读音形式及其出现环境，构拟的过程其实也是解释的过程，因为构拟的形式必须能够解释各种今读形式的来源。

例如，假开三（麻三）非知系声母后的读音在黄孝片是 ie；在皖中片有 ei、ɿ、i 三种类型；在扬淮片有 ɪ、i、iɪ 三种类型；在苏南片有 ie、iɪ 两种类型；在泰如片文读 iɛ，白读 iɑ（分片详见本章 1.4 节）。泰如片的 iɑ 显然是最早期的形式；各片中的 ie/iɛ 是稍后的形式，这也是官话中的主体形式，扬淮片、苏南片的 iɪ 也是这一形式的继续变化；皖中片、扬淮片的 i 应该是 iɪ 的进一步高化；而皖中片的 ɿ 则是 i 的擦化。因此可以构拟出江淮官话的早期形式是 iɑ，其他各种形式都能够在 iɑ>iɛ>ie>iɪ>i>ɿ 的音变链中找到，音变链的形成是由于假开三主元音的不断高化，在皖中片还进一步发生了擦化。皖中片还有些方言点读 ei，其来源可能是 iɑ>ie>iɪ>ɪ>ei，其中 ɪ>ei 的音变与英语历史上元音大转移的音变 i>ai 相似（Campbell，2008：52），是高元音的裂化。

上面是江淮官话内部差异的极端例子，虽能够逆推到中古形式，但是大部分音类在江淮官话内部的差异较小，所能获得的历史演变不可能太久远，因为早期的很多特点可能在演变过程中消失殆尽，所以只能获得近代的历史演变信息。但是本书的目的不在于把所有历史信息都还原出来，只把它还原到一个较晚近的历史时期就可以了。

但是历史比较法存在固有的缺陷——无法定位时间，得出的音变只是相对时间，无法还原真实时间。因此本书还采用了历史文献求证法。

我国古代长期言文分离，历史文献注重书面语言而轻视口语，所以口语文献匮乏。但是到了近代情况有所改观，明代"音韵锋出"[①]，各种私人所编的韵书、韵图层出不穷，其中不乏反映时音、方音的著作。

目前所见，作者籍贯为今江淮官话区或所记音系带有江淮官话特点的材料主要有如下 10 种（李新魁，1983a；鲍明炜，1986；耿振生，1992；宁忌浮，2009）：

明代：1587 年《书文音义便考私编》，作者李登，江苏南京人；

1626 年《西儒耳目资》，作者金尼阁，法国传教士；

1621～1644 年《韵通》，作者萧云从，安徽芜湖人；

1641 年《切韵声原》，作者方以智，安徽桐城人；

清代：1763 年《五声反切正韵》，作者吴烺，安徽全椒人；

① 本文所引，见于《颜氏家训•音辞篇》"自兹厥後，音韻鋒出，各有土風，遞相非笑，指馬之諭，未知孰是"。但古文献中"锋出"亦作"蜂出"，如《前汉书》："是以九家之術蠭出並作，各引一端，崇其所善"，颜师古注曰"蠭與鋒同"。

1807年《许氏说音》，作者许桂林，江苏连云港人；
1878年《等韵学》，作者许惠，安徽桐城人；
1888年《古今中外音韵通例》，作者胡垣，江苏南京人；
1902年《南京官话》，作者何美龄，德国人；
1905年《增订合声简字谱》（南京话拼音简字课本），作者劳乃宣，浙江桐乡人。

下面举例说明历史文献求证法的使用。在讨论精组细音的腭化时，笔者发现它在止摄和通摄三等前不腭化，说明在腭化音变发生时，止、通摄三等的 i 元音丢失了，这就能够确定两个音变的先后顺序：止、通摄三等 i 元音消失在前，精组腭化音变在后。但是这种先后只是相对的，无法获知音变的真实时间，这时就可以求教于历史文献。《中原音韵》精组止摄三等归入支思韵，说明此时 i 元音已经舌尖化，通摄三等多数保留三等介音，也有少数已经开始丢失，并入一等韵。这就能够定位音变的大致时间，腭化音变应该在元末以后，通摄三等介音消失之后。再者，如果历史文献如实地记录了方言信息，就可以直接帮助我们定位音变的时间。通过历史比较发现江淮官话发生过深臻曾梗四摄合并，明末的《韵通》（1621～1644年）、清代的《五声反切正韵》（1763年）都记录了江淮官话深臻曾梗合并的现象，因此我们可以确定江淮官话深臻曾梗合并的时间在明末以前。

本书的另一目的是构拟明代江淮官话的共时音系。

明代官话语音基础问题是当前研究的难点，对于这个问题有多种不同的观点，如南京音（鲁国尧，1985）、中原音（李新魁，1983a）、北京音（宁继福，1985）、及“南系官话”等。这些观点中，“南系官话”说比较特殊，什么是“南系官话”？关于它的基础方言有三种观点：麦耘（1991）认为“南系官话”的基础方言是河南话，黎新第（1995）认为是当时的南京话，邓兴峰（1992）认为是“综合性”的江淮方言，是江淮方言的“最小公倍数”。

明代官话语音基础问题实际上暗含了一个前提条件：明代形成了统一的能够通行于全国的语音系统，即明代官话。那么这个前提是确定的吗？明代外国传教士的笔记中有记载：

> 除了不同省份的各种方言，也就是乡音之外，还有一种整个帝国通用的口语，被称为官话，是民用法庭用的官方语言。……懂得这种通用的语言，我们耶稣会的会友的确没有必要去学他们工作所在的那个省份的方言了。（《利玛窦中国札记》30页，转引自曾晓渝，1991）

因此可以肯定明代有一个能够通行于全国的语音系统。更重要的是，传教士的著作记录了这个语音系统，金尼阁的《西儒耳目资》就是其中的优秀代表。因此有人通过研究《西儒耳目资》的语音特点来探寻明代官话的语音特点，但是《西儒耳目资》的语音基础也是有争议的，这就又绕回到原来的问题上。

笔者认为要想获得这个问题的答案还得回归方言本身。麦耘（2008）提出了一个检验明代官话语音基础的方案："构拟江淮方言的祖语，以及北京话、中原官话的祖语，看谁能与金尼阁《西儒耳目资》和利玛窦《西字奇迹》较好地相衔接。"[①]笔者认为这是一个稳妥的办法，希望本书的研究能够为这个问题的解决尽三分之一的力量。

实现第二个目的的方法是音系构拟法。前一阶段虽然梳理出了江淮官话主体区域的音变序列，但是这些音变序列各自孤立、不成系统；也构拟了近代江淮官话的语音形式，但是这些语音形式的时间深度不一致。因此，要构拟江淮官话在明代的共时音系，就必须以当时带有方言特色的共时音系为参照，笔者选择了明代的几本韵书——《书文音义便考私编》《西儒耳目资》《韵通》《切韵声原》为参照，把之前得出的那些音变序列相互衔接，"编织"成系统，构拟明代江淮官话的共时音系。

1.4 材料来源及方言选点

1.4.1 材料的来源

本书材料都来自前人公开发表的调查成果，目前所能见到的调查材料相当丰富，笔者精选了 23 个点（选点原则见下文），并且对其中一些方言点的记音进行了核对，核对的方式有两种：一是调查来自江淮官话区的在校同学；二是赴各方言点实地调查，笔者 2013 年 6～7 月赴江苏省对部分方言点进行了实地调查，调查点主要是针对认为有疑问的方言点。

精选的 23 个代表点及材料来源如下：

孝感、麻城、黄冈、英山、黄梅：来自赵元任等《湖北方言调查报告》(1948)；

六安、舒城、滁州：来自孙宜志《安徽江淮官话语音研究》（2006）；

合肥：来自李金陵《合肥话音档》（1997）；

庐江：来自周元琳《安徽庐江方言音系》（2001）；

扬州、连云港：来自陈章太和李行健《普通话基础方言基本词汇集》(1996)；

涟水：来自胡士云《涟水方言同音字汇》（1989）；

淮安、盐城、句容：来自江苏省和上海市方言调查指导组《江苏省和上海市方言概况》（1960）；

南京：来自刘丹青《南京话音档》（1997）；

镇江：来自笪远毅《镇江方言同音字汇》（1999）；

---

① 此观点见于《语音史研究中历史比较研究与历史文献考证相结合的几个问题》(2008)，也见于《南京方言不是明代官话的基础》(2012)。

大丰、兴化、泰州、泰兴、如皋：来自顾黔《通泰方言音韵研究》（2001）。

经过笔者调查核对的方言点如下：

连云港：发音人杨女士，女，34岁，公园工人；

盐城：发音人李师傅，男，56岁，学校门卫；

句容：发音人陈老板，男，52岁，餐馆店主；

六安：发音人周同学，男，27岁，在校研究生。

1.4.2　本书对江淮官话的分区

方言选点在方言分区的基础上进行，先说明本书对江淮官话的分区。《地图集》（1987）把江淮官话分为三区：黄孝片、洪巢片、泰如片，三片之间的差别为：黄孝片入声读长调，不带塞尾，去声分阴阳，“书虚”“篆倦”分别同音；洪巢片一般只有一个入声调，带塞尾，去声不分阴阳，古全浊塞音、塞擦音声母清化平声送气，仄声不送气；泰如片去声、入声都分阴阳，部分点浊去归阴平，古全浊塞音、塞擦音声母清化无论平仄一般都读送气音。

这一划分是合理的，除个别特征冗余外，基本能够把各片区分开。但是从本书的目的出发，笔者认为有必要重新进行分区，原因有两点：其一，从理论上讲，本书以整个江淮官话为研究对象，有必要把江淮官话的分区细化，更细的分区才能够使方言之间的比较研究更加深入。其二，当前的分区洪巢片太大，而洪巢片内部各方言之间的特征差异却很明显，有必要进行下位分区。例如，在古知庄章今读平翘舌问题上，安徽省境内的洪巢片与江苏省境内的洪巢片存在差异，安徽省境内洪巢片多读翘舌音，江苏省境内洪巢片除南京外多读平舌音；在端组是否擦化读Ts类的问题上也存在差异，安徽省境内洪巢片多擦化，江苏省境内洪巢片不擦化。这些特征都非常鲜明、让人印象深刻，但是却不能作为方言分区之用，让人感到遗憾。

基于以上，在尊重《地图集》对江淮官话分区的基础上，笔者依据行政区划和地理特点对洪巢片进行了下位分区：把分布于安徽省的洪巢片称为皖中洪巢片（简称皖中片），因为其主体处于安徽省中部，实际上还包括皖南的一些县市；把分布于江苏省长江以北的洪巢片称为扬淮片，扬州、淮安在这一区域之内，以之命名[①]；把分布于江苏省长江以南的洪巢片称为苏南洪巢片（简称苏南片），本片较小，但是南京处在这一区域之内，历史地位非常重要。

对洪巢片的分区借助了固有的行政地理分区，只是为了简明，并没有参考方言特征，但是实际上也能够体现洪巢片内部的差异。皖中片一般平翘有别，声母韵母有较多擦化现象，果摄韵母元音一般较高（接近u）；扬淮片一般没有翘舌音，有

① 《江苏省志·方言志》（1998）按入声一个还是两个、咸山摄舒声韵二分还是三分，把江苏省江淮官话分为南京片、扬淮片、通泰片，把长江以南的镇江、扬中也划归扬淮片。本书的扬淮片主要依据地理分区，不包括镇江、扬中，其他各点与《方言志》的划分相同。

的方言日母读 l 声母，没有 ŋ、v 声母；苏南片方言的语音特点多数更接近扬淮片，但南京话较特殊，往往与其他苏南片不同，如：平翘有别、分尖团、咸山摄阳声韵主元音二分、咸山摄一二等阳声韵读同宕江摄、效摄韵母为复合元音等。

总结以上，本书把江淮官话分成五小片：黄孝片、皖中片、扬淮片、苏南片、泰如片。

1.4.3　方言选点

本书选点的原则是，既要有地域上的广度，又要有语音上的代表性。但是实际上二者不可兼得，选点地域太大往往会带来其他方言的干扰，选点太集中又无法体现方言间的差异。笔者认为能够反映方言的内部差异性是最重要的，因为共时音系类型越丰富越能反映历史演变信息，这就要求把选点的广度放在第一位。但是也尽量避免其他方言的干扰，不选择那些与其他方言有接触的方言点。具体做法是：以小区为单位，在各小区内选择有代表性的点。由于所选的方言点散布在各个方言小区，这就照顾到了地域分布的广度，在小区内选择有代表性的点就照顾到了典型性。

按照上述原则选择了 23 个方言点，具体分布情况见图 1-2，其中带星号的是被选中的方言点。

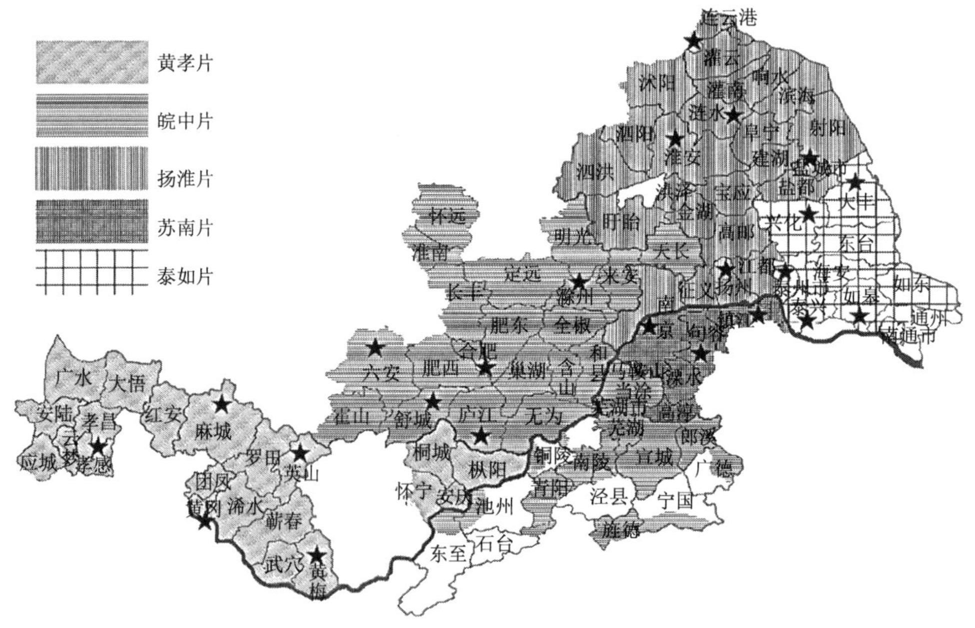

图 1-2　方言选点及其分布图

黄孝片选择孝感、黄冈、黄梅、英山、麻城5点。黄冈、孝感是分别是黄孝片的两个地级市，有行政区划的优势，方言具有代表性，黄孝片也以之命名；麻城分布在黄孝片的中部，与外界接触少，保证了方言的纯正；黄梅、英山分别处在黄孝片东部的南北两端，保证了地域分布的广度。

皖中片选择合肥、六安、滁州、舒城、庐江5点。合肥是安徽省会，六安、滁州都是地级市，较有代表性；舒城、庐江分布在安徽中部腹地，受外界影响较小。本书没有选择北部的怀远、淮南等与中原官话区接触的点，也没有选择西边的怀宁等与赣语接触的点，以及皖南的宣城等与徽语、吴语接触的点，因为它们不可避免地会受到临近方言的干扰。

扬淮片选择连云港、涟水、扬州、盐城、淮安5点。扬州、淮安一南一北，都是历史文化名城，在古代享有盛誉，语言很有代表性；涟水处于江苏省北部的腹地，语言受外界影响少；连云港（新浦区）处于江苏省江淮官话的最北边，盐城在江苏省江淮官话的中部，与南边的泰如片相邻。二者都处于扬淮片的边缘地区，选择这两点是因为其他三点之间的语音差异小，希望这两点能够反映更多的差异性，而且也保证了地域分布的广泛性。

苏南片较小，本书选择南京、镇江、句容3点。南京在近代历史上的重要地位不言而喻，方言很有特点，这是选它的主要原因；镇江也是长江边上的重要口岸，方言也是典型的江淮官话；句容1995年撤县设市，地处南京、镇江之间而偏南，三者呈倒三角，与南京、镇江处在长江口岸不同，它地处内陆，语言与外界接触较少。

泰如片选择泰州、泰兴、如皋、大丰、兴化5点。一般认为通泰片带有较强的吴语色彩，而且泰如片内部差异也较大，顾黔（2001：13）认为可分东、中、西三部分，本书主要选择了中西部的方言点，除大丰外都分布在通榆运河线以西，离江淮官话主体近，能更好地反映江淮官话的特点。

1.4.4 代表点音系

1. 黄孝片

该片方言音系参见赵元任等《湖北方言调查报告》（1948）。

1）孝感（花园）

声母（22个）：

p 把步	ph 派朋	m 萌	f 法	
t 地东	th 条吞	n 牢奴理娘		
ts 坐臻	tsh 粗崇		s 数嵩	
tʂ 周郑栈局	tʂh 成迟炒群		ʂ 身沙勋	ʐ 辱
tɕ 节件	tɕh 千穷		ɕ 些幸	

k 告跪　　kh 肯狂　　ŋ 奥岸　　x 火灰

ø 而严未闰

韵母（39 个）：

ɿ 此；ʅ 实；ɚ 二　　i 披的集随聚　　u 普木虎物　　ʮ 女许

a 八拿杂叉下　　ia 霞佳　　ua 花刮

o 婆多左桌阔　　io 略学

ɛ 麦得则蛇格　　iɛ 灭爹且　　uɛ 国　　ʮɛ 靴缺

ai 埋太再柴开　　uai 块　　ʮai 帅

ei 悲肺　　uei 桂未　　ʮei 垂

au 跑倒糟昭高　　iau 表了巧

əu 否杜奏熟侯　　iəu 丢囚

an 办谈餐衫寒　　ien 片店谏险　　uan 惯　　ʮan 船

ən 门能存沉更　　in 贫陵京音　　uən 坤横　　ʮən 纯

aŋ 旁桑党长巷　　iaŋ 两讲　　uaŋ 况黄　　ʮaŋ 床撞

oŋ 风同从中弘　　ioŋ 兄用

声调（6 个）

阴平 24　　上声 53　　阴去 35　　入声 13

阳平 31　　阳去 33

2）黄冈（阳罗）

声母（20 个）：

p 保辩　　ph 丕旁　　m 貌　　f 法

t 到洞　　th 贪图　　n 南拉梨

ts 则争赵　　tsh 草炒迟　　s 三身　　ʐ 柔

tɕ 间渐专追　　tɕh 千钳缺船　　ȵ 年业　　ɕ 消玄税

k 告跪　　kh 开狂　　ŋ 哀偶硬　　x 好华

ø 窝要瓦软眼

韵母（39 个）：

ɿ 子时；ə 而　　i 倍地几序　　u 步福孤骨　　y 女除出

a 怕大杂家　　ia 牙佳恰　　ua 瓜挂　　ya 刷

o 婆妥左果　　io 略学

e 白得蛇格　　ie 撇贴写　　ue 国获　　ye 靴缺

ai 拜带斋开　　uai 怪　　yai 帅

ei 卑肺　　uei 桂　　yei 追

au 某倒昭好　　iau 表条巧

əu 否杜助后　　iəu 丢囚

an 板贪展敢　　ien 片店减宪　　uan 官　　yan 闩

ən 门等番很　　in 贫丁令　　uən 横　　yən 琼准

aŋ 邦荡商刚　　iaŋ 两详　　uaŋ 光　　yaŋ 床

oŋ 朋通中公　　ioŋ 兄穷

声调（6个）：

阴平 33　　上声 42　　阴去 35　　入声 24

阳平 313　　阳去 44

3）黄梅（李陵口）

声母（20个）：

p 卑败　　ph 跑瓶　　m 梅　　f 方肺

t 带但　　th 贪泰　　n 拿奴　　l 理速

ts 左昭栈郑　　tsh 仓柴愁宠　　s 三沙熟

tɕ 已渐追　　tɕh 巧齐船　　ȵ 年虐　　ɕ 玄消税

k 歌共　　kh 快狂　　ŋ 讹安　　x 黄赫回

ø 壬尔鸦闻远

韵母（46个）：

ɿ 子式；ə 而若　　i 贝地齐序　　u 勃故　　y 女除入

a 马打杂家　　ia 爹佳也　　ua 化挂　　ya 靴刷

ʊ 婆多捉我　　iʊ 略学

e 蛇舌　　ie 野绝　　ue 或　　ye 靴惹

æ 百特则厄　　iæ 撇帖切　　uæ 国　　yæ 说

ai 买泰柴解帅　　uai 怀

au 保桃草好　　iau 表聊叫　　yau 饶

ei 肺悲　　uei 桂毁　　yei 追

eu 某杜丑侯　　ieu 刘菊幼　　yeu 柔

an 扮谈惨汉　　uan 贯

ɛn 沾扇　　iɛn 片廉盐　　yɛn 篆染

on 短闩

ən 半门冷沉能云　　in 禀丁陵新　　uən 横昏　　yən 均琼

aŋ 忙荡窗刚　　iaŋ 两讲　　uaŋ 光　　yaŋ 讲

oŋ 朋同宋恐　　ioŋ 兄穷

说明：①e、ie、ue、ye 和 æ、iæ、uæ、yæ 互补，前者出现于今非入声调中，后者出现于入声调中。②ɛn 仅出现在 ts 组声母之后；an 环境多样（包括 ts 组声母），二者没有最小对比对，实际上可以归为一个音位。

声调（6 个）：

阴平 11　上声 35　阴去 15　入声 42
阳平 53　阴去 33

4）英山（金家铺）

声母（23 个）：

p 摆敝　ph 泡朋　m 马　f 肥
t 底杜　th 妥同　n 奴罗离
ts 走斋助　tsh 存炒锄　s 扫沙生
tʂ 昭赵均　tʂh 充陈群　ʂ 身玄　ʐ 若
tɕ 减就　tɕh 千求　ȵ 娘尧　ɕ 晓先
k 果跪　kh 开狂　ŋ 奥偶　x 好
ø 而绒未外软

韵母（39 个）：

ɿ 此；ʅ 秩；ɚ 日二　i 比类祭序　u 步服骨　ʮ 柱局
a 把达沙下　ia 霞甲　ua 挂刮　ʮa 刷
o 破罗坐桌果　io 略学
e 北特测蛇厄　ie 撇爹接　ue 或　ʮe 靴缺
ai 败泰柴介　uai 块　ʮai 帅
ei 非　uei 会　ʮei 水
au 某桃草绍告　iau 表燎晓
əu 否土走熟偶　iəu 丢牛菊
an 凡短惨展看　ian 边廉全验　uan 缓　ʮan 闩
ən 门等存审肯　in 禀邻经应　uən 坤横　ʮən 军
aŋ 绑荡庄张巷　iaŋ 两讲　uaŋ 光
oŋ 孟通总宠恐　ioŋ 兄用

声调（6 个）：

阴平 11　上声 44　阴去 35　入声 313
阳平 31　阳去 33

5）麻城（宋埠）

声母（23 个）：

p 比败　　ph 派朋　　m 貌　　f 会凡
t 到洞　　th 条土　　n 老奴里
ts 走栈臻　　tsh 仓炒愁　　　　s 嵩沙森
tʂ 周郑倦　　tʂh 丑成群　　　　ʂ 身熟玄　　ʐ 柔用
tɕ 渐兼　　tɕh 钱巧　　ȵ 尧年　　ɕ 谢贤
k 高跪　　kh 考狂　　ŋ 奥偶　　x 好红
ø 而言未惹

韵母（38 个）：

ɿ 自；ʅ 耻；ɚ 二　　i 贝队气徐　　u 步忽故哭　　ʮ 女树
a 麻他乍家　　ia 佳狭　　ua 挂刮
o 婆妥坐酌果　　io 略虐
e 白特测蛇格　　ie 别爹且竭　　ue 国　　ʮe 靴决
ai 买太再解　　　　uai 块　　ʮai 揣
ei 备回肺　　　　uei 归　　ʮei 税
au 包倒扫饶毫　　iau 表跳孝
əu 否土走熟后　　iəu 丢九
an 盼南餐陕看　　ian 贬典全念　　uan 惯　　ʮan 玄专
ən 本等存审肯　　in 兵林巾　　uən 困　　ʮən 闰琼
aŋ 旁堂床常纲　　iaŋ 两详　　uaŋ 光
oŋ 朋同崇充弘　　ioŋ 兄胸

声调（6 个）：

阴平 313　　上声 55　　阴去 35　　入声 24
阳平 42　　　　阳去 33

2. 皖中片

六安、滁州、舒城参见孙宜志《安徽江淮官话语音研究》（2006），合肥参见李金陵《合肥话音档》（1997），庐江参见周元琳《安徽庐江方言音系》（2001）。

1）六安（孙岗镇）

声母（24 个）：

p 布步别　　ph 怕盘爬　　m 门木　　f 冯费飞
t 到道夺　　th 太同　　n 女吕尼利　　　　l 难兰怒路连林
ts 糟增争第机　　tsh 醋去齐提齐　　　　s 苏虚祖师西　　z 衣以雨野爷
tʂ 招主斩　　tʂh 昌巢潮处铲　　　　ʂ 税扇诗山　　ʐ 软日然
tɕ 精经秋丘　　tɕh 桥全权　　　　ɕ 休修线

k 贵桂怪　　kh 开葵　　x 好红　　ɣ 袄岸硬

Ø 元言闻缘午武

说明：n、l 一般不分，自由变读，以读 l 为常，合为一个 l 音位，与 ʅ、ʮ 相拼只读 n。

韵母（38 个）：

ɿ 资第地野	i 姐减廉言间尖	ʉ 赌除粗书	y 全权圆冤
ʅ 知支			ʮ 虚举女雨
a 耳而爬	ia 架牙假	ua 花瓜话	
ɷ 河过初锄			
ei 写扯妹倍蛇醉嘴		ui 吹水追鬼	
ɛ 开太盖	iɛ 介街	uɛ 怪帅	
ɔ 糟招烧	iɔ 条桥		
əɯ 收丑斗	iəɯ 流秋修休		
ən 增争蒸硬认根庚		un 魂温滚	
	ĩ 林邻灵紧新心星		ỹ 群勋云
ã 仓昌党	iã 枪讲良	uã 床光庄	
ɛ̃ 三胆竿含			
		uɔ̃ 酸官关短船弯	
əŋ 东中冯红	iəŋ 琼穷胸		
ɐʔ色合割北百辣各	iɐʔ铁结节	uɐʔ落国活	yɐʔ确缺月
əʔ直木	iəʔ踢力	uəʔ绿鹿六出	yəʔ局橘

说明：①齐齿呼韵母及 ʉ 韵母在零声母音节中前有摩擦。②ã 类韵母的主元音实际为 ɑ。

声调（6 个）：

阴平 313	高开婚	阳平 35	穷寒鹅
上声 24	古口好五	去声 53	近厚盖抗汉共害岸
高入 5①	急竹七锡福一笔	低入 23	桌黑割缺歇月白合

2）滁州（担子乡）

声母（27 个）：

p 布步别	ph 怕盘爬	m 门木	f 冯费飞	v 围危微闻武王
t 到道夺地第	th 太同	n 女梨吕尼		l 你难兰怒路
ts 糟祖增争	tsh 醋仓初		s 散苏生色	

① 高入调值为 5，低入调值为 23，前者配高元音 əʔ，后者配低元音 ɐʔ。

tʃ 机举　tʃh 齐旗趣　ʃ 虚西　ʒ 衣鱼雨

tʂ 招主　tʂh 昌巢潮处　ʂ 税扇诗帅　ʐ 软日然

tɕ 精经姐　tɕh 桥全权　ɕ 休修线

k 贵桂怪　kh 开葵　x 河洪胡

ø 元言午以野袄岸硬

说明：泥来不分，在开口呼韵母前读 l，在齐齿呼和撮口呼韵母前读 n，在 ɿ、ɥ 韵母前只读 n，这里将开口呼和撮口呼韵母前的合为一个音位 l。

韵母（41 个）：

ɿ 资第衣；ʅ 知支　i 姐野写　u 赌除粗书　ɥ 虚举女雨

a 爬怕　ia 架下假　ua 花瓜话

ɷ 河过初锄

e 微妹倍醉嘴蛇者扯耳而二　ue 吹水追鬼

ɛ 开太盖　iɛ 介街鞋　uɛ 怪坏帅

ɔ 糟招烧　iɔ 条桥

o 收斗　io 流秋修休

əŋ 蒸硬认门温　uəŋ 魂闰顺

ĩ 林灵紧新星硬　ỹ 群云运

ã 仓昌党桑　iã 枪讲两　uã 床光

ɛ̃ 三胆岸案然　iẽ 减连检盐　uɛ̃ 关官酸短船　yẽ 远全权圆

oŋ 红东　ioŋ 琼穷胸

iʔ急踢　uʔ鹿木出哭　yʔ菊局

aʔ答辣八　iaʔ夹甲鸭　uaʔ刮滑

ieʔ接铁节结　yeʔ确缺月药约

əʔ色合割北各直日　uəʔ国活郭阔扩

说明：ã 类韵母的主元音实际为 ɑ。

声调（5 个）：

阴平 42　高开婚　阳平 35　穷寒鹅

上声 21　古口好五　去声 55　近厚盖抗汉共害岸

入声 4　急竹七锡福一桌割缺歇月合

3）舒城（龙河镇）

声母（22 个）：

p 布步　ph 怕爬盘　m 门忙米泥　f 飞冯费

t 到道夺　th 太同　l 你难兰连林

ts 糟增第机争阻　　tsh 醋去齐初愁　　s 虚祖师生　　z 吕女泥以

tʂ 招主展斩　　tʂh 昌巢潮处产　　ʂ 税扇诗山　　ʐ 软日饿矮袄

tɕ 精经接结　　tɕh 桥秋丘　　ɕ 休修线

k 贵桂怪　　kh 开葵　　x 河洪胡

ø 元言闻缘午武

说明：n、l 一般不分，自由变读，以读 l 为常，有时还读 ld、nd 等音值，这里统一记为 l 声母。

韵母（41 个）：

ɿ 资第野衣；ʅ 知支　　i 姐野写　　u 河过初锄　　ʮ 虚举女雨

a 耳二爬　　ia 架假　　ua 花话

ʉ 赌除粗书

ei 写妹倍蛇醉嘴扯　　ue 吹水追鬼

ɛ 开太盖　　iɛ 介街鞋　　uɛ 怪帅

ɔ 糟招烧　　iɔ 条桥

əɯ 收斗　　iəɯ 流秋

ən 增争蒸硬认门　　in 林邻灵紧　　un 魂温滚　　yn 云运勋

ĩ 减连检　　ỹ 全权圆

ã 仓昌党　　iã 枪讲良两斤两　　uã 床光

iɛ̃ 两两个

æ̃ 三胆竿　　uæ̃ 关环

əŋ 公短酸东　　iəŋ 琼穷胸　　uəŋ 官宽船

ɐʔ色合割百辣各落　　iɐʔ铁接结　　uɐʔ国活获　　yɐʔ确缺月药

əʔ直鹿绿不　　iəʔ踢急　　uəʔ骨哭　　yəʔ菊局

说明：①ã 类韵母的主元音实际为 ɑ。②齐撮呼韵母及 ʉ 韵母在零声母音节中前有摩擦。

声调（6 个）：

阴平 21　高开婚　　阳平 24　穷寒鹅

上声 213　古口好五　　去声 54　近厚盖抗汉共害岸

高入①5　急竹七锡福一桌割缺歇月合　　低入 24　桌割缺歇月合

4）合肥（市区）

声母（22 个）：

p 布报比半　　ph 怕跑批胖　　m 马毛米门　　f 飞夫番风

① 高入调值为 5，低入调值为 24，前者配高元音 əʔ，后者配低元音 ɐʔ。

t 代道店胆	th 台桃田谈		l 内劳年兰
ts 资基低争	tsh 雌欺梯撑	s 私西师生	z 衣尼雨女
tʂ 纸照正站	tʂh 迟抄成产	ʂ 诗少声山	ʐ 如袄安藕
tɕ 借交斤九	tɕh 千桥亲秋	ɕ 下小心休	
k 歌高根光	kh 科考肯狂	x 和好很黄	
ø 鹅二也万			

说明：①只有l声母，无n声母，青年人偶尔把“你”“年”念n声母，但是既不稳定，又不自觉。②tʂ组声母发音比北京话偏前，比tʃ组略后。

韵母（41个）：

ɿ 资机批低；ʅ 支迟时	i 借且斜野	u 布古朱苏	ʮ 区许女玉
a 巴打茶耳	ia 家虾霞亚	ua 瓜花耍蛙	
ᴇ 败代灾晒	iᴇ 街鞋蟹也	uᴇ 乖快淮帅	
e 杯推崔写		ue 亏吹水回	ye 茄
ʊ 波多哥所			
ɔ 包好抄烧	iɔ 飘苗条妖		
ɯ 豆猴收欧	iɯ 丢九秋优		
ã 方狼康昂	iã 江良祥香	uã 窗光框黄	
æ̃ 班丹寒三		uæ̃ 关赚环万	
	iĩ 篇电千烟		yĩ 捐劝玄冤
õ 端官钻碗			
ən 本争生村	in 金轻明丁	uən 昏准春顺	yn 军训云永
əŋ 通龙中翁	iŋ 穷兄荣用		
ɐʔ八塔腊额	iɐʔ甲瞎鸭押	uɐʔ活刷滑夺	yɐʔ决却雪月
əʔ直赤湿日	iəʔ蜜力及亦	uəʔ读秃竹物	yəʔ菊曲旭育

说明：u的音值不稳定，与p组相拼时，唇形不圆；与t组、k组相拼时，音值相当于əu；与tʂ组、ts组相拼时，分别为ʅu、ɿu，中间有过渡音。

声调（5个）：

阴平 21	高天昌昏知优	阳平 55	台前寒迷才云
上声 24	比短孔整美雨	去声 53	快近厚送度用
入声 5	白特急骨赤育		

5）庐江（顺港乡）

声母（25个）：

p 布报比半	ph 怕跑批胖	m 马毛米门	f 飞夫番风	v 武歪瓦晚王物

t 代道店胆	th 台桃田谈	n 例你林亮帘年		l 累兰南赖料拿
ts 资基低争	tsh 雌欺题撑		s 私西师生	z 衣尼胡互护
tʂ 纸照正站	tʂh 迟抄成产		ʂ 诗少声山	ʐ 雨女饶柔让任
tɕ 戒交斤九	tɕh 千桥亲秋		ɕ 下小心休	
k 歌高根光	kh 科考肯匡	ŋ 我哀袄藕安昂	x 和好很黄	
ø 鹅二鸭完育圆				

说明：①tʂ 组、tɕ 组、ŋ 组发音部位比北京话稍前。②n、l 因不同环境而互补。

韵母（47 个）：

ɿ 资比例；ʅ 支迟世试	i 嚏你给议	u 布古朱区鱼	
a 巴打茶家	ia 家虾霞亚	ua 瓜花抓耍	
o 波多哥所			
ə 不个	iə 的目~了到家~		
əʏ 陡租鲁柔	iʏ 略九勾藕忧		
ɛ 败代财斋	iɛ 戒街海矮	uɛ 拽拐筷淮	
ɔ 包好抄烧	iɔ 飘苗条妖		
ei 杯推崔蛇		uei 闺亏灰追	
ĩ 鞭绵店尖干			yĩ 捐劝玄冤
ɛ̃ 班丹绽山	ĩɛ 监甘含眼	uɛ̃ 关还赚栓	
eĩ 毡缠扇			
õ 官搬端专完	iõ□“喜欢”合音		
ã 帮方挡脏张冈	iã 江良香羊	uã 窗光框黄	
ən 本登争生跟	in 兵丁金轻音	uən 准春顺滚昏	yin 军训云永
əŋ 通龙中红	iəŋ 穷兄荣用		
ɤʔ葛阔或恶	iʔ敝薄跌折接革叶		yiʔ绝缺穴月
øʔ掇脱作捉弱			
əʔ扑读足直黑	iəʔ笔蜜笛集逸	uəʔ竹熟骨哭	yəʔ菊曲畜域
ɛʔ八塔腊眨	iɛʔ甲瞎鸭押	uɛʔ刷刮滑	

说明：①o 介于 u、o 之间，近于 ɷ。②齐齿呼零声母音节发音时前面有摩擦成分。③u 发音时，舌位较前，唇形不太圆；单做韵母时带有摩擦成分。

声调（6 个）：

阴平 55	阳平 31
上声 213	去声 35
阴入 5	阳入 3

3. 扬淮片

扬州、连云港参见陈章太和李行健《普通话基础方言基本词汇集》（1996），涟水参见胡士云《涟水方言同音字汇》（1989），淮安、盐城参见《江苏省和上海市方言概况》（1960）。

1）连云港（新浦区）

声母（18 个）：

p 包比病布	ph 盘皮怕	m 马米	f 发飞方奉	
t 刀稻地店	th 天汤同			l 南蓝连年
tʂ 朱字针庄	tʂh 草愁床唱产		ʂ 诗三寺世孙	ʐ 人壤
tɕ 鸡锯剪旧	tɕh 千骑桥枪全		ɕ 仙晓虾闲扇	
k 根古共	kh 考苦狂开宽		x 好花黄还	
Ø 衣音吴王羊鱼云儿				

韵母（43 个）：

ʅ 资瓷私知	i 皮米鸡地	u 布土古吴	y 吕女渠鱼
a 马大	ia 加牙	ua 瓜花	
ɐ 剥薄炸法		uɐ 挖刮袜活	
o 婆多果河蛾			yo 靴瘸
	uɷ 竹国	yɷ 菊律	
ə 百德植格	iə 甲鸭	uə 脱落桌	yə 决缺雪月
ɪ 姐且写也	iɪ 笔敌力急		
ɛ 排买来菜	iɛ 解戒街鞋	uɛ 怪怀外	
ɔ 包刀稻高	iɔ 苗条焦咬		
ei 杯美推蛇		uei 贵葵水位	
əɯ 豆楼口手	iəɯ 流酒修有		
ã 班南三甘	iã 减咸颜	uã 关惯还玩	
õ 般船官罐			yõ 捐全宣圆
ẽ 战扇沾	iẽ 鞭天箭烟	uẽ 闺	
aŋ 胖方糖缸	iaŋ 良讲强羊	uaŋ 庄窗霜光	
əŋ 本灯根能	iŋ 近丁林银		
oŋ 东中共红	ioŋ 均兄云用		

声调（5 个）：

阴平 214　刚开婚　　　　阳平 35　穷寒鹅

上声 41　古口好五　　去声 55　近社盖唱汉共害帽

入声 24　急曲识七桌法局合

2）涟水（徐集乡）

声母（18 个）：

p 罢贝保勃病　ph 怕沛袍盼皮　m 毛谋没米　f 夫废飞扶丰

t 多丁登独电　th 他汤田唐　n 男奴弄凉绿

ts 左在阶直专　tsh 撑才词创乘　s 三似事双书　z 软让日肉人

tɕ 焦贱加忌哲　tɕh 取齐求轻蝉　ɕ 笑详香训舌

k 高街刮共跪　kh 开客抗狂逵　x 混火瞎候咸

ø 鸭有丸鹅染文

韵母（47 个）：

ʅ 次知世制；ɚ 儿二耳　i 地喜妻李借野　u 祖夫故乌否父　y 女雨吕居瘸靴

ɑ 巴麻洒家他　iɑ 家雅佳崖　uɑ 耍瓜瓦卦蛙

ɛ 呆改介拜崖　uɛ 乖拐蛙坏外

ɔ 保熬闹敲照　iɔ 交表要叫敲

o 歌多波怒暮某

ei 泪嘴离内贝车　uei 贵追吹未悔奎

əu 斗走口沤抽手　iu 流酒九又丢纠

ã 丹眼反甘站凡　uã 关幻顽删珊赚

iĩ 鞭扇燕染店兼　uĩ 员远渊　yĩ 卷喧犬现全

õ 般乱贯专船软

ən 跟论针生耕灯　uən 昆稳文春

in 宾斤林醒英　un 匀云韵　yn 俊旬群

ɑŋ 当上方港胖浜　iɑŋ 良相江奸监　uɑŋ 庄光王黄双窗

oŋ 东中峰朋弘轰　ioŋ 穷胸永倾兄

aʔ达瞎发乏压蜡　uaʔ括滑刷挖

ɑʔ博各缚若驳角　iɑʔ略约脚岳学　uɑʔ郭霍桌捉

ɔʔ速六白握墨卒　iɔʔ菌蓄曲欲

əʔ质佛十德赤拆　uəʔ骨忽出入

oʔ割拨撮说合磕

iʔ笔一律习击力

iɪʔ烈杰哲铁妾　uɪʔ月越粤悦　yɪʔ屈掘穴绝

声调（5个）：

阴平 31	高专安抽偏婚伤飞	阳平 35	穷陈唐平神徐鹅云
上声 212	古展走体好手五有	去声 55	盖对唱世共树近社
入声 34	急得曲桌尺六白舌		

3）扬州

声母（17个）：

p 鲍边部	ph 怕盘皮	m 门妙母	f 飞费冯符
t 到店夺	th 太铁同		l 脑莲路女饶
ts 增直在助招	tsh 菜蚕床船成	s 丝随师事税树	
tɕ 酒接杰讲卷	tɕh 秋全巧缺穷	ɕ 新旋休玄雄	
k 告国跪	kh 开空葵	x 海后花红	
ø 耳岸矮染盐闻云			

韵母（46个）：

ʅ 资知事	i 基祭第	u 姑书富	y 女锯雨
	iɪ 爹蛇		
ɛ 开带买蟹	iɛ 阶界	uɛ 乖揣歪	
a 怕而家	ia 虾牙家	ua 瓜画话	
ɔ 桃饱敲	iɔ 巧焦条敲		
o 波多科			
əi 杯肺被飞		uəi 税贵雷	
ɵ 头走狗	io 牛九有		
	ĩ 甜脸煎烟展扇		yĩ 捐劝园
æ̃ 蓝犯班汗	iæ̃ 减颜眼	uæ̃ 关还弯	
õ 搬满短酸官			
aŋ 党钢帮	iaŋ 娘酱羊	uaŋ 床光网	
ən 门等绳	in 平金近	uən 春滚问	yn 君熏云
oŋ 东龙风	ioŋ 穷兄荣		
æʔ八塔夹	iæʔ押侠夹	uæʔ刷滑刮	
aʔ薄弱角	iaʔ学药	uaʔ捉戳郭	
əʔ十不泽		uəʔ活说骨物	
	iʔ笔力席折		yiʔ薛缺月役域
ɔʔ北百独	iɔʔ菊局育		
oʔ拨末夺			

声调（5 个）：

阴平 31　刚开婚　　阳平 35　穷寒鹅

上声 42　古口好五　　去声 55　近社盖抗汉共害岸

入声 5　急曲黑各却歇局合

4）盐城

声母（18 个）：

p 包比病布　　ph 怕皮盘破　　m 马米　　f 发方奉飞

t 刀稻地　　th 汤同天　　n 南奶能农泥　　l 来蓝软人

ts 走展字针庄　　tsh 草愁床唱产车　　s 诗寺三世孙扇

tɕ 鸡斤剪旧　　tɕh 千旗桥枪全　　ɕ 仙晓闲

k 根古共缸　　kh 考苦狂开　　x 好花黄还

Ø 衣音吴王愿儿

韵母（44 个）：

ɿ 资瓷士字　　i 比皮梯鸡　　u 布主胡五　　y 女吕居鱼

ɑ 马打怕大　　iɑ 加夏虾牙　　uɑ 瓜花抓瓦

ɛ 牌街买开　　iɛ 解介　　uɛ 怪快槐外

ɔ 包桃稻草儿　　iɔ 表苗桥腰

uei 桂嘴水灰

ɤ 斗头狗走　　iɤ 流秋酒又

ɪ̃ 杯腿车鞭扇　　iɪ̃ 姐写线前

æ̃ 班南三　　iæ̃ 间咸　　uæ̃ 关还

õ 婆多河盘短官船

ã 棒方汤缸　　iã 娘将枪香　　uã 庄窗双王

ən 本灯针根　　in 病丁亲音　　uən 村顺婚文　　yn 军群云

oŋ 朋东松共　　ioŋ 穷兄熊用

æʔ八法辣　　iæʔ甲切峡　　uæʔ刷刮滑

ɪʔ别铁蜜　　iɪʔ揭级

oʔ拨脱盒活　　yoʔ决缺雪月

əʔ没德直格　　uəʔ出骨忽

ɑʔ剥落各　　iɑʔ脚鹊削约　　uɑʔ桌戳郭

ɔʔ白福竹哭　　iɔʔ菊曲蓄

说明：①i、y 韵母有较明显的摩擦。②u 韵母前略带 ə 音。③零声母合口呼韵母的 u 常常读为 v。

声调（5 个）：

阴平 31 刚开婚	阳平 213 穷寒鹅
上声 53 古口好五	去声 35 近亥盖抗汉共害岸
入声 5 急曲各歇局合	

5）淮安

声母（18 个）：

p 包病布	ph 怕皮步	m 马面	f 飞房	
t 东大地都	th 太题图			l 南来年怒吕
ts 资住庄追	tsh 雌初床船		s 丝生树	ʐ 让乳
tɕ 精鸡遮局	tɕh 秋齐车		ɕ 西戏扇蛇	
k 高故共贵	kh 开苦狂		x 好红灰	
Ø 硬衣万雨				

说明：①l 有时读成 n，有时读成鼻化的 l；②ʐ 的摩擦很轻。

韵母（46 个）：

ɿ 纸瓷世；ɚ 儿耳二	i 米地车衣	u 布土锄五	y 女虚雨
			yɪ 靴
ɑ 怕打茶	iɑ 架虾牙	uɑ 抓瓜花瓦	
ɛ 买来开	iɛ 灾菜筛	uɛ 怪快坏歪	yɛ 衰帅
ɔ 包刀草高	iɔ 苗鸟小要		
o 婆多歌鹅			
ei 杯对雷碎		uei 锐水回	
əɯ 头手厚	iəɯ 牛九有		
	iĩ 面大浅盐		yĩ 捐泉楦远
ã 板男三岸	iã 两简墙羊	uã 赚闩惯晚	
õ 半短船完			
ən 门冷寸肯	in 贫定醒银	uən 春棍昏文	yən 均群寻云
ɑŋ 忙汤赏钢		uɑŋ 床霜广亡	
oŋ 捧东中红	ioŋ 穷兄熊用		
	ieʔ灭力席热		yeʔ决缺雪月
aʔ八杀夹瞎	iaʔ略削虐	uaʔ刷刮滑	
oʔ末脱说合			
əʔ不得入革		uəʔ出骨忽	
ɑʔ剥托弱各		uɑʔ桌镯廓	

ɔʔ北秃竹国　　iɔʔ局曲欲

说明：①零声母高元音韵母带同部位的摩擦。②u 韵母跟 p、ph、m 拼是 u，跟 f 拼是 v，跟其他声母前头略带 ə 音。

声调（个 5）

阴平 42	包多歌方书	阳平 24	袍谈旗黄年
上声 212	比短起草好米	去声 55	变稻快笑万路
入声 4	督秃毒发罚袜		

4. 苏南片

南京参见刘丹青《南京话音档》（1997），句容参见《江苏省和上海市方言概况》（1960），镇江参见笪远毅《镇江方言同音字汇》（1999）。

1）南京

声母（22 个）：

p 班变步	ph 怕普皮	m 门母米	f 飞夫冯	
t 到低端	th 他梯图			l 南李路女
ts 走嘴助	tsh 草村锄		s 孙三事	
tʂ 张准住	tʂh 车吹床		ʂ 商书顺	ʐ 让乳
tɕ 酒捐旧	tɕh 妻区桥		ɕ 西许袖	
k 高古共	kh 开苦狂		x 化火红	
∅ 硬腰汪远		ŋ̍ 吾①		

韵母（46 个）：

ɿ 字死士；ʅ 智池是	i 比你洗	u 布主五	y 女区雨
ɚ 儿耳二			
ɑ 怕拿茶	iɑ 加夏牙	uɑ 抓瓜花	
o 波多错歌我			
e 遮扯舍蛇	ie 爹借写谢		ye 茄靴瘸
ae 排代社海	iɛ 解鞋蟹	uae 帅怪外	
əi 杯配肥		uəi 对内水	
ɔo 包少好	iɔo 飘刀咬		
əɯ 周狗后	iəɯ 流秋有		
aŋ 班汤汉	iaŋ 江向羊	uaŋ 床王乱	
	ien 边天年先烟		yen 捐宣怨

① 自成音节的 ŋ̍ 本在韵母表中，这里处理为声母，仅有“吾”一字，为白读，口语中置于亲疏称谓前。

ən 本生根　in 兵民金　un 寸棍文　yn 君群云

oŋ 东中翁　ioŋ 穷兄用

ʅʔ直吃十　iʔ笔密力　uʔ木竹哭　yʔ律局曲

ɑʔ法擦杀　iɑʔ甲瞎鸭　uɑʔ刷刮滑

əʔ白舌热

ieʔ别灭烈切歇　ueʔ国阔或　yeʔ缺血月

oʔ薄各说　ioʔ脚学约

声调（5个）：

阴平 31　刚知专尊丁边　　阳平 24　陈穷床才平寒

上声 212　古跑水巧五瓦　　去声 44　汉秀共路大帽

入声 5　党百急木药白局

2）镇江（旧城区）

声母（17个）：

p 笔帮并　ph 旁盆平　m 明门马　f 非奉夫

t 得端定　th 透堂土　l 来男肉

ts 资知章　tsh 此痴昌　s 思师射

tɕ 几精沾　tɕh 其清吃　ɕ 西心下

k 干官关　kh 刊宽康　x 哈匣黑

Ø 微影于

韵母（46个）：

ɿ 知资迟　i 米低几　u 补十苦　y 鱼居区

ɛ 拜太街　iɛ 皆也界　uɛ 外怪快

a 马拉沙　ia 加虾丫　ua 哇抓瓜

ɔ 宝刀好　iɔ 夭交刁

o 坡多科

ɪ 你遮给　iɪ 爷野野　uɪ 为奎谁

ə 头周后　iə 由九溜

iĩ 边千天　yĩ 元捐全

ɛ̃ 班兰安　iɛ̃ 淹铅间　uɛ̃ 关万赚

õ 官搬专

ən 门灯真　in 因明丁　uən 问准滚　yən 云均群

ɑŋ 帮当康　iɑŋ 羊香将　uɑŋ 王皇床

oŋ 风中翁　ioŋ 永荣穷

æʔ八杀喝	iæʔ甲狭压	uæʔ刮挖刷	
ɑʔ博作角	iɑʔ药确略	uɑʔ捉戳郭	
əʔ没日黑		uəʔ物骨术	
	iɪʔ叶切力		yɪʔ月决血
ɔʔ白毒国	iɔʔ育局曲		
oʔ泼脱活			

声调（5 个）：

阴平 21　天空	阳平 35　凌云
上声 313　老虎	去声 54　命令
入声 4　一切	

3）句容

声母（20 个）：

p 班变步	ph 怕普皮	m 门母米	f 飞夫冯	v 文园怨
t 当店豆	th 他体团	n 南李乱女		l 来男肉
ts 资赵朱尖	tsh 雌潮处牵		s 三山先靴	z 人让软
tɕ 鸡居精	tɕh 奇去妻		ɕ 香训西	
k 高古共	kh 开苦狂		x 好化红	
ø 安烟云月				

说明：n、l 可以任意互换。

韵母（39 个）：

ɿ 字死士；ɚ 而耳二	i 比你地	u 布粗鸟	y 女许语
ɑ 马茶拿	iɑ 加架亚	uɑ 抓瓜化	
ɛ 买街鞋	iɛ 蟹街鞋	uɛ 帅快坏	
ʊ 波歌船			
ɔu 包桃高	iɔu 条小摇		
əɯ 豆手狗	iəɯ 酒秀有		
əi 杯对雷		uəi 水桂悔	
ã 板谈安	iã 娘想羊	uã 断钻船	
ən 本冷恩	in 民丁音	uən 准春滚	yən 军训云
	iĩ 天年烟		yĩ 捐泉选
ɑŋ 方堂江巷	iɑŋ 江巷	uɑŋ 床光黄	
oŋ 东松工	ioŋ 穷胸用		
aʔ八杀塔	iaʔ甲恰约	uaʔ刷刮滑	

oʔ博默佛　　uoʔ捉阔活

əʔ德热割　　uəʔ别跌切

说明：①ɔu、iɔu 动程不大。②ən、in、uən、yən 韵尾 n 不稳定，有时候读成 ŋ，中间略带 ə 音。

声调（5 个）

阴平 31　刚知超　　阳平 24　唐营寒

上声 213　想体马　　去声 55　万救骂

入声 5　竹麦毒

5. 泰如片

此片音系参见顾黔《通泰方言音韵研究》（2001）。

1）泰州

声母（20 个）：

p 波饱病杯　ph 派盘病白　m 马米芒迈　f 方妃饭虎　v 晚外温位

t 刀顿地丹　th 台同地唐　n 南老仰农　l 来兰辣郎

ts 走字拙丈　tsh 草抽阵镯　s 三刷烧上　z 人让润若

tɕ 剪战斤巨　tɕh 千全徐嚼　ɕ 袖扇涉陷

k 根古街跪　kh 考敲狂环　x 好华陷话

ø 染五雨移

韵母（46 个）：

ɿ 知池四字；ɚ 儿二耳　i 皮地起鸡　u 布锄父妇　y 女雨腿嘴

ɑ 麻车拉洒　iɑ 加与佳价　uɑ 瓜挂抓花　yɑ 瘸靴茄

ɛ 射来海买　iɛ 写借戒谢　uɛ 乖拐衰槐

ɔ 刀饱教兆　iɔ 孝教舀条

ɤɯ 豆周柔欧　iɤɯ 纽有秋幽

əi 桅卫肺为　uəi 回最嘴水

iĩ 赔梅盐变

ɛ̃ 男看监限　iɛ̃ 碱监限谏　uɛ̃ 幻闩关还

õ 男看船官　yõ 绢劝犬圆

ɑŋ 忙上方讲　iɑŋ 乡羊江讲　uɑŋ 庄光狂双

əŋ 本人门冷　iŋ 琴民兴清　uəŋ 昏春村滚　yəŋ 均群训云

ɔŋ 朋孟宏公　iɔŋ 兄荣熊用

əʔ十室不勿　iɪʔ页立力觅　uəʔ入忽出述

æʔ纳插法达　iæʔ峡甲匣狭　uæʔ刮滑刮刷

ʊʔ盒割活说			yʊʔ月血桔屈
ɑʔ博弱剥托	iɑʔ约脚岳削	uɑʔ郭捉朔桌	
ɔʔ北白麦鹿	iɔʔ菊局曲育		

说明：①i、y 韵母摩擦较强。②u 唇形较展，且有轻微摩擦，与 k、kh、x 相拼时，实际是 əu。③ɤɯ 动程较小。

声调（6 个）：

阴平 21	安抽伤父坐	阳平 45	穷寒娘神才唐
上声 213	古丑手老体粉	去声 44	坐父汉账唱大
阴入 3	急出锡桌铁发	阳入 5	药袜摸熟舌滑

2）泰兴

声母（21 个）：

p 布半帮板	ph 白盘步部	m 母门没忙	f 飞符冯湖	v 外万挖晚
t 到当搭担	th 太达稻淡	n 南年能娘		l 来兰辣郎
ts 知祖争真	tsh 草族助赵		s 苏诗生邵	ʐ 人仁绕让
tɕ 低精周纠	tɕh 期旧就抽		ɕ 西修受胸	
k 贵果干古	kh 空共柜哭	ŋ 爱牛袄颜	x 鞋红好黑	
∅ 儿日热样				

韵母（52 个）：

ɿ 资支示是；ɚ 儿耳二	i 齐地米替	u 故粗赌处	y 鱼雨喂于
ɑ 巴蛇架拉	iɑ 姐野架假	uɑ 花瓜瓦挂	yɑ 茄曰瘸
ɛ 埋来盖派	iɛ 界且解	uɛ 怪坏快歪	yɛ 帅甩揣摔
ɔ 包烧早劳	iɔ 表条效笑		
ɤɯ 婆河火否	iɤɯ 九愁抽手		
əi 飞流斗杯		uəi 灰回桂亏	
ɛ̃ 反眼间甘	iɛ̃ 三间衫山	uɛ̃ 关还患惯	yɛ̃ 珊赚删撰
õ 暗甘端乱			yõ 卷远喧全
	iĩ 年尖烟言		
ɑŋ 上江忙缸	iɑŋ 阳江枪央	uɑŋ 王光广黄	yɑŋ □栽种
əŋ 硬门冷本	iŋ 灵林青轻	uəŋ 魂准昏顺	yəŋ 均云永群
ɔŋ 东钟冬公	iɔŋ 用兄荣胸		
æʔ辣鸭押八	iæʔ甲杂杀插	uæʔ刮滑括猾	yæʔ刷
ʊʔ活合说泼			yʊʔ决缺血阅
	iɪʔ笔吉切叶		

ɑʔ剥作落角 iɑʔ脚削约掠 uɑʔ捉桌扩握

əʔ不物入尺 iəʔ七吃漆席 uəʔ骨忽窟 yəʔ屈穴役橘

ɔʔ北伯白国 iɔʔ曲玉菊育

说明：i 韵母摩擦较强。

声调（6个）：

阴平 21 敲知近共厚坡 阳平 45 人穷寒平才爬

上声 213 古口五美好丑 去声 44 汉正唱变盖靠

阴入 4 急七各湿曲失 阳入 5 六食白物特入

3）如皋

声母（21个）：

p 半宝布不 ph 爬抛步勃 m 蛮门妙没 f 翻虎冯佛 v 弯文物务

t 耽到低得 th 谈淡特稻 n 难泥女捏 l 兰老路勒

ts 肿注质资 tsh 草处助赵 s 苏诗生邵 z 人燃乳热

tɕ 肩急卷精 tɕh 签巧就旧 ɕ 仙小宣息

k 赶敢古革 kh 开考空柜 ŋ 眼牛咬额 x 好鞋红黑

∅ 烟雨暗亦

说明：∅ 在实际读音中前面有ʔ。

韵母（48个）：

ɿ 资雌支是；ɚ 二而儿 i 基地梯衣 u 布古富朱 y 居虚鱼区

ɑ 牙蛇拉惹 iɑ 假斜爷姐 uɑ 花瓜抓夸 yɑ 瘸靴

ɛ 开来派呆 iɛ 且诫谐界 uɛ 乖快坏帅

ɔ 朝包劳早 iɔ 交苗条小

ɤɯ 波哥火磨 iɤɯ 休秋酒有

ei 欧柳斗杯 uei 追吹水归

ɛ̃ 担淡兰喊 iɛ̃ 限颜减间 uɛ̃ 关掼患赚

õ 官半暗宽 yõ 捐犬宣冤

iĩ 变店欠染

ã 章忙讲缸 iã 讲枪良想 uã 光床广壮

əŋ 针认门根 iŋ 精心林听 uəŋ 昆孙村魂 yəŋ 云群训永

ɔŋ 东风空钟 iɔŋ 雄穷容用

ɛʔ鸭夹八拔 iɛʔ甲峡 uɛʔ刮滑刷咂

ʊʔ鸽泼说合 yʊʔ决缺血月

iɪʔ鳖跌哲接

ɑʔ剥确角落	iɑʔ脚雀削药	uɑʔ霍郭捉戳	
əʔ不特黑格	iəʔ逼踢急益	uəʔ骨窟忽出	yəʔ橘屈穴域
ɔʔ竹福独北	iɔʔ曲菊育蓄		

说明：①i、y 摩擦较强。②ɤɯ 动程不明显，亦可记作 ʊ，iɤɯ 可记作 iʊ。

声调（6 个）：

阴平 21	诗刚是士霜坐	阳平 35	题时田锄麻河
上声 213	使古展纸井果	去声 33	试世帐盖贷信
阴入 4	滴识惜福谷尺	阳入 5	实石拾食闸合

4）大丰

声母（19 个）：

p 布饱不木	ph 怕跪败白	m 毛忙摸门	f 飞符冯放	v 温万萎外
t 到得蛋搭	th 蛋听托痘	n 脑楼兰男		
ts 支站作知	tsh 草才赵凿		s 少苏生邵	z 绕人如肉
tɕ 鸡尖庄捉	tɕh 区千轿就		ɕ 休善小笑	
k 高干根古	kh 空哭柜跪		x 会鞋红黑	
ø 昂音温圆				

说明：ts、tsh、s 发音时舌尖紧抵下齿背。

韵母（54 个）：

ɿ 知字私是；ɚ 儿耳二	i 齐衣米地	u 古步布粗	y 举具区雨
ɑ 怕他丫沙	iɑ 爹加价夜	uɑ 瓜跨话挂	yɑ 抓爪耍瘸
ɛ 排代耐社	iɛ 解借写也	uɛ 怪坏外快	yɛ 衰帅甩拽
ɔ 早条苗刀	iɔ 表秒刁笑		
o 婆剁我火			
ɤɯ 斗周口丑	iɤɯ 九丢刘救		
ei 杯培梅勾		uei 鬼内吹规	
ɛ̃ 办蛮反但	iɛ̃ 闲限奸减	uɛ̃ 关万惯环	yɛ̃ 闩栓删
õ 半管官乱			yõ 全玄选员
	iĩ 边面电脸		
ɑŋ 帮忙放荡	iɑŋ 抢良讲阳	uɑŋ 广光黄矿	yɑŋ 庄床状双
əŋ 根门坟冷	iŋ 井丁宁青	uəŋ 昆困昏魂	yəŋ 均存云群
ɔŋ 公共东风	iɔŋ 穷兄用胸		
æʔ杂杀腊八	iæʔ甲峡狭	uæʔ刮猾滑挖	yæʔ刷
ʊʔ拨说夺合			yʊʔ决血月绝

iɪʔ别铁力习

ɑʔ剥托摸落 iɑʔ觉脚削药 uɑʔ郭扩沃握 yɑʔ捉桌浊镯

əʔ不刻赤得 iəʔ吃七乞讫 uəʔ骨勿窟忽 yəʔ出入卒穴

ɔʔ百木六北 iɔʔ菊曲局玉

说明：i 摩擦较强。

声调（6个）：

阴平 21 飞天青庙支卖 阳平 35 民明池田来梅

上声 213 老马水手减亩 去声 44 胜四盼算态帐

阴入 4 纳乐割刮哭辣 阳入 5 学滑勒合斛伏

5）兴化

声母（17个）：

p 巴布边帮 ph 旁拼拔抱 m 明门母木 f 放夫方父

t 刀大爹登 th 他台稻豆 l 来南让人

ts 资早张争 tsh 族迟在助 s 斯诗士苏

tɕ 鸡健江居 tɕh 妻齐车匠 ɕ 西心贤须

k 哥姑家角 kh 科跪共敲 x 慧忽华巷

ø 无王热荣

韵母（49个）：

ɿ 资知制字；ɚ 儿耳二 i 批基希依 u 铺布浮妇 y 女居鱼须

ɑ 大车蛇家 iɑ 家姐假佳 uɑ 花瓜画挂 yɑ 曰

ɛ 爱者街开 iɛ 街写皆阶 uɛ 快乖揣怀

ɔ 袍桃召敲 iɔ 敲苗条笑

o 亩波多火

ɤɯ 个侯兜口 iɤɯ 丢纠刘又

əi 杯梅贝对 uəi 最醉回脆

ɛ̃ 甘丹山蛮 iɛ̃ 艰减限碱 uɛ̃ 赚关撰环

ʊ̃ 官潘端团 yʊ̃ 全元玄劝

iĩ 剑邻名扇

ɑŋ 帮忙方张 iɑŋ 江抢亮向 uɑŋ 庄狂窗矿

ən 珍沉登耕 in 侵亲青幸 uən 村问顺孙 yən 云韵永运

ɔŋ 轰中崩翁 iɔŋ 兄倾穷用

æʔ答八发袜 iæʔ甲峡侠狭 uæʔ刷括滑挖

ʊʔ拨脱说合 yʊʔ血月缺屑

	iɪʔ律哲叶别		
ɑʔ幕博若壳	iɑʔ恰却药脚	uɑʔ郭桌霍朔	
əʔ执不没得	iəʔ急吃戚乙	uəʔ骨勿率物	yəʔ入役域疫
ɔʔ北国谷六	iɔʔ菊曲玉局		

说明：①i 摩擦较强。②iĩ 韵有自由变体 in。

声调（7 个）：

阴平 33	杯光诗篇飞英	阳平 35	人民荣弹如穷
上声 213	水手美满好酒		
阴去 53	汉正倍健店世	阳去 21	父部是淡大会
阴入 4	发压甲伯法级	阳入 5	摸叶学药俗合

1.5 术语及符号

（1）音韵学术语：“知系”包括中古知庄章组；“见系”包括见组、晓匣、影云以；“见组”包括见溪群疑①；“影组”包括影云以；“泥组”包括泥来母（丁声树和李荣，1981）。

（2）K 类指 k、kh、h 声母组；T 类指 t、th 声母组；Ts 类指 ts、tsh、s 声母组；Tɕ 类指 tɕ、tɕh、ɕ 声母组；Tʂ 类指 tʂ、tʂh、ʂ 声母组。

（3）声母、韵母、韵尾、介音在音变式中一般要加“-”，如 n-、-iŋ、-ŋ、-i-，本书在行文中省略。

（4）送气符号“h”和调值，在有些书中用上标方式，如 tha55，本书不采用此方法，而是并列书写，如 tha55。

（5）“>”表示历史音变，本书在涉及历史音变时用此符号，如 n>n^{z}>z。

（6）“→”表示音系表达，本书在涉及音系表达时用此符号，如 n-→ȵ-/__$V_{(+前，+高)}$。

（7）“/”有两个用途：一个在音系表达式中表示环境，一个在列举类型时表示“或者”。

（8）“⊃”表示类型学中的单项蕴含。

（9）“*”加于构拟音值之前，表示构拟的早期音值。

（10）单下划线“__”表示白读，双下划线“‗‗”表示文读。

（11）入声调加下划线表示短调，配带塞尾的入声韵，如六安：北 pɐʔ<u>23</u>；入声调不加下划线表示声调不短促，配不带塞尾的入声韵，如孝感：北 pɛ13。

① 本书在行文中，见组一般指见溪群晓匣，因为它们往往有相同的音变规则，疑母往往与影组有相同的音变规则。

第 2 章　江淮官话声母的历史演变

2.1　帮组、非组

2.1.1　帮组

1. 读音类型

江淮官话帮组的读音类型比较整齐：帮母读 p，滂母读 ph，並母读 p 或 ph，明母读 m。各片读音情况，列举如下。

1）黄孝片

	伯帮	板帮	坡滂	普滂	瓶並	佩並	貌明	忙明
	梗开二	山开二	果合一	遇合一	梗开四	蟹合一	效开二	宕开一
孝感	pɛ13	pan53	pho24	phu53	phin31	pi33	mau33	maŋ31
黄冈	pe313	pan42	pho33	phu42	phin313	pi35	mau44	maŋ313
麻城	pe24	pan55	pho313	phu55	phin42	pi33	mau33	maŋ42
黄梅	pæ42	pan35	po11	phu35	phin53	pi33	mau33	maŋ53
英山	pe313	pan44	po11	phu44	phin31	pi33	mau33	maŋ31

2）皖中片

	百帮	班帮	坡滂	披滂	瓶並	佩並	貌明	忙明
	梗开二	山开二	果合一	止开三	梗开四	蟹合一	效开二	宕开一
六安	pɐʔ23	pɛ̃313	phɷ313	phɿ313	phĩ35	phei53	mɔ53	mã35
舒城	pɐʔ24	pæ̃21	phu21	phɿ21	phin24	phei54	mɔ54	mã24
滁州	pəʔ4	pɛ̃42	phɷ42	phɿ42	phĩ35	phe55	mɔ55	mã35
合肥	pɐʔ5	pæ̃21	phʊ21	phɿ21	phin55	phe53	ɔ53	mɑ55
庐江	piʔ5	pɛ̃55	po55	phɿ55	phin31	phei35	mɔ35	mã31

3）扬淮片

	伯帮	板帮	坡滂	普滂	瓶並	佩並	貌明	忙明
	梗开二	山开二	果合一	遇合一	梗开四	蟹合一	效开二	宕开一

扬州	pɔʔ5	pæ̃42	pho31	phu35[1]	phin35	phəi55	mɔ55	maŋ35
连云港	pə24	pã41	pho214	phu41	phiŋ35	phei55	—	maŋ35
涟水	pɔʔ34	pã212	pho31	phu212	phin35	phei55	mɔ55	mɑŋ35
淮安	poʔ4	pã212	pho42	phu212	phin24	phei55	mɔ55	mɑŋ24
盐城	pɔʔ5	pæ̃53	phõ31[2]	phu53	phin213	phĩ35	mɔ35	mã213

4）苏南片

	伯帮	板帮	坡滂	普滂	瓶並	佩並	貌明	忙明
	梗开二	山开二	果合一	遇合一	梗开四	蟹合一	效开二	宕开一
南京	pəʔ5[3]	paŋ212	pho31	phu212	phin24	phəi44	mɔo44	maŋ24
句容	poʔ5	pã213	phʊ31	phu213	phin24	phəi55	mɔu55	mɑŋ24
镇江	pɔʔ5	pɛ̃313	pho21	phu313	phin35	phɪ55	mɔ55	mɑŋ35

5）泰如片

	百帮	板帮	坡滂	普滂	瓶並	倍並	貌明	忙明
	梗开二	山开二	果合一	遇合一	梗开四	蟹合一	效开二	宕开一
大丰	pɔʔ4	pɛ̃213	pho45	phu213	phiŋ35	pei45	mɔ45	mɑŋ35
兴化	pɔʔ4	pɛ̃213	pho53	phu213	phiĩ34	pəi53	mɔ21	mɑŋ34
泰州	pɔʔ4	pɛ̃213	phu33	phu213	phiŋ45	piĩ33	mɔ33	mɑŋ45
泰兴	pɔʔ4	pɛ̃213	phɤɯ44	phu213	phiŋ45	pəi44	mɔ21	mɑŋ45
如皋	pɔʔ4	pɛ̃213	phɤɯ33	phu213	phiŋ35	pei33	mɔ21	mã35

2. 帮组的演变兼论全浊声母清化

中古帮组至今变化不大，主要是全浊声母的清化。下面对全浊声母清化做整体研究。

全浊声母清化的规则主要有两种：一是“平声送气，仄声不送气”，分布在黄孝片、皖中片、扬淮片、苏南片；一是“平仄都送气”，分布在泰如片。

其实第一种类型的“平声送气，仄声不送气”规则并不严格，各片都有中古全浊声母仄声字清化后读送气声母的情况。其中又以黄孝片的表现最突出，尤其是入声字读为送气音的情况较多，具体见表 2-1。

① 又读 phu42。
② 又读 põ31。
③ 又读 poʔ5，出现在词“大伯头”（夫之兄的谑称）中。

表 2-1　黄孝片古全浊塞音、塞擦音声母入声字今读送气声母情况

方言	並母	定母	澄母
孝感	曝 phu13 瀑 phu13 卜 phu13 仆 phu13 勃 phu13 弼 phi13 辟 phi13	特 thɛ13 突 thəu13	择 tshɛ13 泽 tshɛ13 宅 tshɛ13 秩 tʂhʅ13
黄冈	曝 phu24 瀑 phu24 卜 phu24 仆 phu24 勃 phu24 弼 phi24 辟 phi24	特 the24 突 thəu24	秩 tshʅ24
麻城	曝 phu24 瀑 phu24 卜 phu24 仆 phu24 勃 phu24 弼 phi24 辟 phi24	特 the24 突 thəu24	秩 tʂhʅ24
黄梅	拔 pha33 卜 phu42 仆 phu42 勃 phu42 弼 phi42 辟 phi42	特 the33 突 theu42 笛 thi33	择 tshe33 泽 tshæ42 宅 tshæ42 掷 tshʅ42 值 tshʅ33 直 tshʅ33 秩 tshʅ42
英山	曝 phu313 瀑 phu313 卜 phu313 仆 phu313 勃 phu313	特 the313 突 həu313	秩 tʂhʅ313

泰如片属第二种类型的“平仄都送气”，具体见表 2-2。

表 2-2　泰如片古全浊塞音、塞擦音声母无论平仄都送气情况

方言	袍	抱	头	豆	拳	圈猪圈	才
	並平	並仄	定平	定仄	群平	群仄	从平
大丰	phɔ35	phɔ21	thɤɯ35	thɤɯ21	tɕhyõ35	tɕhyõ21	tshɛ35
兴化	phɔ34	phɔ21	thɤɯ34	thɤɯ21	tɕhyõ34	tɕhyõ21	tshɛ34
泰州	phɔ45	phɔ21 **pɔ33**	thɤɯ45	thɤɯ21 **tɤɯ33**	tɕhyõ45	tɕhyõ21	tshɛ45
泰兴	phɔ45	phɔ21	thəi45	thəi21	tɕhyõ45	tɕhyõ21	tɕhiɛ45
如皋	phɔ35	phɔ21	thei35	thei21	tɕhyõ35	tɕhyõ21	tshɛ35

方言	在	厨	柱	床	状	唇	顺
	从仄	澄平	澄仄	崇平	崇仄	船平	船仄
大丰	tshɛ21	tshu35	tsu45	tɕhyaŋ35	tɕhyaŋ21	ɕyəŋ35	ɕyəŋ21
兴化	tshɛ21	tshu34	tshu53	tshuaŋ34	tshuaŋ21	suən34	suən21
泰州	tshɛ21 **tsɛ33**	tshu45	tsu33	tshuaŋ45	tshuaŋ21 **tsuaŋ33**	tɕhyəŋ45	suəŋ21 **suəŋ45**
泰兴	tɕhiɛ21	tshu45	tshu21 **tsu44**	tshuaŋ45	tshuaŋ21	tshuəŋ45 **suəŋ45**	suəŋ21
如皋	tshɛ21	tshu35	tshu21	tshuã35	tshuã21	ɕyəŋ35	suəŋ21 **suəŋ33**

泰如片浊音清化平仄都送气在官话方言中是较特殊的，但是这种规则也正在受到影响，从表 2-2 可知有些字存在送气、不送气两读。其中以泰州最为突出，可能是因为泰州距江淮官话中心区域较近，受正音影响更深。

黄孝片和泰如片都有很多特征较存古，它们全浊声母清化都较多地存在平仄都送气的现象是值得思考的，二者处于江淮官话的两端，或许平仄都送气曾经遍布于整个江淮地区，但是这个层次应该很早，应在成熟的江淮官话形成之前，后来随着北方方言南下进入江淮官话核心区域，江淮地区才被“平送仄不送”的规则所取代。

2.1.2　非组

1. 读音类型

中古非组在各片的读音类型差距不大，非、敷、奉母一般都读 f，微母各片读音不太一致，下文单独研究。

1）黄孝片

	飞非	府非	风非	肺敷	饭奉	防奉	武微	闻微	万微
	止合三	遇合三	通合三	蟹合三	山合三	宕合三	遇合三	臻合三	山合三
孝感	fei24	fu53	foŋ24	fei35	fan33	faŋ31	u53	uən31	uan33
黄冈	fei33	fu42	foŋ33	fei35	fan44	faŋ313	u42	uən313	uan44
麻城	fei313	fu55	foŋ313	fei35	fan33	faŋ42	u55	uən42	uan33
黄梅	fei11	fu35	foŋ11	fei15	fan33	faŋ53	u35	uən53	uan33
英山	fei11	fu44	foŋ11	fei35	—	faŋ31	u44	uən31	uan33

非组都读 f。此外，孝感、黄冈、麻城、黄梅非组的“不、缚”（分别为非、奉母入声字）声母都读 p，反映出早期帮、非组还没有分化的情况。

2）皖中片

	飞非	府非	纺敷	肺敷	饭奉	房奉	武微	问微	万微
	止合三	遇合三	宕合三	蟹合三	山合三	宕合三	遇合三	臻合三	山合三
六安	fei313	fʉ24	fã24	fei53	fɛ̃53	fã35	ʉ24	un53	uə̃53
舒城	fei21	fʉ213	fã213	fei54	fæ̃54	fã24	ʉ213	uən54	uæ̃54
滁州	fe42	fu21	fã21	fe55	fɛ̃55	fã35	vu21	vəŋ55	vɛ̃55
合肥	fe21	fu34	fɑ34	fe53	fæ̃53	fɑ55	u34	uən53	uæ̃53
庐江	fei55	fu213	fã213	fei35	fɛ̃35	fã31	vu213	vən35	vɛ̃35

3）扬淮片

	飞非	府非	纺敷	肺敷	饭奉	房奉	武微	问微	万微
	止合三	遇合三	宕合三	蟹合三	山合三	宕合三	遇合三	臻合三	山合三
扬州	fəi31	fu42	faŋ42	fəi55	fæ̃55	faŋ35	u42	uən55	uæ̃55
连云港	fei214	fu41	faŋ41	fei55	fã55	faŋ35	u41	oŋ55	uã55

涟水	fei31	fu212	fɑŋ212	fei55	fã55	fɑŋ35	u212	uən55	uã55
淮安	fei42	fu212	fɑŋ212	fei55	fã55	fɑŋ24	u212	uən55	uã55
盐城	fĩ31	fu53	fã35	fĩ35	fæ̃35[1]	fã213	u53	uən35	uæ̃35

4）苏南片

	飞非 止合三	府非 遇合三	纺敷 宕合三	肺敷 蟹合三	饭奉 山合三	房奉 宕合三	武微 遇合三	问微 臻合三	万微 山合三
南京	fəi31	fu212	faŋ212	fəi44	faŋ44	faŋ24	u212	un44	uaŋ44
句容	fəi31	fu213	fɑŋ213	fəi55	fã55	fɑŋ24	u213	vən55	vã55
镇江	fɪ21	fu313	fɑŋ313	fɪ55	fɛ̃55	fɑŋ35	u313	uən55	uɛ̃55

5）泰如片

	飞非 止合三	府非 遇合三	纺敷 宕合三	肺敷 蟹合三	饭奉 山合三	房奉 宕合三	武微 遇合三	问微 臻合三	万微 山合三
大丰	fei21	fu213	fɑŋ213	fei45	fɛ̃45	fɑŋ35	u213	vəŋ21	vɛ̃21
兴化	fəi33	fu213	fɑŋ213	fəi53	fɛ̃21	fɑŋ34	u213	uən21	uɛ̃21
泰州	fəi21	fu213	fɑŋ213	fəi33	fɛ̃33[2]	fɑŋ45	u213	vəŋ33[3]	vɛ̃33[4]
泰兴	fəi21	fu213	fɑŋ213	fəi44	fɛ̃44	fɑŋ45	vu213	vəŋ21	vɛ̃21
如皋	fei21	fu213	fɑ̃213	fei33	fɛ̃33	fɑ̃35	vu213	vəŋ21	vɛ̃21

2. 微母的读音类型及地图表现

微母读音有两种类型：ø 和 v，我们将各地读音类型总结为表 2-3。

表 2-3　微母在江淮官话各点的读音类型

微母	ø	孝感，黄冈，麻城，英山，黄梅，六安，舒城，合肥，扬州，连云港，涟水，淮安，盐城，南京，镇江，兴化
	v	滁州，庐江，句容，大丰，泰州，泰兴，如皋

进一步根据表 2-3，制作出下页方言地图 2-1，可以发现微母读 v 的点主要分布在江淮官话东部的泰如片，中部的皖中片、苏南片也有少量分布；读 ø 的则主要分布于西部的黄孝片、东部北面的扬淮片。

① 此为文读，还有白读 fæ̃31。
② 此为文读，还有白读 fɛ̃21。
③ 此为文读，还有白读 vəŋ21。
④ 此为文读，还有白读 vɛ̃21。

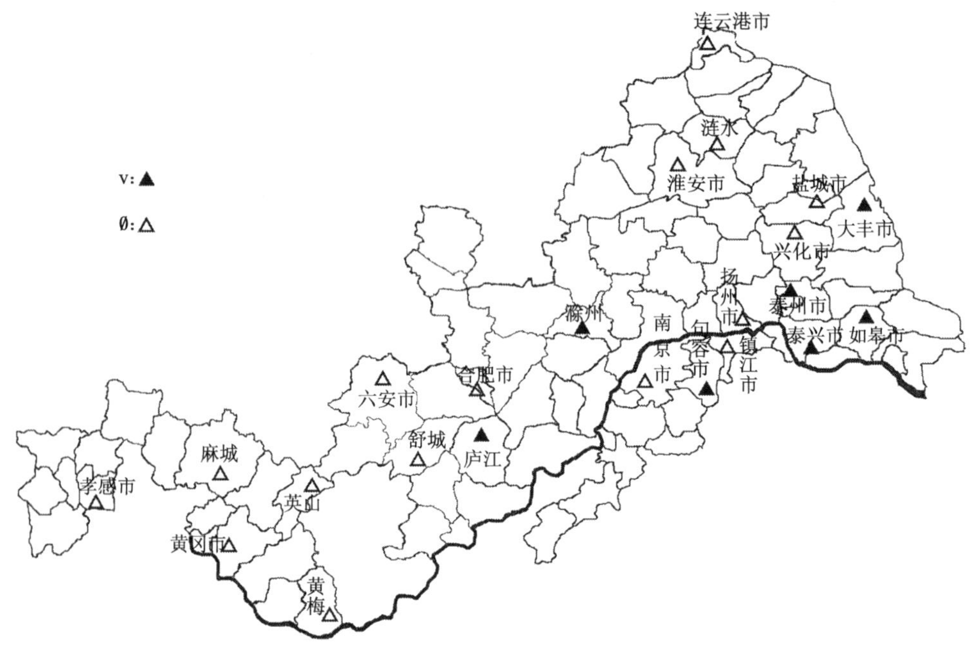

图 2-1　江淮官话微母的读音类型及其分布图

3. 非组的历史演变

从当前方言的情况来看，非敷奉母读音都一样，都读 f 声母，所能推测的更早时期的形式是 f。但是也有个别字有特殊的读音，如不、缚、捧读 p 声母，这是古音的遗留。

微母有 ∅、v 两种读音类型，今读 v 可能有两种来源：一是古音遗留，二是晚期的演变。这两种来源是难以区分的，但是可以参照其他声母的情况进行推测，有些方言不仅微母读 v，影母、喻母、疑母的合口字也为 v 声母，如滁州、庐江、句容、大丰、泰州、泰兴、如皋等，这种情况笔者倾向于认为是晚期的演变，因为影母、喻母、疑母中古形式不是 v，它们是在转化为 ∅ 之后，在合口韵之前再发生合口介音的擦化，变为 v 声母。

4. 微母在历史材料中的表现

明代的《切韵声原》微母独立，所辖字都是中古微母字，且中古微母字不混入其他声母。

清代的《五声反切正韵》没有微母，中古微母与影母、疑母、喻母合并。

清代的《等韵学》微母字在第 36 羽音母之下，与中古影母合口、疑母合口、喻母合口合并。这说明微母没有独立的地位，但是韵母都是合口韵，推测这些字的声母可能为 v。

2.1.3　近代读音构拟

帮组、非组在近代早期江淮官话的读音类型构拟见表 2-4。

表 2-4　近代江淮官话帮组、非组的读音类型

近代江淮官话音值	包含的中古声类
p	帮母，並母仄声字
ph	滂母，並母平声字
m	明母
f	非母，敷母，奉母
v	微母

需要说明的是，近代江淮官话应该有 v 母，本书认为它只包括中古微母。后来大部分脱落，变为 ∅ 声母，只在少数方言中保留。今读各片方言的中古影母、云母、以母、疑母合口韵有读 v 的情况，是后来擦化的结果，与中古微母遗留的 v 混同。

2.2　端　组

这里的端组是指端母、透母、定母，泥母、来母将单独研究。

2.2.1　读音类型

1. 黄孝片

	打端	短端	带端	桶透	塔透	铁透	桃定	荡定
	梗开二	山合一	蟹开一	通合一	咸开一	山开四	效开一	宕开一
孝感	ta53	tan53	tai35	thoŋ53	tha13	thiɛ13	thau31	taŋ33
黄冈	ta42	tan42	tai35	thoŋ42	tha24	thie24	thau313	taŋ44
麻城	ta55	tan55	tai35	thoŋ55	tha24	thie24	thau42	—
黄梅	ta35	ton35	tai15	thoŋ35	tha42	thiæ42	thau53	taŋ33
英山	ta44	tan44	tan44	toŋ44	tha313	thie313	thau31	taŋ33

2. 皖中片

顶端　短端　底端　统端　塔透　铁透　桃定　稻定

	梗开四	山合一	蟹开四	通合一	咸开一	山开四	效开一	效开一
六安	tĩ24	tuə̃24	tsɿ24	thəŋ24	thɐʔ23	thiɐʔ23	thɔ35	tɔ53
舒城	tin213	təŋ213	tsɿ213	thəŋ213	thɐʔ24	thiɐʔ24	thɔ24	tɔ54
滁州	tĩ21	tuɛ̃21	tɿ21	thoŋ21	thaʔ4	thieʔ4	thɔ35	tɔ55
合肥	tin34	tʊ34	tsɿ34	thəŋ34	thɐʔ5	thiɐʔ5	thɔ55	tɔ53
庐江	tin213	tõ213	tsɿ213	thəŋ213	thɛʔ5	thiʔ5	thɔ55	tɔ35

皖中片端组有读 Ts 类的，仅限蟹摄开口四等，韵母仅限 ɿ，如“低底帝体替题提弟第”等字，但覆盖面较广，包括六安、舒城、合肥、庐江、全椒、含山、无为。这与蟹摄韵母的擦化有关，应该经过了 ti＞tɿ＞tsɿ 的变化过程，先是韵母擦化，进而使声母擦化，塞音变为塞擦音。

3. 扬淮片

	顶端	短端	带端	统透	塔透	铁透	桃定	稻定
	梗开四	山合一	蟹开一	通合一	咸开一	山开四	效开一	效开一
扬州	tin42	tõ42	tɛ55	thoŋ42	thæʔ5	thiʔ5	thɔ35	tɔ55
连云港	tiŋ41	tõ41	tɛ55	thoŋ41	thɐ24	thiə24	thɔ35	tɔ55
涟水	tin212	tõ212	tɛ55	thoŋ212	thaʔ34	thiɪʔ34	thɔ35	tɔ55
淮安	tin212	tõ212	tɛ55	thoŋ212	thaʔ4	thieʔ4	thɔ24	tɔ55
盐城	tin53	tõ53	tɛ35	thoŋ53	thæʔ5	tɪʔ5	thɔ213	tɔ35

4. 苏南片

	顶端	短端	带端	统透	塔透	铁透	桃定	稻定
	梗开四	山合一	蟹开一	通合一	咸开一	山开四	效开一	效开一
南京	tin212	tuaŋ212	—	thoŋ212	thɑʔ5	thieʔ5	thɔo24	tɔo44
句容	tin213	tuã213[①]	tɛ55	thoŋ213	thaʔ5	thiəʔ5	thɔu24	tɔu55
镇江	tin313	tõ313	tɛ55	thoŋ313	thæʔ5	thiɪʔ5	thɔ35	tɔ55

5. 泰如片

	顶端	短端	底端	统透	塔透	铁透	桃定	稻定
	梗开四	山合一	蟹开四	通合一	咸开一	山开四	效开一	效开一
大丰	tiŋ213	tʊ̃213	tɕi213	thɔŋ213	thæʔ4	thiɪʔ4	thɔ35	thɔ21
兴化	tĩ213	tʊ̃213	təi213	thɔŋ213	thæʔ4	thiɪʔ4	thɔ34	thɔ21

① 此为文读，还有白读 tʊ213。

泰州　tiŋ213　tʊ̃213　ti213　thɔŋ213　thæʔ4　thiɪʔ4　thɔ45　thɔ33[①]
泰兴　tiŋ213　tʊ̃213　tɕi213　thɔŋ213　thæʔ4　thiɪʔ4　thɔ45　thɔ21
如皋　tiŋ213　tʊ̃213　ti213　thɔŋ213　thɛʔ4　thiɪʔ4　thɔ35　thɔ21

大丰、泰兴端组有读 tɕ 的情况，仅限蟹摄开口四等，如“低底帝体替题提弟第”等字，方言点有大丰、泰兴、如东、海安、东台，音变过程是 ti>tɕi。

2.2.2　历史演变分析

端组读音类型较整齐，一般有 t、th 两种读音类型，端母读 t，透母读 th，定母读 t 或 th。端组除浊音清化外，中古至今变化较少。

此外，还有一个问题值得深思，皖中片蟹开四的 Ts 类声母和泰如片蟹开四的 Tɕ 类声母之间的音变是否有共性？从音变范围看，二者韵母范围都为蟹摄开口四等韵；从读音类型上看，笔者在泰如片中发现了和皖中片读音类型完全相同的方言点，姜堰蟹开四端组也读 Ts 类，韵母为 ɿ，并且其他声组后的蟹开四韵母也高化为 ɿ，包括帮组、泥母、来母后，如批 phɿ、米 mɿ、泥 nɿ，这和皖中片的合肥、六安、舒城等地完全相同。那么皖中片 tsɿ 类和泰如片 tɕi 类的关系是怎样的呢？如果存在音变关系，是 tsɿ 类在先，还是 tɕi 类在先？从音变的普遍性来看，tɕi>tsɿ 的音变更常见，可把 tɕi 放在前面，但是这就带来一个深层次的矛盾：如果认为音变过程是 ti>tɕi>tsɿ，这说明擦化音变是声母发起的，因为 ti>tɕi 是韵母不变而声母擦化。但是可以确定皖中片的擦化是韵母发起的，因为皖中片帮组、泥母、来母后 i 韵母的擦化也很普遍，这显然是韵母擦化带来的，这与前述分析相反。对于这个问题，笔者认为不可一概而论，擦化音变本来可以有两个动因：一个是声母发起的，走的是 ti>tɕi>tsɿ 的道路；另一个是韵母发起的，走的是 ti>tɿ>tsɿ 的道路。不同方言可以选择不同的道路，皖中片和泰如片的姜堰走的是 ti>tɿ>tsɿ 的道路，擦化动因来自韵母；其他泰如片走的是 ti>tɕi>tsɿ 的道路，擦化动因来自声母，但是二者音变的结果相同。

2.2.3　近代读音构拟

近代江淮官话端组（不含泥来）的读音情况构拟见表 2-5。

表 2-5　近代江淮官话端组的读音类型

近代江淮官话音值	包含的中古声类
t	端母，定母仄声
th	透母，定母平声

① 此为文读，还有白读 thɔ21。

2.3 泥母、来母*

2.3.1 读音类型

1. 泥来有别

泥母读 n，来母读 l，有四点：黄梅、盐城、泰兴、如皋，具体情况如下：

	怒泥	路来	女泥	泥泥	礼来	脑泥	老来
	遇合一	遇合一	遇合三	蟹开四	蟹开四	效开一	效开一
黄梅	neu33	leu33	ny35	—	li35	nau35	lau35
盐城	nõ213	lu35	ny55	ni213	li55	nɔ55	lɔ55
泰兴	nɤɯ45	lu21	ny213	ni45	li213	nɔ213	lɔ213
如皋	nɤɯ35	lu21	ny213	ni35	li213	nɔ213	lɔ213
	年泥	连来	娘泥	两来	能泥	农泥	笼来
	山开四	山开三	宕开三	宕开三	曾开一	通合一	通合一
黄梅	ȵiɛn53	liɛn53	ȵiaŋ53	liaŋ35	non53	noŋ53	loŋ53
盐城	nĩ213	lĩ213	niã213	liã55	nən213	nuŋ213	luŋ213
泰兴	niĩ45	liĩ45	niɑŋ45	liɑŋ45	nəŋ45	nɔŋ45	lɔŋ45
如皋	niĩ35	liĩ35	niɑ̃35	liɑ̃35	nəŋ35	nɔŋ35	lɔŋ35

材料为音位标音，附带如下说明：黄梅有 n、ȵ、l，中古泥母洪音为 n，泥母细音为 ȵ，来母为 l，听感上 ȵ、n 音质差别明显，从相似性角度可以处理为两个音位，但是从音系角度可归为一个音位。盐城 n、l 有别，但逢 in 韵时混读为 l，如宁=灵 lin（苏晓青，1993）。泰兴、如皋基本分 n、l，泰兴来母字遇 i 韵，显示出不稳定的趋势，声母读 n、l 甚至脱落均可，相当随便；n 与齐撮韵相拼时实际读音为 ȵ。

2. n、ȵ 有别

泥母、来母可以归纳出/n/、/ȵ/两个音位，有麻城、黄冈、英山三点，具体情况如下：

你泥	梨来	奶泥	来来	奴泥	路来	南泥
止开三	止开三	蟹开二	蟹开一	遇合一	遇合一	咸开一

* 本节主要内容整理成论文《江淮官话泥来母的今读类型及演变》，发表于《南开语言学刊》，2014 年第 2 期 40～47 页。

麻城	—	ni42	nai55	nai42	nəu42	nəu33	nan42
黄冈	ni42	ni313	nai42	—	nəu313	nəu44	nan313
英山	ni44	ni31	nai44	nai31	nəu31	nəu33	nan31
	蓝来	年泥	连来	娘泥	两来	农泥	龙来
	咸开一	山开四	山开三	宕开三	宕开三	通合一	通合三
麻城	nan42	ȵian42	nian42	ȵiaŋ42	niaŋ55	noŋ42	noŋ42
黄冈	nan313	ȵien313	nien313	ȵiaŋ313	niaŋ42	noŋ313	noŋ313
英山	nan31	ȵian31	nian31	ȵiaŋ31	niaŋ44	noŋ31	noŋ31

麻城、黄冈、英山有 n、l、ȵ，中古泥母与洪音相拼时多数读 n，来母不论洪细一般都读 n，这两种情况只有少数读 l，没有严格区分，统归/n/音位；泥母与细音相拼为 ȵ，形成/ȵ/音位，与来母细音 n 形成对立，例如：年 ȵian≠连 nian。

3. 洪细有别

泥母、来母洪音为 l，细音为 n，有如下 8 点：孝感、合肥、庐江、滁州、扬州、南京、镇江、句容。具体情况如下：

	怒泥	路来	女泥	泥泥	礼来	脑泥	老来
	遇合一	遇合一	遇合三	蟹开四	蟹开四	效开一	效开一
孝感	nəu33	nəu33	nʮ53	ni31	ni53	—	nau53
合肥	lu53	lu53	zʮ34	mɿ55①	zɿ34	lɔ34	lɔ34
庐江	lo35	ləy35	zu̜213	mɿ31	mɿ213	lɔ213	lɔ213
滁州	lu55	lu55	mʮ21	mɿ35	mɿ35	lɔ21	lɔ21
扬州	lo55	lu55	ly42	li35	li42	lɔ42	lɔ42
南京	lu44	lu44	ly212	li24	li212	lɔu212	lɔu212
镇江	lo35	lu55	ly313	li35	li313	lɔ313	lɔ313
句容	nʊ24	nu55	ny213	ni24	ni213	nɔu213	nɔu213
	年泥	连来	娘泥	两来	能泥	农泥	笼来
	山开四	山开三	宕开三	宕开三	曾开一	通合一	通合一
孝感	nien31	nien31	niaŋ31	niaŋ53	nən31	noŋ31	—
合肥	liĩ55	liĩ55	liã55	liɑ̃34	lən55	ləŋ55	ləŋ55
庐江	nĩ31	nĩ31	niã31	niã213②	lən31	—	ləŋ31
滁州	liẽ24	liẽ24	liã24	—	ləŋ35	loŋ24	loŋ24
扬州	liẽ35	liẽ35	liaŋ35	liaŋ42	lən35	loŋ35	loŋ35

① 合肥、庐江“泥”有文白读，文读 nɿ，白读 mɿ。下文的六安、舒城也一样。

② 此处为量词，斤～；还有数词，读音为 ŋiɛ̃213，～个。

南京	lẽ24	lẽ24	liɑ̃24	liã212	ləŋ24	loŋ24	loŋ24
镇江	liĩ35	liĩ35	liaŋ35	liaŋ313	lən35	loŋ35	loŋ35
句容	niĩ24	niĩ24	niã24	niã213	nən24	noŋ24	noŋ24

材料采用音位标音，各方言点的音系描写有以下详细说明。

孝感有 n、l，在洪音前 n、l 不分，细音前都为 n，二者为一个音位。

合肥开口呼和合口呼韵母前一般读 l，齐齿呼和撮口呼前一般读 n，一般归并为 l 音位。

庐江泥母、来母今基本不分，但在不同的语音环境中有三种不同的音值：在蟹、止摄开口韵前是 n^z，如“泥尼梨”等；在遇摄三等鱼韵前读 ʐ，如“女庐旅”等；在既有 i 介音又有鼻辅音韵尾或韵化元音的韵母前读 n，如“连年娘”等；除此之外，读 l。

滁州泥母、来母不分，在开口呼前读 l，在齐齿呼和撮口呼前读 n，在 ɿ、ʮ 韵母前只读 n，可将开口呼和齐撮口呼韵母前的读音合为音位/l/。

扬州/l/包括 n、l，二者在本方言中无辨义作用，可视为一个音位；但在发音习惯上，老派洪音韵母前为 l，细音韵母前为 n，实为条件变体，这里统一记为 l；新派不论韵母是什么，以读 l 为多。

南京的描写材料里只有 l 声母，没有 n 声母，但也指出“l 在 i、y 前有鼻化色彩或发成 n”（刘丹青，1994）。

镇江 l 多与开合韵配合，n 多与齐撮韵配合；当开口韵为鼻化元音时，与 n 的结合率显著提高（秦筠，2007）。

句容 n、l 不分，n、l 可以任意互换，声母 l 有自由变体 n，但 l 多与开合韵配合，n 多与齐撮韵配合（周芸，2007）。

上述孝感、合肥、庐江、滁州 ɿ、ʮ、ʯ 韵前读 n，在此把 ɿ、ʮ、ʯ 韵归为细音类，所以仍然符合细音前读 n 的类型；合肥、庐江泥来母在 ɿ、ʮ 韵前读 z，也可把 z 归为 n 类，因为它应该经过 $n>n^z>z$ 的音变过程，是韵母擦化致使声母擦化。

4. 鼻、非鼻有别

鼻音韵母读 n，非鼻音韵母读 l，有淮安、宝应两点，具体情况如下：

	怒泥	路来	女泥	泥泥	礼来	脑泥	老来
	遇合一	遇合一	遇合三	蟹开四	蟹开四	效开一	效开一
淮安[①]	lʊ44	lu44	ly21	li24	li21	lɔ21	lɔ21
宝应	lo55	lu55	ly42	li34	li42	lɔ42	lɔ42
	年泥	连来	娘泥	两来	能泥	农泥	笼来
	山开四	山开三	宕开三	宕开三	曾开一	通合一	通合一

① 淮安市，原淮阴市。

淮安	lĩ24	lĩ24	liã24	liã21	lən24	loŋ24	loŋ24
宝应	liĩ34	liĩ34	liaŋ34	liaŋ42	lən34	loŋ34	loŋ34

材料记音是音位处理的结果，具体有如下说明：淮安/l/在阴声韵与入声韵之前发 l 音，在阳声韵之前变成 n，出现机会互补，归为同一音位（卜玉平，1998）。宝应无论古泥母还是来母字，凡是逢口元音韵母都是 l，逢鼻音韵母都是 n，声母被韵母同化的特征非常显著，但是个别字拼口元音韵母时，声母 n、l 均可（汪平，2011）。

5. 泥来合一

泥、来合并，自由变读，读 n 或者 l，倾向于读一种声母。有如下几点：六安，舒城，连云港，大丰，兴化，泰州。具体如下：

	怒泥	路来	女泥	泥泥	礼来	脑泥	老来
	遇合一	遇合一	遇合三	蟹开四	蟹开四	效开一	效开一
六安	lʉ53	lʉ53	nʮ24	mɿ35	nɿ24	lɔ24	lɔ24
舒城	lʉ54	lʉ54	zʮ213	mɿ53	zɿ213	lɔ213	lɔ213
连云港[①]	lu55	lu55	ly41	li35	li41	lɔ41	lɔ41
大丰	no35	nu21	ny213	ni35	ni213	nɔ213	nɔ213
兴化	lo34	lu21	ly213	ləi34	ləi213	lɔ213	lɔ213
泰州	nu45	nu33	ny213	ni45	ni213	nɔ213	nɔ213
	年泥	连来	娘泥	两来	能泥	农泥	笼来
	山开四	山开三	宕开三	宕开三	曾开一	通合一	通合一
六安	li35	lĩ35	liã35		lən35	loŋ35	loŋ24
舒城	lĩ24	lĩ24	liã24	—	lən24	ləŋ24	ləŋ24
连云港	liẽ55	liẽ35	liaŋ35	liaŋ41	ləŋ35	loŋ35	loŋ35
大丰	niĩ35	niĩ35	niɑŋ35	niɑŋ35	nəŋ35	nɔŋ35	nɔŋ35
兴化	liĩ34	liĩ34	liɑŋ34	liɑŋ34	lən34	lɔŋ34	lɔŋ34
泰州	niĩ45	niĩ45	niɑŋ45	niɑŋ45	nəŋ45	nɔŋ45	nɔŋ45

六安 n、l 一般不分，自由变读，以读 l 为常，合为/l/音位，与 ɿ、ʮ 拼时只读 n。舒城 n、l 一般不分，自由变读，以读 l 为常，有时还读 ld、nd 等音值，统一记为 l（孙宜志，2006：13）。六安、舒城今读 m、n、z 的韵母限于 ɿ、ʮ 韵母，只占少部分，可以归为 n 类的变体，不影响其 n、l 不分的总体特点。连云港 n、l 在多数情况下是 l，且带轻微的鼻化音。大丰泥母、来母完全混同，读 n，与齐撮韵相拼时实际读音为 ȵ。兴化有 n、l，但无区别特征，是同一个音位的自由变体，l

① 连云港市新浦区。

略占优势。泰州泥母、来母完全混同，读 n。

2.3.2　历史演变分析

1. 历史演变序列的确立

根据以上情况可以把江淮官话泥母、来母的读音类型归纳见表 2-6。

表 2-6　江淮官话泥、来母的读音类型

类型	声母	范围	方言举例
T1	n-	中古泥母	黄梅、盐城、泰兴、如皋
	l-	中古来母	
T2	n	中古泥母洪音，来母	麻城、黄冈、英山
	ȵ	中古泥母细音	
T3A	n-	今读细音韵母前	孝感、滁州、扬州、南京、镇江、句容
	l-	今读洪音韵母前	
T3B	z-	ɿ、ʮ 韵母前	合肥、舒城
	l-	非 ɿ、ʮ 韵母前	
T3C	n-	今读细音韵母前	庐江
	ʐ-	今 u 韵母（来自鱼韵）前	
	l-	其他洪音韵母前	
T4	n-	今读鼻音韵母前	淮安、宝应
	l-	今读非鼻音韵母前	
T5	n-或 l-	所有中古泥来母	六安、连云港、大丰、兴化、泰州

先说 T3A、T3B、T3C 三种类型之间的关系。本书认为后两者是前一洪细有别形式（T3A）的变式：T3B 的 z-仅出现在 ɿ、ʮ 韵母前，ɿ、ʮ 显然是细音韵母 i、y 的变化形式，经过 n>z/_ɿ、ʮ 的音变；T3C 类型的 ʐ 出现于遇摄合口三等鱼韵之前，应来源于 ny>n^{z}ʮ>ʐu 的音变。

理清上述三者之间的关系，就可以把表 2-6 中各类型排序：T1→T2/T3（ABC）/T4→T5，T1 的泥母、来母二分显然更古老，同《切韵》音系；T2 稍后讨论；T3 应该是在 T1 基础上的调整，以韵母的洪细为条件对 n、l 进行分化（或再分化）；T4 也是在 T1 的基础上进行的调整，是以韵母的鼻音特征为条件对 n、l 进行分化；T5 在 T3 或 T4 的基础上忽略语音条件的差异，n、l 完全相混，倾向于读其中一种。

对于 T2 的位置，可能存在争议。它有两种可能：一种是在 T5 之后，经历过泥母、来母全读 n 的阶段，而后泥母细音读成 ȵ 与来母细音读 n 区别，形成新的音位。这种可能假设泥母、来母经历过由分到合，再由合到分的过程。笔者认为不可取，原因有两点：一是既然合并了就没有再分开的必要，这不符合语言演变的一般规则；在没有外在因素影响的情况下，语言应该是由一种有序状态向另一种有序状态演变，而不是从有序到无序，再到有序的转变。二是分化的条件不清楚，合并后仅泥母细音分了出来，为什么来母细音不分化？缺乏说服力。另一种可能是 T2 在 T1 的基础上进一步发展，笔者倾向于肯定这一种，它最初为泥母、来母有别，然后经历了细音前的腭化和 n-、l-相混的两条音变，具体见表 2-7。

表 2-7　T2 类型的泥来母的演变历史

声母类别		第一阶段（泥母、来母有别）	第二阶段（腭化）	第三阶段（n、l 相混）
泥母	洪	n-	n-	n-
	细	n-	ȵ-	ȵ-
来母	洪	l-	l-	n-
	细	l-	l-	n-

腭化音变在前，n、l 相混在后，当 n 腭化为 ȵ 后，就在后面的 n、l 相混音变中失去音变条件，所以保持 ȵ 不变，从而与来母细音前的 n 形成对立。

2. 演变序列的音理解释

若要上述演变序列成立，还必须能从音理上解释各个阶段的成因，进而发现其中是否有某种机制？例如，T3 类型中，为什么细音与 n 相拼、洪音与 l 相拼？T4 类型中，为什么鼻音韵母与 n 相拼、非鼻音韵母与 l 相拼？

对于这两个问题，笔者认为都与鼻化有关。辅音音素有一个声学指标：鼻化度。鼻音的鼻化度最高，塞音最低，流音居中。时秀娟等（2010）、时秀娟和向柠（2010）利用鼻音计分别对北京方言、武汉方言的语音进行了鼻化度测量，用公式 $N=100\times n/(n+o)$ 算出鼻化度（*n* 表示鼻音能量，*o* 表示口音能量），他们的数据中，鼻音 n 的鼻化度不同方言差别不大，北京方言为 91.3，武汉方言为 93.4；流音 l 的鼻化度不同方言差别较大，北京方言为 32.4，武汉方言为 40.1。而鼻音、非鼻音的临界值分别是 80 和 40（大于 80 感知为鼻音，小于 40 感知为非鼻音，40～80 是隔离带）。可以发现武汉方言的流音 l-正处于鼻音隔离带上。另外通过他们的数据，笔者发现武汉方言的前高元音 i 的鼻化度为 43.7，也处于鼻音隔离带上。并且武汉方言也是/n/、/l/不分的方言，这些情况说明武汉方言的/n/、/l/相混与流音 l 和高元音 i 的鼻化相关。笔者认为江淮官话 n、l 相混与此机制相同，也与鼻化有关。

那么为什么细音倾向于与 n-相拼、洪音倾向于与 l-相拼？关于洪细的区别，王力（1995：589）指出，语音学上的“细音”是指“发音时口腔共鸣空隙狭小的音”。实际音系中，细音是指以前高元音 i、y 为韵头或韵母的韵母类型，洪音是指不以 i、y 为韵头或韵母的韵母类型。这两类音与声母相拼时会影响声母的发音活动。声母辅音与细音韵母拼合时，由于后面跟的是“口腔共鸣空隙狭小的音”，出于发音和谐，声母发音势必也减小口腔的开度，气流更多地从鼻腔通道流出，造成声母的鼻化。那么原本为 l 的声母与细音拼合时，受到后面细音韵母的影响，带上明显的鼻音色彩。这就造成 n、l 的相混，区别仅在于鼻化度的强弱，细音韵母前鼻化较重，洪音韵母前鼻化较轻，造成了洪细音对 n、l 的分化。

鼻/非鼻韵母对 n、l 的分化与上文原理相同，而音变原因更加明显。l 为边音，虽然本来就有鼻化色彩，但是不作为区别性的特征。当与鼻音韵母拼合时，鼻音色彩加重，与 n 混同，区别仅在于鼻化度的强弱，鼻音韵母前鼻化较重，非鼻音韵母前鼻化较轻，造成了鼻、非鼻对 n、l 的分化。

另外，笔者发现凡是 n、l 相混的方言，都有主元音鼻化的情况，也说明韵母鼻化和 n、l 相混的密切的联系。这些方言中 n、l 的音值区别也不是那么明显，似乎二者相互迁就。笔者发现这些方言点的人发的 l 实际上是一个介于 n～l 之间的音，鼻化色彩较明显。有些描写材料指出“l 有鼻化色彩”（刘丹青，1994），是很准确的。

3. 演变序列的文献证据

江淮官话区一些反映地方时音的文献能够与本书的演变序列相印证（本书不选择官方韵书和通语性质的韵书，是因为这些韵书或因循守旧照搬《切韵》，或以规范语音为目的，不能反映地方实际语音）。目前所见，比较可靠的地方文献有如下 5 种。

《西儒耳目资》（金尼阁，1626）音系中 n、l 的分别很明显，n 包括中古泥母、疑母、日母字，l 全部来自来母。它反映的是明代末期通行于全国的官话音系，其语音基础很可能是当时的南京音（曾晓渝，2004）。

《切韵声原》（方以智，1641）音系泥母、来母不混，泥母字主要来源于中古泥母和疑母细音，有少部分来自中古日母字，来母完全来自中古来母字。其音系性质是夹杂了少许古音特点，主要是反映了明末桐城方音（孙宜志，2006）。

《韵通》（萧云从，成书于明末天启、崇祯年间）音系泥母、来母不混，泥母字来自中古泥母和部分疑母细音字，来母字来自中古来母。其音系性质反映了明末芜湖方言的特点（孙宜志，2006）。

《许氏说音》（许桂林，1807）音系泥母、来母合一（耿正生，1992：192），作者许桂林为连云港人，这是目前所见江淮官话系韵书中泥母、来母合一的最早材料。

《古今中外音韵通例》（胡垣，1888）音系 n、l 相混，中古泥母、来母归为一类。其性质是以 19 世纪中叶的金陵音系（老南京音系）为基础，广泛地揭示清代后期江淮官话的语音特征，并兼列了当时福建、浙江、广东、苏州等地的语音中与金陵音系相异的方音成分（方环海，1998，2005）。

前三种都表明泥来有别，后两种表明泥来相混。江淮官话泥母、来母的总趋势是由分而合，与笔者从类型上得出的演变序列一致。

4. 演变序列的地理特点

笔者发现较古老的 T1、T2 类型一般分布于江淮官话区的边缘地带，像黄梅、麻城、黄冈、英山、泰兴、如皋、盐城分别属于黄孝片和泰如片及其临近地区，二者处于在江淮官话的东西两端，前者处于大别山脉南缘，与外界接触少，语言较保守，后者偏居长江北岸一隅，语言中存古的特点也比较多。

而较晚近的 T3A、T4、T5 类型一般分布于江淮官话的腹地，如孝感、滁州、扬州、南京、镇江、句容、淮安、宝应、六安、连云港、大丰、兴化、泰州，它们或者为省会城市，或者为历史文化名城，或者处于交通要道，这些地方受社会、政治、经济、文化因素的影响，语言发展较快也是必然的。

擦化型的 z、ʐ类型（T3B、T3C）仅见于皖中片，是独特的创新，呈以合肥为中心向外扩散之势。

2.3.3　近代读音构拟

可将江淮官话构拟为两个时间层次：泥来有别为中古层，泥来相混为近代层。笔者认为至少在明代泥母、来母就开始相混，虽然文献材料中直到清代才有记录，但是文献材料的记录是滞后的。各期拟音见表 2-8。

表 2-8　江淮官话泥来母的读音类型构拟

时间阶段	泥母	来母
中古层	n	l
近代江淮官话	n 或 l	

2.4　见　　组

这里的见组包括见母、溪母、群母、晓母、匣母，疑母另行研究。

2.4.1　读音类型

1. 黄孝片

耕见　京见　慨溪　奇群　忌群　虎晓　虚晓　换匣　玄匣

	梗开二	梗开三	蟹开一	止开三	止开三	遇合一	遇合三	山合一	山合四
孝感	kən24	tɕin24	khai35	tɕhi31	tɕi33	xu53	ʂʮ24	xuan33	ʂʮan31
黄冈	kən33	tɕin33	khai35	tɕhi313	tɕi44	xu42	ɕy33	xuan44	ɕyan313
麻城	kən313	tɕin313	khai35	tɕhi42	tɕi33	fu55	ʂʮ313	fan33	ʂʮan42
黄梅	kən11	tɕin11	khai15	tɕhi53	tɕi33	xu35	ɕy11	xuan33	ɕyɛn53
英山	kən11	tɕin11	khai35	tɕhi31	tɕi33	xu44	ʂʮ11	xuan33	ʂʮan31

黄孝片见组洪音一般读 K 类，细音韵母一般读 Tɕ 类。也有一些特殊类型。

其一，孝感、麻城、英山见组有读 Tʂ 类的情况，这类声母只出现在今读 ʮ 韵母或以 ʮ 为介音的韵母之前；从古音条件看，它只出现在合口三四等韵，韵摄涉及山摄、通摄入声字、遇摄、臻摄。这种读音的来源，笔者认为是由于韵母的音变，因为从韵母特征看，这些点没有 y 类韵母（y 韵母或以 y 为介音的韵母），别的方言中读为 y 类的字，这些方言点读为 ʮ 类，因此 ʮ 类韵母应该是 y 类韵母的进一步演变。y、ʮ 都是圆唇音，后者发音时舌尖翘起，听感上摩擦程度也更强一些，这应该是元音高化的一种手段。当韵母高化为 ʮ 类后，声母势必发生相应的调整，见组 Tʂ 类的前身应该是 Tɕ 类，后来发生 Tɕ>Tʂ 的音变。

其二，麻城晓匣母读 f 声母，从古音条件看，它出现于合口一二等韵，合口一二等本有 u 介音，因此其来源应该是 xu>f 的音变。但是麻城曾、梗、通摄合口一二等不参与此音变，今读 oŋ 韵母，如弘 xoŋ42、宏 xoŋ42、红 xoŋ42，可见该音变的条件是在 u 元音之前，o 虽然有圆唇特征也不在音变范围之内。

2. 皖中片

	耕见	京见	楷溪	奇群	忌群	虎晓	虚晓	换匣	悬匣
	梗开二	梗开三	蟹开二	止开三	止开三	遇合一	遇合三	山合一	山合四
六安	kən313	tɕĩ313	khɛ24	tshʅ313	tsʅ53	xʉ24	sɥ313	xuə̃53	ɕy35
舒城	kən21	tɕin21	khɛ213	tshʅ24	tsʅ54	xʉ213	sɥ21	xuəŋ54	ɕỹ24
滁州	kəŋ42	tɕĩ42	khɛ21	tʃhʅ35	tʃʅ55	xʉ21	ʃɥ42	xuɛ̃55	ɕyẽ35
合肥	kən21	tɕin21	khᴇ34	tshʅ55	tsʅ53	xu34	sɥ21	xʊ53	ɕyĩ55
庐江	kən55	tɕin55	khiɛ213	tshʅ31	tsʅ35	xu213	ʂu55	xõ35	ɕỹi31

皖中片见组洪音一般读 K 类，细音韵母读 Tɕ 类。

但是也有一些特殊的类型：六安、舒城、合肥见组读 Ts 类，滁州见组读 tʃ 类，庐江见组读 Ts 类和 Tʂ 类。这类读音很有特点，出现在今读 ʅ/ɥ 韵母前；古音条件为蟹摄开口四等、止摄开口三等韵，以及遇摄合口三等韵。这一类型的来源比较清楚，应该是蟹、止、遇摄韵母的高化音变所致。音变原理与黄孝片类似，韵母先发生了 i/y>ʅ/ɥ 的音变，而后声母发生相应 Tɕ>Ts 的音变。但是皖中片的音变范围更集中，限于单韵母，韵摄集中在蟹、止、遇三摄，其他韵摄较少，因为保留了

y 类撮口呼。庐江除读 Ts 类外，还有读 Tʂ 类的（多为遇摄字），音变原理相同，是 Ts 类的进一步高化。滁州的 tʃ 类处于 Ts 类和 Tʂ 类之间，存在进一步变为 Tʂ 类的可能。

3. 扬淮片

	耕见 梗开二	京见 梗开三	慨溪 蟹开一	奇群 止开三	忌群 止开三	虎晓 遇合一	虚晓 遇合三	换匣 山合一	玄匣 山合四
扬州	kən31	tɕin31	khɛ42	tɕhi35	tɕi55	xu42	ɕy31	xõ55	ɕyĩ35
连云港	kəŋ214	tɕiŋ214	khɛ41	tɕhi35	tɕi55	xu41	—	xõ55	ɕyõ35
涟水	kən31	tɕin31	khɛ212	tɕhi35	tɕi55	xu212	ɕy31	xõ55	ɕyĩ35
淮安	kən42	tɕin42	khɛ212	tɕhi24	tɕi55	xu212	ɕy42	xõ55	ɕyĩ24
盐城	kən31	tɕin31	khɛ53	tɕhi213	tɕi35	xu53	ɕy31	xõ35	ɕyõ213

扬淮片比较整齐，洪音前读 K 类，细音前读 Tɕ 类，很少有别的类型。

4. 苏南片

	耕见 梗开二	京见 梗开三	慨溪 蟹开一	奇群 止开三	忌群 止开三	虎晓 遇合一	虚晓 遇合三	换匣 山合一	玄匣 山合四
南京	kən31	tɕin31	khae212	tɕhi24	tɕi44	xu212	ɕy31	xuaŋ44	ɕyen24
句容	kən31	tɕin31	khɛ213	tɕhi24	tɕi55	xu213	ɕy31	xuã55①	syĩ24
镇江	kən21	tɕin21	khɛ313	tɕhi35	tɕi55	xu313	ɕy21	xõ55	ɕyĩ35

苏南片洪音前读 K 类，细音前读 Tɕ 类。

较为特殊的是句容见组读 Ts 类：从今读看，它只出现在细音韵母 iĩ、yĩ 前，形成“尖音”读法；从古音条件看，Ts 类出现条件限于咸、山摄二三四等（韵母为 iĩ、yĩ），而其他韵摄的细音韵母，如深摄三等、臻摄三等、曾摄三等、梗摄三等（韵母为 in）和见组相拼都读 Tɕ 类，不变 Ts 类。这是比较特殊的，可以认为它是在 Tɕ 类基础上的进一步变化。另外笔者发现句容精组在咸山摄细音前也读 Ts 类，说明咸山摄细音韵母前的精、见组曾经发生过合并，后来都前化为 Ts。因此句容见组的变化轨迹为 Ki > Tɕi > Tsi。

需要说明的是，本书句容材料据《江苏省和上海市方言概况》（1960），材料中有这一现象。但是笔者于 2013 年对此进行了核查，发音人在的白兔镇行香村，未发现读 Ts 类的情况，精见组细音前都读 Tɕ 类。周芸（2007：52）的记音精、见组细音也都读 Tɕ 类，且咸山摄鼻化韵已经消失，成为单韵母。这可能是由于调查地点不同，也可能是近年又发生了变化，新文读 Tɕ 类取代了早期的读音。本书仍然依据《江苏省和上海市方言概况》的记音。

① 此为文读，还有白读 xʊ55。

5. 泰如片

	耕见	京见	楷溪	奇群	忌群	虎晓	虚晓	换匣	玄匣
	梗开二	梗开三	蟹开二	止开三	止开三	遇合一	遇合三	山合一	山合四
大丰	kəŋ21	tɕiŋ21	khɛ213	tɕhi35	tɕhi21	fu213	ɕy21	xʊ̃21	ɕyʊ̃35
兴化	kən33	tɕin33	khɛ213	tɕhi34	tɕhi21	xu213	ɕy33	xʊ̃21	ɕyʊ̃34
泰州	kəŋ21	tɕiŋ21	khɛ213	tɕhi45	tɕi33①	fu213	ɕy21	xʊ̃33②	ɕyʊ̃45
泰兴	kəŋ21	tɕiŋ21	khɛ213	tɕhi45	tɕhi21	fu213	ɕy21	xʊ̃21	ɕyʊ̃45
如皋	kəŋ21	tɕiŋ21	khɛ213	tɕhi35	tɕhi21	fu213	ɕy21	xʊ̃21	ɕyʊ̃35

泰如片一般洪音前读 K 类，细音前读 Tɕ 类。

大丰等方言点晓匣母有读 f 的情况，但是限于今读 u 韵母前，带 u 介音的韵母前不变，如荒 xuɑŋ、霍 xuɑʔ，这一点与黄孝片的麻城不同。

特殊读音有：匣母字“黄”有两读，其中一读为零声母，与“王”同音，但仅限“黄”一字，其他匣母字“晃魂浑弘恒或”没有这种现象，吴语也有类似现象。兴化臻摄合口三等见组“均君军屈群勋训”读 Ts 类，不合规则。

2.4.2　地图表现

如果把见组读 Ts 类、Tʂ 类、Tʃ 类归为一类，命名为 Ts 类，则可以归纳为见组洪音前都读 k 类，细音前读 Tɕ 类或 Ts 类。由于江淮官话见组在洪音前统读 K 类，表 2-9 仅总结见组在细音韵母前的读音情况。

表 2-9　见组在细音韵母前的读音类型

见组细音前读 Tɕ 类	黄冈、黄梅、涟水、连云港、淮安、扬州、盐城、南京、镇江、大丰、兴化、泰州、泰兴、如皋
见组细音前读 Tɕ+Ts 类	孝感、麻城、英山、六安、舒城、合肥、庐江、滁州、句容

依据表 2-9 绘成方言地图（图 2-2），展示见组在细音韵母前的读音差异及分布，其中 Tɕ 类指仅读 Tɕ 类；Tɕ+Ts 类指既有读 Tɕ 类，又有读 Ts 类或 Tʂ（Tʃ）类的情况。可以发现见组细音前有 Ts 类读音的多分布于黄孝片、皖中片、苏南片，而扬淮片、泰如片没有分布。

① 此为文读，还有白读 tɕhi21。
② 此为文读，还有白读 xʊ̃21 和 ʊ21。

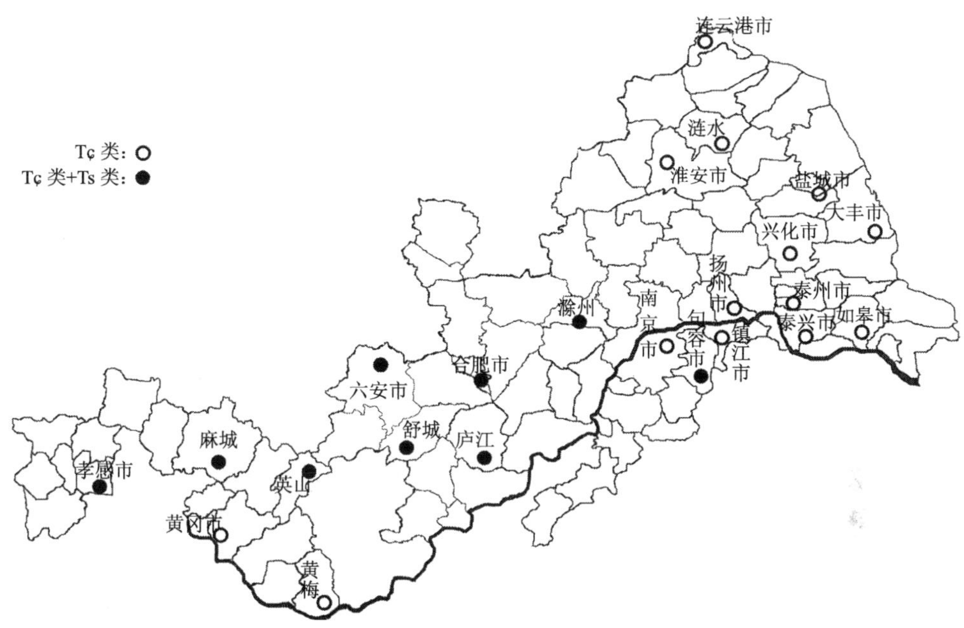

图 2-2　见组在细音韵母前的读音差异及地理分布

2.4.3　历史演变分析

1. 腭化

江淮官话见组的腭化有如下特点：①合口韵的情况是：中古合口一二等韵不腭化；合口二四等韵是否腭化与韵摄存在关系，合口三等的止摄、宕摄、通摄绝大多数不腭化，合口四等的蟹摄不腭化，其他韵摄都腭化。②开口韵的情况是：中古开口一等韵一般不腭化；开口二等韵有的腭化，有的不腭化；开口三四等韵都腭化。③单就开口二等韵而言，不腭化的以梗摄比例较多，且都为塞音声母。

上述特点有个问题值得进一步研究，腭化的条件是有 i 介音或韵母为 i，但是有些韵摄具备这种条件却不腭化，例如：其一，所有合口二等韵不腭化，合口三四等的蟹摄、止摄、宕摄、通摄多数不腭化；其二，梗摄开口二等韵也有较多字不腭化。

其实这些问题在整个官话方言中都是普遍存在的，但是对于这些问题的解释并不多。潘悟云（2006）的有关分析解答了上述问题，该文以见系开口二等声母的腭化为例进行分析，讨论了见系开口二等在皆佳韵和耕庚韵的层次问题。现把他的主要观点加以整理，表述如下：

> 二等介音上古是 r，它经历了向 i 的变化过程：Cr->Cɣ->Cɯ->Cɨ->Ci-，在《中原音韵》时代正处于 Cɨ->Ci-的阶段。

对皆佳韵见组而言有两种分化：一种是 ɨai>i̥ai>ia>iɛ，韵尾失落，i 介音保留，声母腭化，如“阶鞋街”；一种是 ɨai>i̥ai>ai，i 介音失落，韵尾保留，声母不腭化，如“矮楷挨”。这两种情况的产生原因是首位异化。

对耕庚韵而言，其差别主要是主元音的不同，这也和二等介音的演变有关，梗摄音变有两种：一种是 ɨeŋ>i̥iŋ>iŋ，介音前化带动主元音前化，二者合并为 i，使声母腭化；一种是 ɨeŋ>ɨɨŋ>ɨŋ>əŋ，介音带动主元音短化，然后介音失落主元音低化，声母不腭化。这里介音不前化的原因有两个原因，一是卷舌性质与 i 介音冲突，所以今知系梗摄读 əŋ 韵母，一是合口性质与 i 发音部位冲突，所以今唇音声母读 əŋ 韵母。

耕庚韵擦音声母发生的是第一种音变，原因是擦音 x 在 ɨeŋ 的阶段实际上是 ç，可以继续前化为 ɕ，因为二者都是擦音，听感差异小，所以擦音声母字“行杏幸胸凶”发生了腭化；耕庚韵塞音声母发生的是第二种音变，原因是塞音 k 在 ɨeŋ 的阶段实际上是 c，再前化变就要变为 tɕ，一个是塞音，一个是塞擦音，听感差别太大，阻止了声母的前化音变，而发生了韵母的元音低化音变，所以塞音声母字“更庚耕恭拱”今读央元音。

总结上述论证，主要观点如下：二等介音 i 是后起的；首尾异化会使介音或韵尾位置上的 i 元音失落，使皆佳韵产生腭化和不腭化两个层次；声母的卷舌性质和合口性质都与 i 发音部位冲突，使耕庚韵产生 iŋ、əŋ 两个层次；音变的适度原则阻止耕庚韵塞音声母的腭化，但是允许擦音声母的腭化。

这些观点正好可以解释江淮官话的现象：合口性质与 i 发音冲突，致使合口二等韵不能产生 i 介音，所以见组在合口二等韵前不腭化，合口三等通摄、宕摄的主元音（ɑ、o）由于带合口形式也不腭化；首尾异化，i 元音失落的不同方式造成蟹摄二等的层次，合口三四等止摄不腭化的原因也由此造成；音变的适度原则阻止塞音声母的腭化、允许擦音的腭化，造成梗摄见组的塞音声母不腭化。

此外，江淮官话的特点还表现在见组开口二等韵的腭化不完全，多数方言有文白两读。刘祥柏（2007：356）把这作为江淮官话的一个重要特点。下面以“家”为例，列举见表 2-10。

表 2-10　江淮官话“家”字的读音情况

	黄孝片	皖中片	扬淮片	泰如片	苏南片
“家”的读音	孝感 tɕia24	六安 tɕia313	扬州 kɑ31 tɕiɑ31	大丰 kɑ21 tɕiɑ21	南京 tɕiɑ31
	黄冈 ka33 tɕia33	舒城 tɕia21	涟水 kɑ31 tɕiɑ31	兴化 kɑ33 ɕiɑ33	镇江 kɑ21 tɕiɑ21
	麻城 ka313 tɕia313	滁州 tɕia42	连云港 kɑ214 tɕiɑ214	泰州 kɑ21tɕiɑ21	句容 kɑ31 tɕiɑ31

续表

	黄孝片	皖中片	扬淮片	泰如片	苏南片
“家”的读音	黄梅 ka11 tɕia11	合肥 tɕia21	淮安 kɑ42 tɕiɑ42	泰兴 kɑ21 tɕiɑ21	
	英山 tɕia11	庐江 ka55 tɕia55	盐城 kɑ31 tɕiɑ31	如皋 kɑ21 ɕiɑ21	

有的方言只有 Tɕ 类一读，有的方言有文白两读，文读 K 类，白读 Tɕ 类。地理上大致是白读 K 类由东至西递减，泰如片、扬淮片普遍存在，皖中片较少。

2. 舌尖化

江淮官话的一大特点是见组腭化后进一步舌尖化，读 Ts/Tʂ 类。这种音变主要分布在江淮官话中西部的黄孝片、皖中片，方言点有孝感、麻城、英山、六安、舒城、合肥、庐江、滁州。

这些方言点的舌尖化音变可以概括为：Tɕ>Ts/Tʂ。音变过程是高元音单韵母 i、y（蟹、止、遇摄）先变为 ʅ、ʯ，再波及以 y 为介音的韵母（山、通入、臻摄的合口三四等）变为以 ʯ 为介音的韵母，从而带动声母的音变，这是擦化音变的一部分（5.1.1 中第 3 点）。

2.4.4　历史材料中的表现

腭化问题最早见于清中期的北京官话系韵书《圆音正考》（1743），它专门讨论精见组的区别问题，说明这个时期北京话的精见组细音或许已经腭化合流（杨亦鸣和王为民，2003）。

江淮官话系韵书中，明代未见腭化的情况，清中期的《五声反切正韵》（1763）中可见端倪，该书在“论字母第二”中批评了三十六母在切字时“无母可用”（孙华先，2000），并举例说见溪群母在东韵中只能切出“穹穷”，无法切出“宫空”，意思是字母“见溪群”所代表的声母 tɕ、tɕh 无法拼出“宫空”的声母 k、kh，这说明当时见组细音字（如“见溪群”）可能已经腭化。遗憾的是，他在“纵音图说”及后文的韵图中并没有给颚化声母留出独立的地位，但是我们也发现一图之内见组洪音、细音不共现，很有可能洪细音声母存在差别。

清末的《等韵学》（1878）则明确地记录了精见组的腭化情况，其“第二十七角音母”把来自精组开口三四等韵的字和来自见组开口二三四等韵的字放在一起，说明二者相同，已经颚化。

2.4.5　近代读音构拟

明代的 4 种江淮话系音韵材料都一致表明精见有别，较肯定的见组腭化的材料直到清末才出现，尽管笔者认为见组腭化的真实时间要早于清末，但是具体时间不可考。

江淮官话的现状是见组一般都腭化，但是见组开口二等韵有文白读，白读不腭化，这说明江淮官话自身系统的腭化时间不会太久远。另外，我们也留意到腭化音变可以很快完成，刘丹青（1994）把南京话分成四派，最老派精组不腭化、见组腭化，老派仅少数精组不腭化，新派已经全部腭化，两代人 50 年左右的时间，精组的腭化音变就已经完成。鉴于以上两点原因，本书把江淮官话腭化音变的时间放在明代以后，把近代见组的音值构拟见表 2-11。

表 2-11　近代江淮官话见组的读音类型

近代江淮官话音值	包含的中古音类
k	见母，群母仄声
kh	溪母，群母平声
x	晓匣母

2.5 精　组

2.5.1 读音类型

1. 黄孝片

	增精	接精	惨清	秋清	在从	算心	宣心	像邪
	曾开一	咸开三	咸开一	流开三	蟹开一	山合一	山合三	宕开三
孝感	tsən24	tɕiɛ13	tshan53	tɕhiəu24	tsai33	san35	ɕien24	ɕiaŋ35
黄冈	tsən33	tɕie24	tshan42	tɕhiəu33	tsai44	san35	ɕien33	ɕiaŋ44
麻城	tsən313	tɕie24	tshan55	tɕhiəu313	tsai33	san35	ɕian313	tɕiaŋ33
黄梅	tsən11	tɕiæ42	tshon35	tɕhieu11	tsai33	son15	ɕiɛn11	ɕiaŋ33
英山	tsən11	tɕie313	tshan44	tɕhiəu11	tsai33	san35	ɕian11	ɕiaŋ35

黄孝片精组今读洪音前为 Ts 类，细音前为 Tɕ 类。古音条件是，一等读 Ts 类（精组无二等），三四等读 Tɕ 类，但是止摄三等（ɿ 韵母）、通摄三等（oŋ/əu 韵母）读 Ts 类。

以上特点反映出精组三四等发生了腭化，语音条件是韵母有 i 介音。止摄不腭化说明在腭化音变发生时止摄韵母已经变成了 ɿ，丧失了腭化条件。通摄没有腭化也一样，说明在腭化音变发生时通摄三等已经丢失了 i 介音。

上面是一般情况，也有一些特殊情况：蟹摄一等读 Tɕ 类：最 tɕi35、罪 tɕi33；

止摄三等也有读 Tɕ 类的：遂 ɕi33、随 ɕi53、粹 tɕhi15、玺 ɕi35、徙 ɕi53。这些特殊读音是由于开口化音变使韵母丢失 u 元音，仅仅保留 i 元音，造成声母的腭化（参见第 5 章 5.2.3 节开口化音变专题）。

2. 皖中片

	增精	接精	惨清	秋清	在从	算心	选心	象邪
	曾开一	咸开三	咸开一	流开三	蟹开一	山合一	山合三	宕开三
六安	tsən313	tɕiɐʔ23	tshẽ24	tɕhiəɯ313	tsɛ53	suõ53	ɕy24	ɕiã53
舒城	tsən21	tɕiɐʔ24	tshæ̃213	tɕhiəɯ21	tsɛ54	səŋ54	ɕỹ213	ɕiã54
滁州	tsəŋ42	tɕieʔ4	tshẽ21	tɕhio42	tsɛ55	suẽ55	ɕyẽ21	ɕiã55
合肥	tsən21	tɕiɐʔ5	tshæ̃34	tɕhiɯ21	tsᴇ53	sʊ53	ɕyĩ34	ɕiɑ̃53
庐江	tsən55	tɕiʔ5	tshẽ213	tɕhiy55	—	sõ35	ɕỹi213	ɕiã35

皖中片精组今读洪音前为 Ts 类，细音前为 Tɕ 类。古音条件，一般而言一等读 Ts 类，三四等读 Tɕ 类，但是通摄三等（韵母 əŋ/uəʔ）、假摄三等（韵母 ei）、止摄三等和蟹摄三四等（韵母 ɿ）、遇摄三等（韵母 ʮ）读 Ts 类。滁州稍有不同，假摄三等读 Tɕ 类，蟹、遇摄三四等读 tʃ 类，较特殊。

从历史音变角度看，上述通摄、假摄三等精组不腭化，读 Ts 类，应该是韵母三等介音 i 消失的缘故，而通摄和假摄比起来，假摄 i 介音消失的要晚一些，滁州方言是变化未尽，所以假摄仍读 Tɕ 类；止摄三等精组读 Ts 类，是由于止摄韵母很早就发生了舌尖化。

蟹摄、遇摄三四等本来带 i 介音，精组应该腭化，但是今读 Ts 类，应该是较晚近的音变，所以蟹摄、遇摄三四等韵前的精组应该走过了 Tɕ>Tʃ>Ts 的音变历程，滁州的 Tʃ 正好展示了过渡阶段。若联系中古情况看，它经历了 Ts>Tɕ>Tʃ>Ts 的音变，看似回归，但是元音发生了变化，由 i/y 变为 ɿ/ʮ，这是蟹、遇摄在近代的音变导致的。

有一些特殊情况：暂~时 tʂɛ̃（从母）、踩 tʂhɛ（清母）在各点一致读翘舌音声母；庐江部分遇摄精组字读翘舌音：絮 ʂu35、叙 ʂu35、序 ʂu35、徐 ʂu31、需 ʂu55、须 ʂu55，待进一步研究。

3. 扬淮片

	增精	接精	惨清	秋清	在从	算心	选心	象邪
	曾开一	咸开三	咸开一	流开三	蟹开一	山合一	山合三	宕开三
扬州	tsən31	tɕiʔ5	tshæ̃42	tɕhiɵ31	tsɛ55	sõ55	ɕyĩ42	ɕiaŋ55
连云港	tʂəŋ214	tɕiə24	tʂhã41	tɕhiəɯ214	tʂɛ55	ʂõ55	ɕyõ41	ɕiaŋ55

涟水	tsən31	tɕiɪʔ34	tshã212	tɕhiu31	tsɛ55	sõ55	ɕyĩ212①	ɕiɑŋ55
淮安	tsən42	tɕieʔ4	tshã212	tɕhiəɯ42	tɕiɛ55	sõ55	ɕyĩ212	ɕiã55
盐城	tsən31	tɕiɪʔ5	tshæ̃53	tɕhiɤ31	tsɛ35	sõ35	ɕyõ53	ɕiã35

扬淮片除连云港外，精组今读洪音前为 Ts 类，细音前为 Tɕ 类。古音条件，一般而言一等读 Ts 类，三四等读 Tɕ 类，但是通摄三等（oŋ/ɔʔ韵母）、止摄三等（ɿ 韵母）读 Ts 类。扬州臻摄合口三等谆韵部分字读 Ts 类（uən 韵母），淮安蟹摄一等读 Tɕ 类（iɛ 韵母），较特殊。

连云港比较特殊，一等全读 Tʂ 类，三四等 Tʂ/Tɕ 类各半：止摄三等（ʅ 韵母）、通摄三等（oŋ/uɷ 韵母）读 Tʂ 类，其余读 Tɕ 类。

通过上述特点可以发现，尽管音值各异，音类的分化规则基本一样，通摄三等、止摄三等读音不同于主流音变，这说明通摄、止摄韵母较早发生了分离，它们的三等介音消失了。扬州三等谆韵读 Ts 也由于 i 介音丢失，淮安蟹摄一等读 Tɕ 类应是后来增生了 i 介音，可能经历过 iɛi 的阶段，后来 i 韵尾失落。

连云港精组读 Tʂ 类比较特殊，说明它的音系整体上发生过 Ts>Tʂ 的音变，而且这种音变应该在止摄三等、通摄三等读为 Ts 类之后，并且其他韵摄三四等腭化为 Tɕ 类之后，因为 Ts>Tʂ 音变的范围包括止摄三等、通摄三等，以及所有一等韵，但是不包括其他韵摄的三四等韵，它们仍然读 Tɕ 类。

4. 苏南片

	增精	接精	惨清	秋清	在从	算心	选心	象邪
	曾开一	咸开三	咸开一	流开三	蟹开一	山合一	山合三	宕开三
南京	tsən31	tsieʔ5	tshaŋ212	tshiəɯ31	tsae44	suaŋ44	syen212②	siaŋ44
句容	tsən31	tɕiəʔ5	tshã213	tɕhiəɯ31	tsɛ55	suã55③	syĩ213	ɕiã55
镇江	tsən21	tɕiɪʔ5	tshɛ̃313	tɕhiə21	tsɛ55	sõ55	ɕyĩ313	ɕiɑŋ55

苏南片三点的精组不再按洪细分化，细音前也有读 Ts 类的，即存在“尖音”读法。具体情况各不相同：南京精组全读 Ts 类，包括有 i/y 介音的三四等韵；镇江一等韵都读 Ts 类，三四等韵中的假摄三等（ɪ 韵母）、通摄三等（oŋ/ɔʔ韵母）、臻摄合口三等谆韵部分字（uən 韵母）、止摄三等（ɿ/uɪ 韵母）读 Ts 类，此外读 Tɕ 类；句容一等韵都读 Ts 类，三四等韵中的假摄三等（iĩ 韵母）、咸山摄三四等（iĩ/yĩ/iəʔ/yəʔ）、通摄三等（oŋ/uoʔ韵母）、止摄三等（ɿ/əi 韵母）读 Ts 类，此外读 Tɕ 类。

历史的来看，南京最存古，无论洪音、细音都读 Ts 类；句容、镇江虽然存在

① 此为文读，还有白读 suã212。
② 又读 tshien23。
③ 此为文读，还有白读 sʊ55。

一部分尖音读法，但是仍然受细音前腭化规则的影响，一部分韵摄读成了 Tɕ 类。从不腭化的韵摄来看，句容、镇江三四等韵不腭化的情况多一些，不仅包含了其他方言点都有的通摄三等、止摄三等，还涉及假摄三等、臻摄三等、咸山摄三等。

5. 泰如片

	增精	接精	惨清	秋清	在从	算心	选心	象邪
	曾开一	咸开三	咸开一	流开三	蟹开一	山合一	山合三	宕开三
大丰	tsəŋ21	tɕiɪʔ4	tshɛ̃213	tɕhiɤɯ21	tshɛ21	sʊ̃45	ɕyʊ̃213	ɕiaŋ45
兴化	tsən33	tɕiɪʔ4	tshɛ̃213	tɕhiɤɯ33	tshɛ21	sʊ̃53	ɕyʊ̃213	ɕiaŋ53
泰州	tsəŋ21	tɕiɪʔ4	tshɛ̃213	tɕhiɤɯ21	tsɛ33①	sʊ̃33	ɕyʊ̃213	ɕiaŋ33
泰兴	tsəŋ21	tɕiɪʔ4	tɕhiɛ̃213	tɕhiɤɯ21	tɕhiɛ21	sʊ̃44	ɕyʊ̃213	ɕiaŋ44
如皋	tsəŋ21	tɕiɪʔ4	tshɛ̃213	tɕhiɤɯ21	tshɛ21	sʊ̃33	ɕyʊ̃213	ɕiaŋ33

泰如片精组今读洪音前为 Ts 类，细音前为 Tɕ 类。古音条件，一等读 Ts 类，三四等读 Tɕ 类，但是止摄三等（ɿ 韵母）、通摄三等（ɔŋ/ɔʔ韵母）读 Ts 类，这些特点也反映出止摄、通摄三等介音丢失较早。

但是也存在一些不合规则的读音，例如，一等韵读 Tɕ 类声母的情况：泰州、大丰臻摄合口一等的“尊村从寸孙损”读 Tɕ 类；泰兴咸山摄开口一等的“惨杂餐残伞”读 Tɕ 类；泰州蟹摄合口一等的“最、崔、罪、碎”除 Ts 类文读外，还有 Tɕ 类白读音。兴化臻摄合口三等精组的“俊皴荀笋榫迅循”读 Ts 类。这些特殊读音的形成，有待进一步研究。

2.5.2 类型总结及历史演变分析

江淮官话精组的读音类型，可以分为两类：一类是按洪细分化，洪音前读 Ts 类，细音前读 Tɕ 类；另一类不按洪细分化，细音前有读 Ts 类，也有读 Tɕ 类的，这种类型主要分布在苏南片，但是 Ts 类的所辖范围不同，南京最彻底，所有细音前都读 Ts 类；其次是句容，包括假摄、咸摄、山摄细音前；镇江最少，只有假摄细音前读 Ts 类（臻摄合口三等部分字也读 Ts 类，但是韵母为洪音）。从历史演化的角度看，中古精组都读 Ts 类，官话历史上后来发生了腭化音变，细音前读为 Tɕ 类。南京话精组最接近中古音系，其他方言都不同程度地发生了腭化音变。

虽然通过方言比较不能得出音变的具体时间，但是通过不同方言腭化所覆盖的中古韵类参差不齐的情况可以理出腭化音变的推进过程，见表 2-12。

①此为文读，还有白读 tshɛ21。

表 2-12　各韵摄三四等精组腭化情况（“+”表示腭化）

	通	止	假	蟹	遇	咸	山	臻	深	宕	曾	梗	流	效
黄孝片	−	−	+	+	+	+	+	+	+	+	+	+	+	+
扬淮片	−	−	+	+	+	+	+	+	+	+	+	+	+	+
泰如片	−	−	+	+	+	+	+	+	+	+	+	+	+	+
皖中片	−	−	−	−	−	+	+	+	+	+	+	+	+	+
句容	−	−	−	+	+	−	−	+	+	+	+	+	+	+
镇江	−	−	−	+	+	+	+	−	+	+	+	+	+	+
南京	−	−	−	−	−	−	−	−	−	−	−	−	−	−

表 2-12 中不发生腭化音变的韵摄更重要，因为不腭化最直接的原因是在腭化音变发生时不具备腭化的条件，通过它可以判断腭化音变发生的相对时间。

可以发现，各方言点都有通摄三等、止摄三等不腭化，这个特点不仅存在于江淮官话，而且在整个官话方言中都存在，覆盖面这么广，应该共同来源于早期官话。那个时期的共同特征是通摄三等的 i 介音消失、精组止摄三等的 i 元音发生 i>ɿ 的舌尖化音变，而精组的腭化音变应该是此后的事情。

那么通摄三等 i 介音消失的时间及精组止摄三等 i 元音舌尖化的时间各是什么时候？我们只能求助于韵书，中古精组止摄三等在《中原音韵》归入支思韵，支思韵独立，拟音为 ï，可以确定此时精组止摄三等的 i 元音已经发生舌尖化。中古通摄在《中原音韵》都归入东钟韵，东钟韵拟音有 uŋ、iuŋ 两个韵母（杨耐思，1981；宁继福，1985），精组三等仍然拼 iuŋ 韵母，这说明此时通摄的三等介音还存在，但是实际上少数已经开始合并（宁继福，1985：220）。因此可以推断北方话中精组发生腭化的时间应该在元代以后。江淮官话系韵书中，明代的《书文音义便考私编》《西儒耳目资》中止摄三等都已经产生舌尖元音；《书文音义便考私编》《西儒耳目资》中通摄都有三等 i 介音丢失的情况，尤其是后者只在部分牙喉音后保持（参见 3.10.2 节）。因此可以肯定江淮官话中精组的腭化是明代之后的事情。

此外，通过精组、见组腭化情况的比较也可以获得二者音变的相对时间：就通、止摄三等的情况而言，精组都不腭化，而见组部分字腭化，这说明见组腭化较早，在通、止摄三等的 i 还没有完全消失时就开始腭化。这种精见组腭化的不同步现象在韵书中也有记录，北京官话系韵书《朴通事新释谚解》（成书于 1765；孙华先，2000）、《正音撮要》（成书于 1810；麦耘，2000）都表明见组先腭化。

2.5.3　历史材料中的表现

明末《切韵声原》精见组划然有别，无论洪音还是细音都不相混，说明精见组没有腭化。清中期《五声反切正韵》精见组有别，前文认为见组发生了腭化，但是精组是否腭化不得而知。清末的《等韵学》（1878）则明确地记录了精见组的腭化情况，其“第二十七角音母”把来自精组开口三四等韵的字和来自见组开口二三四等韵的字放在一起，说明二者相同，已经颚化。

综合三种材料，精组腭化只到清末才有记载，可以确定此时腭化音已经独立成类。

2.5.4　近代读音构拟

韵书中记载的精组腭化时间较晚，通过分析又发现，精组的腭化晚于见组，而且南京老派还保留了精组不腭化、见组腭化的实例，因此本书认为精组的腭化较晚，把近代江淮官话精组拟为不腭化的形式，见表 2-13。

表 2-13　近代江淮官话精组读音构拟

近代江淮官话音值	包含的中古音类
ts	精母，从母仄声
tsh	清母，从母平声
s	心母，邪母

2.6　知 庄 章 组*

这里的知庄章组包括：知、彻、澄；庄、初、崇、生；章、昌、船、书、禅。日母另单独研究。

2.6.1　读音类型

1. 二分型

1）读 Tʂ、Ts 两类

中古知庄章组今读可分为两类，一类读 Ts 类，另一类读 Tʂ 类，共有 9 点，见表 2-14（虚线将二、三等分开，下同）。

表 2-14　知庄章组今读 Ts、Tʂ 类情况

代表字									
	知组	摘 梗二知	择 梗二澄	桌 江二知	撞 江二澄	耻 止三彻	直 曾三澄	猪 遇三知	椿 臻三彻
	庄组	争 梗二庄	斋 蟹二庄	插 咸二初	闩 山二生	事 止三崇	侧 曾三初	帅 止三生	初 遇三初
	章组	唱 宕三昌	照 效三章	丑（醜） 流三昌	食 曾三船	设 山三书	钟 通三章	烛 通三章	树 遇三禅

* 本节部分内容经整理拓展形成论文《江淮官话知二庄按内外转分化考察》，发表于《语言科学》2014 年第 3 期 290～297 页。

续表

六安	知	tsɐʔ23	tsɐʔ23	tʂuɐʔ23	tʂuã53	tʂhʅ24	tʂəʔ5	tʂʉ313	tʂhun313
	庄	tsən313	tʂɛ313	tʂhɐʔ23	ʂuə̃313	sɿ53	tshɐʔ23	ʂuɛ53	tshɷ313
	章	tʂhã53	tʂɔ53	tʂhəɯ24	ʂəʔ5	ʂɐʔ23	tʂəŋ313	tʂuəʔ5	ʂʉ53
舒城	知	tsɐʔ24	tsɐʔ24	tʂuɐʔ24	tʂuã54	tʂhʅ213	tʂəʔ5	tʂʉ21	tʂhuən21
	庄	tsən21	tʂɛ21	tʂhɐʔ24	ʂuæ̃21	sɿ54	tshɐʔ24	ʂuɛ54	tshu21
	章	tʂhã55	tʂɔ54	tʂhəɯ213	ʂəʔ5	ʂɐʔ24	tʂəŋ21	tʂuəʔ5	ʂʉ54
滁州	知	tsəʔ4	tsəʔ4	tʂuəʔ4	tʂuã55	tʂhʅ21	tʂəʔ4	tʂu42	tʂhuəŋ21
	庄	tsəŋ42	tʂɛ42	tʂhaʔ4	ʂuɛ̃42	sɿ55	tshəʔ4	ʂuɛ55	tsɷ42
	章	tʂhã55	tʂɔ55	tʂho21	ʂəʔ4	ʂəʔ4	tʂoŋ42	tʂuʔ4	ʂu55
合肥	知	tsɐʔ5	tsɐʔ5	tʂuɐʔ5	tʂhuɑ̃53	tʂhʅ34	tʂəʔ5	tʂu21	tʂhuən21
	庄	tsən21	tʂᴇ21	tʂhɐʔ5	ʂuæ̃21	sɿ53	tshɐʔ5	ʂuᴇ53	tshʋ21
	章	tʂhɑ53	tʂɔ53	tʂhɯ34	ʂəʔ5	ʂɐʔ5	tʂəŋ21	tʂuəʔ5	ʂu53
庐江	知	tsiʔ3	tsiʔ5	tʂøʔ5	tʂhuã35	tʂhʅ213	tʂəʔ3	tʂu55	tʂhuən55
	庄	tsən55	tʂɛ55	tʂhɛʔ5	ʂuɛ̃55	sɿ35	tshiʔ5	ʂuɛ35	tshəy55
	章	tʂhã35	tʂɔ35	tʂhəy213	ʂəʔ3	ʂiʔ5	tʂəŋ55	tʂuəʔ5	ʂu35
英山	知	—	tse33	tso313	tsaŋ33	tʂhʅ44	tʂʅ313	tʂʮ11	tʂhʮən11
	庄	tsən11	tsai11	tsha313	ʂʮan11	sɿ33	tshe313	ʂʮai35	tshəu11
	章	—	tʂau35	tʂhəu44	ʂʅ33	ʂe313	tʂoŋ11	tʂəu313	ʂʮ33
麻城	知	—	tse24	tso24	tsaŋ33	tʂhʅ55	tʂʅ24	tʂʮ313	tʂhʮən313
	庄	tsən313	tsai313	tsha24	san313	sɿ33	tshe24	sai35	tshəu313
	章	—	tʂau35	tʂhəu55	ʂʅ33	ʂe24	tʂoŋ313	tʂəu24	ʂʮ33
孝感	知	—	tshɛ13	tʂo13	tʂʮaŋ35	tʂhʅ53	tʂʅ31	tʂʮ24	tʂhʮən24
	庄	tsən24	tʂai24	tʂha13	san24	sɿ33	tshɛ13	ʂʮai35	tshəu24
	章	tʂhaŋ35	tʂau35	tʂhəu53	ʂʅ13	ʂɛ13	tʂoŋ24	tʂəu13	ʂʮ33
南京	知	tsəʔ5	tsəʔ5	tʂoʔ5	tʂuaŋ44[①]	tʂhʅ212	tsɿʔ5	tʂu31	tʂhun31
	庄	tsən31	tʂae31	tʂhɑʔ5	ʂuaŋ31	sɿ44	tshəʔ5	ʂuae44	tshu31
	章	tʂhaŋ44	tʂɔo44	tshəɯ212	ʂʅʔ5	ʂəʔ5	tʂoŋ31	tʂuʔ5	ʂu44

注：① 还有一读为 tʂhuaŋ44。

2）读 Ts、Tɕ 两类

中古知庄章组今读可分为两类，一类读 Ts 类，另一类读 Tɕ 类，见表 2-15。

表 2-15　知庄章组今读 Ts、Tɕ 类情况

代表字	知组	摘 梗二知	择 梗二澄	桌 江二知	撞 江二澄	耻 止三徹	直 曾三澄	猪 遇三知	椿 臻三彻
	庄组	争 梗二庄	斋 蟹二庄	插 咸二初	闩 山二生	事 止三崇	侧 曾三初	帅 止三生	初 遇三初
	章组	唱 宕三昌	照 效三章	丑（醜） 流三昌	食 曾三船	设 山三书	钟 通三章	烛 通三章	树 遇三禅
黄梅	知	—	tshe33	tso42	tsaŋ33	tshʅ35	tshʅ33	tɕy11	tɕhyən11
	庄	tsən11	tsai11	tsha42	son11	sɿ33	tsæ42	sai15	tshəu11
	章		tsau15	tshəu35	sʅ33	sæ42	tsoŋ11	tsəu42	ɕy33

续表

黄冈	知	tse24	tse24	tso24	tɕyaŋ44	tshɿ42	tsɿ24	tɕy33	tɕhyən33
	庄	tsən33	tsai33	tsha24	ɕyan33	sɿ44	tshe24	ɕyai35	tshəu33
	章	—	tsau35	tshəu42	sɿ44	se24	tsoŋ33	tsəu24	ɕy44
扬州	知	tsəʔ5	tsəʔ5	tuaʔ5	tsuaŋ55	tshɿ42	tsəʔ5	tsu31	tshuən31
	庄	tsən31	tsɛ31	tshæʔ5	suæ̃31	sɿ55	tshəʔ5	suɛ55	tsho31
	章	tshaŋ55	tsɔ55	tshɵ42	səʔ5	ɕiʔ5	tsoŋ31	tsɔʔ5	su55
涟水	知	tsəʔ34	tsəʔ34	tsuɑʔ34	tsuɑŋ55	tshɿ212	tsəʔ34	tsu31	tshuən31
	庄	tsən31	tsɛ31	tshaʔ34	suã31	sɿ55	tshəʔ34	suɛ55	tsho31
	章	tshɑŋ55	tsɔ55	tshəu212	səʔ34	ɕiɪʔ34	tsoŋ31	tsɔʔ34	su55
淮安	知	tsəʔ4	tsəʔ4	tsuɑʔ4	tsuɑŋ55	tshɿ212	tsəʔ4	tsu42	tshuən42
	庄	tsən42	tɕiɛ42	tshaʔ4	suã42	sɿ55	tshəʔ4	ɕye55	tshu42
	章	tshɑŋ55	tsɔ55	tshəɯ212	səʔ4	ɕieʔ4	tsoŋ42	tsɔʔ4	su55
大丰	知	tsəʔ4	tshəʔ4[①]	tɕyɑʔ4	tɕhyɑŋ21	tshɿ213	tshəʔ5	tsu21	tɕhyəŋ21
	庄	tsəŋ21	tsɛ21	tshæʔ4	ɕyẽ21	sɿ21	tshəʔ4	ɕyɛ45	tshu21
	章	tshɑŋ45	tsɔ45	tshɤɯ213	səʔ4[②]	siɪʔ4	tsɔŋ21	tsɔʔ4	su21
泰州	知	tsəʔ4	tsəʔ4	tsuɑʔ4	tsuɑŋ33[③]	tshɿ213	tsəʔ5[④]	tsu21	tɕhyəŋ21
	庄	tsəŋ21	tsɛ21	tshæʔ4	suẽ21	sɿ33[⑤]	tshəʔ4[⑥]	suɛ33	tshu21
	章	tshɑŋ33	tsɔ33	tshɤɯ213	səʔ4[⑦]	ɕiiʔ4	tsoŋ21	tsɔʔ4	su33[⑧]
泰兴	知	tsəʔ4[⑨]	tshəʔ4	tsuɑʔ4	tshuɑŋ21	tshɿ213	tshəʔ5	tsu21	tshuəŋ21
	庄	tsəŋ21	tɕiɛ21	tɕhiæʔ74	ɕyẽ21	sɿ21	tshəʔ4	ɕyɛ44	tshu21
	章	tshɑŋ44	tsɔ44	tɕhiɤɯ213	səʔ5	ɕiɪʔ4	tsɔŋ21	tsɔʔ4	su21

注：① 大丰“择”文读阴入 tshəʔ4，都还有白读阳入 tshəʔ5。下文泰州、泰兴的“择”也一样。
② 此为文读阴入，还有白读阳入 səʔ5。
③ 还有阴平 tshuɑŋ21 一读。
④ 还有阴入 tshəʔ4 一读。
⑤ 此为文读去声，还有白读阴平 sɿ21。
⑥ 还有阴入 tsəʔ4 一读。
⑦ 此为文读阴入，还有阳入 səʔ5 白读。
⑧ 此为文读去声，还有阴平 su21 白读。
⑨ 还有 tiɪʔ4、tiəʔ4 两读。

2. 一分型

1）全读 Ts 类

知、庄、章合并，全读平舌音 Ts 类，见表 2-16。

表 2-16　知庄章组今读 Ts 类情况

代表字	知	**摘**	**择**	桌	撞	耻	直	猪	椿
	组	梗二知	梗二澄	江二知	江二澄	止三徹	曾三澄	遇三知	臻三彻
	庄	**争**	斋	插	闩	事	侧	帅	初
	组	梗二庄	蟹二庄	咸二初	山二生	止三崇	曾三初	止三生	遇三初

续表

代表字	章组	唱 宕三昌	照 效三章	丑（醜） 流三昌	食 曾三船	设 山三书	钟 通三章	烛 通三章	树 遇三禅
盐城	知	tsəʔ5	tsəʔ5	tsuɑʔ5	tsuã35	tshʅ53	tsəʔ5	tsu31	tshuən31
	庄	tsən31	tsɛ31	tshæʔ5	suæ̃31	sʅ35	tshəʔ5	suɛ35	tshu31
	章	tshã35	tsɔ35	tshɤ53	səʔ5	sɪʔ5	tsoŋ31	tsɔʔ5	su35①
镇江	知	tsəʔ5	tsəʔ5	tsuɑʔ5	tsuɑŋ55②	tshʅ313	tsəʔ5	tsu21	tshuən21
	庄	tsən21	tsɛ21	ʦhæʔ5	suɛ̃21	sʅ55	tshəʔ5	suɛ55	tsho21
	章	tshɑŋ55	tsɔ55	tshə313	səʔ5	ɕiɪʔ5③	tsoŋ21	tsɔʔ5	su55
句容	知	tsəʔ5	tsəʔ5	tsuoʔ5	tsuɑŋ55	tshʅ213	tsəʔ5	tsu31	tshuən31
	庄	ʦən31	ʦɛ31	ʦhaʔ5	suã31④	sʅ55	tshəʔ5	suɛ55	ʦhu31
	章	ʦhã55	ʦɔu55	ʦhəɯ213	səʔ5	səʔ5	ʦoŋ31	ʦuoʔ	su55
兴化	知	tsəʔ4	tshəʔ4⑤	tsuaʔ4	tshuaŋ53	tshʅ213	tshəʔ5	tsu33	tshuən33
	庄	tsən33	tsɛ33	tshæʔ4	suɛ̃33	sʅ21	tshəʔ4	suɛ53	tshu33
	章	tshɑŋ53	tsɔ53	tshɤ213	səʔ5	siɪʔ4	tsoŋ33	tsɔʔ4	su21
如皋	知	tiəʔ4	tshəʔ4⑥	tsuɑʔ4	tshuã21	tshʅ213	tshəʔ5	tsu21	tshuəŋ21
	庄	tsəŋ21	tsɛ21	tshɛʔ4	suɛ̃21	sʅ21	tshəʔ4	suɛ33	ʦhu21
	章	tshã33	tsɔ33	tshei213	səʔ5	siɪʔ4	tsoŋ21	tsɔʔ4	su21

注：① 此处为文读去声，还有白读阴平 su31。

② 还有文读 tshuɑŋ55。

③ 此处声母为 ɕ，归入一读类型，是因为读 ɕ 的很少，它只分布于止摄，且只有这一个声母类型。

④ 此为文读，还有白读 sʊ31。

⑤ 此为文读阴入，还有白读阳入 tshəʔ5。

⑥ 此为文读阴入，还有白读阳入 tshəʔ5。

2）全读 Tʂ 类

知、庄、章合并，全读翘舌音 Tʂ 类，仅见连云港市这种类型，见表 2-17。

表 2-17　知庄章组今读 Tʂ 类情况

代表字									
	知组	摘 梗二知	择 梗二澄	桌 江二知	撞 江二澄	耻 止三徹	直 曾三澄	猪 遇三知	椿 臻三徹
	庄组	争 梗二庄	斋 蟹二庄	插 咸二初	闩 山二生	事 止三崇	侧 曾三初	帅 止三生	初 遇三初
	章组	唱 宕三昌	照 效三章	丑（醜） 流三昌	食 曾三船	设 山三书	钟 通三章	烛 通三章	树 遇三禅
连云港	知	tʂə24	tʂə24	tʂuə24	tʂuaŋ55	tʂhʅ41	tʂə24	tʂu214	tʂhoŋ214
	庄	tʂəŋ214	tʂɛ214	tʂhɐ24	ʂuã313	ʂʅ55	tʂhə24	ʂuɛ55	tʂhu214
	章	tʂhaŋ55	tʂɔ55	tʂhəɯ41	ʂə24	ʂɐ24	tʂoŋ214	—	ʂu55

2.6.2 历史演变分析

根据前述类型，笔者把知庄章的读音类型概括为表 2-18。

表 2-18　知庄章的读音类型总结

代表字	类型	方言点
知庄章	Tʂ、Ts	六安、舒城、滁州、合肥、庐江、英山、麻城、孝感、南京
	Ts、Tɕ	黄梅、黄冈、扬州、涟水、淮安、大丰、泰州、泰兴
	Ts	盐城、镇江、句容、兴化、如皋
	Tʂ	连云港

1. Tʂ、Ts 组的来源

1）Tʂ、Ts 在音系中的分布特点

二分型的 Ts、Tʂ 主要分布于皖中片、黄孝片及南京市。各片内部特点一致，下面分小片讨论它们的特点。

第一，皖中片 Ts、Tʂ 的特点。皖中片的六安、舒城、滁州、合肥、庐江 5 点知庄章的读音情况与等第存在关系，知组二等和庄组的情况类似，知组三等和章组的情况类似，可以归为知二庄、知三章两类，特点是：知二庄按元音的高低与 Ts、Tʂ 类相拼，高元音拼 Ts 类，低元音拼 Tʂ 类；知三章基本上全读 Tʂ 类，不论元音高低。表 2-19 以李金陵 1997 年《合肥话音档》的记音为准展示合肥话的特点。

表 2-19　合肥方言知庄章的分化情况

3		例字		总结
		知二	庄	
高	ʅ ɯ u ʋ		狮 sʅ21 史 sʅ34 士 sʅ53 皱 tsɯ53 骤 tsɯ53 馊 sɯ21 助 tsu53 疏 su21 梳 su21 初 tshʋ21 锄 tshʋ55 数 sʋ53	Ts 类
央	ə	撑 tshən21	争 tsən21 挣 tsən21 省 sən34 衬 tʂhən53 崇 tʂhəŋ55 渗 ʂən53	Ts Tʂ 都有
	ɐ	摘 tsɐʔ5 泽 tsɐʔ5 择 tsɐʔ5 琢 tʂuɐʔ5 桌 tʂuɐʔ5 拆 tʂhɐʔ5	责 tsɐʔ5 测 tshɐʔ5 色 sɐʔ5 扎 tʂɐʔ5 察 tʂhɐʔ5 杀 ʂɐʔ5	
低	ᴇ æ a ɔ ɑ	赚 tʂuæ̃53 站 tʂæ̃53 茶 tʂha55 罩 tʂɔ53 桩 tʂuɑ̃21 撞 tʂhuɑ̃53	寨 tʂᴇ53 柴 ʂhᴇ55 晒 ʂᴇ53 盏 tʂæ̃34 铲 ʂhæ̃34 山 ʂæ̃21 榨 tʂa53 差 tʂha21 纱 ʂa21 找 tʂɔ34 抄 tʂhɔ21 稍 ʂɔ21 庄 tʂuɑ̃21 床 tʂhuɑ̃55 双 ʂuɑ̃21	Tʂ 类
合肥话主元音格局		知三	章	都读 Tʂ 类
高	ʅ ɯ u ʋ e	知 tʂʅ21 致 tʂʅ53 耻 tʂhʅ34 肘 tʂɯ34 稠 tʂhɯ55 抽 tʂhɯ21 蛛 tʂu21 柱 tʂu53 除 tʂhu55 椽 tʂhʋ55 传 tʂhʋ55 转 tʂʋ34 椎 tʂue21 追 tʂue21 坠 tʂue53	脂 tʂʅ21 齿 tʂhʅ34 时 ʂʅ55 州 tʂɯ21 丑 tʂhɯ34 手 ʂɯ34 朱 tʂu21 处 tʂhu34 树 ʂu53 穿 tʂhʋ21 船 tʂhʋ55 串 tʂhʋ53 遮 tʂe21 车 tʂhe21 社 ʂe53	

续表

合肥话主元音格局		知三	章	
央	ə	阵 tʂən53 程 tʂhən55 忠 tʂəŋ21 宠 tʂhəŋ34 直 tʂəʔ5 竹 tʂuəʔ5	蒸 tʂən21 成 tʂhən55 春 tʂhuən21 神 ʂən55 种 tʂəŋ34 终 tʂəŋ21 质 tʂəʔ5 赤 tʂhəʔ5 十 ʂəʔ5	都读 Tʂ 类
	ɐ	彻 tʂhɐʔ5 撤 tʂhɐʔ5	舌 ʂɐʔ5 涉 ʂɐʔ5 说 ʂuɐʔ5	
低	ɔ æ ɑ	兆 tʂɔ53 潮 tʂhɔ55 超 tʂhɔ21 丈 tʂɑ53 畅 tʂhɑ53 肠 tʂhɑ55	招 tʂɔ21 照 tʂɔ53 少 ʂɔ53 烧 ʂɔ21 占 tʂæ̃53 颤 tʂhæ̃53 善 ʂæ̃53 掌 tʂɑ34 唱 tʂhɑ53 商 ʂɑ21	

可以发现知二庄组基本符合高元音读 Ts 类，低元音读 Tʂ 类，但是央元音 ə、ɐ 拼 Ts、Tʂ 均可，尤其是专用于描写入声韵的 ɐʔ韵母前出现了 Ts 类和 Tʂ 类的最小对比对，如责 tsɐʔ5、扎 tʂɐʔ5。这是后来的演变造成的，“责”为梗摄二等入声字，“扎”为山摄二等入声字，合肥话梗摄二等字主元音普遍央化为 ɐ，与山摄主元音混同。

关于皖中片主元音高低对庄组的分化现象，孙宜志（2006）已经提及，但是没有展开讨论。吴波（2007b）发现这种规则有很多例外，认为按元音前后分化更适合整个江淮官话的情况，前元音拼 Ts 类，后元音拼 Tʂ 类。但是这种观点同样也存在大量例外，如前元音 a、æ、ᴇ 拼 Tʂ 类声母，因此本书认为元音高低说更适合皖中片的情况，而且这种规则可以扩大至知二组。

第二，黄孝片 Tʂ、Ts 的特点。黄孝片有 Ts、Tʂ 两类声母的方言包括英山、麻城、孝感，它们的共同特点是：知庄组为一类，今开口韵读 Ts 类（尤其是梗摄二等统一读 Ts 类），今合口韵读 Tʂ 类；章组为一类，无论开合均读 Tʂ 类。

上述是按今音类归纳的，黄孝方言一些较早的描写材料中会用到内外转的概念，内外转的划分争议较大（张玉来，1988），但是在方言中的表现比较一致，赵元任等（1948）以内外转描写孝感庄组内部的读音差异，外转读 Tʂ，内转读 Ts。外转包括：果（假）、蟹、效、咸、山、宕（江）；内转包括：止、遇、流、深、臻、曾、梗、通。邢公畹（1984）发现安庆方言（属黄孝片）庄组今读“包含了等韵学上使人迷惑不解的内外转问题”，庄组字以平翘舌区分内外转，果、假、蟹、效、咸、山、宕、江摄读 Tʂ 类，止、遇、流、深、臻、曾、梗、通摄读 Ts 类。两位先生对内外转的见解相同，但是这种划分与早期韵图不同，韵图梗摄归外转，宕摄归内转，张玉来（2009）认为这是由于后来元音变化，韵摄合流造成的。暂不管韵图中内外转的争议，就方言而言，这种划分很有用武之地，使规则简洁明了。

那么内外转对方言庄组的分化规则和前述知二庄内部的分化规则的关系是什么？其实二者并不矛盾，区别在于着眼点不同：前者仅着眼于中古庄组，后者着眼于中古知庄章三组；而实质上有相通之处：知二组和内转韵摄相拼的仅有梗摄，读 Ts 类；知二组和外转相拼的韵摄较多，但基本全读 Tʂ 类①。可见知二也可以纳入内外转的分化规则，即知二庄都是按内外转分化的。那么内外转的区别是什么？这个问题与“知二庄分化为 Ts、Tʂ 的条件是什么”属于同一个问题。关于内外转的区别，罗常培（1993）认为是元音的高低不同：内转元音为 i、u、o、ə，外转元音为：e、ɛ、æ、a、ɐ、ɔ。这与前文讨论的合肥话的高低元音对知二庄的分化几乎完全一致，仅央元音的情况不同。另外，内外转对知二庄的这种分化格局的在江淮官话内比较普遍，湖北的孝感，以及安徽的枞阳、桐城、安庆、庐江、合肥都是这种类型。

第三，南京话 Tʂ、Ts 的特点。熊正辉（1990）概括“南京型”的特点是：庄组三等字除了止摄合口、宕摄读 Tʂ 组，其他全读 Ts 组；其他知庄章组字除了梗摄二等读 Ts 组，其他全读 Tʂ 组（知二、庄二、庄三有例外）。本书的统计（表 2-20）与熊正辉的概括不尽一致，可能是由于所用材料不同，本书采用刘丹青《南京话音档》（1997）的记音，熊正辉的统计基于《江苏省和上海市方言概况》（1960），二者相差 37 年。

表 2-20　南京方言知庄章今读 Tʂ、Ts 的数据统计

中古声母类别	读 Ts 组		读 Tʂ 组	
	内转	外转	内转	外转
知二	**梗入 4，梗 1**	假 1，咸 1，江入 1	梗入 3，梗 3	假 2，咸 3，江入 9，江 3，效 2，山 1
知三	止 1，臻入 3，曾入 3，梗 2	山入 1	止 20，流 11，曾 4，臻入 2，臻 6，梗 6，深 6，通入 9，通 13	山入 6，山 9，效 8，宕 17，遇 19，蟹 1，咸 3
统计	18（10%）		166（90%）	
庄二	**梗** 12	江入 4，蟹 1，山 3，效 2，假 2，咸 1	梗 5	江 2，蟹 9，山 25，效 18，假 28，咸 15
庄三	通入 3，止 12，遇 14，臻 3，曾入 9，流 10，生 5，深 5		**止生母开合 7**，通 1，遇 2，臻 3，流 2，深 2	**宕 14**，山 1
统计	86（39%）		134（61%）	
章三	通入 1，止 5，臻入 6，梗入 7，曾入 5，流 1，深入 7	假 1，宕入 1	通 22，止 57，遇 37，臻 47，梗 15，曾 19，深 10，流 19	蟹 9，山 37，效 12，假 17，宕 44，咸 14
统计	32（8%）		359（92%）	

通过表 2-20 可以发现这些特点：总的来说读 Ts 组的比较少，知、章组都在 10%以下，庄组字比例较高，为 39%；知二庄内转有不少读翘舌音；知三章中读 Ts 的情况，多为内转入声字。

① 这里的内外转包含的韵摄按照赵元任等（1948）为准，内转：止、遇、流、深、臻、曾、梗、通摄；外转：果、假、蟹、效、咸、山、宕、江摄。

这些特点似乎说明今南京话知庄章的情况是无序的。但是能从中看出“南京型”的影子，把数据稍作处理：加粗字体“梗、止、宕”的数量在同类中占优势，凸显出来；灰底字数量较少，删除，剩下的则与熊正辉的概括基本一致（入声字除外）。剩下的不同之处是知章组三等有读 Ts 的情况，这些字多为入声字，今读韵母基本都为 ɿʔ，音变较特殊。这些不同之处说明 37 年间南京音系发生了一些变化。但是若把熊正辉的概括纳入内外转的框架，可以发现表 2-20 中知二庄组读 Ts 类的多为内转韵摄、读 Tʂ 类的多为外转韵摄（止摄除外[①]），基本符合知二庄按内外转分化的规则。熊正辉他也在文中也指出用《湖北方言调查报告》里的内外转概念来处理庄组字比较简洁。本书发现知二组也可以用内外转来处理，规则相同。

纵观以上三小片，可以发现它们的共同点是：其一，知庄章分两类，知二庄为一类，内部按内外转（元音高低）分化为 Ts、Tʂ 两类，内转读 Ts 类，外转读 Tʂ 类；知三章为一类，基本全读 Tʂ 类。其二，Ts、Tʂ 二分的方言，Ts 组总量较少，占绝大多数的仍然是 Tʂ 类。

2）Tʂ、Ts 类型中 Ts 类的来源

从 Ts、Tʂ 组的音系分布来看，它们似乎不是音位性的对立，在 Ts、Tʂ 组共现的韵摄里，二者要么以元音高低为条件互补分布，要么以开合口为条件互补分布。既然互补分布很可能其中一个为后起，那么谁是后起的？本书认为是 Ts 组，原因如下：其一，ts 组比例较少，据统计，多数点不超过 20%；其二，就整个音系而言，Ts 组分布环境更简单，Ts 组仅出现于后高元音或央元音韵母前，而 Tʂ 组出现环境复杂多样，因此前者是较表层的形式；其三，同一方言点不同时期的历史材料表明 Ts 组不断增加。如前述南京话 1997 年的材料比 1960 年的材料 Ts 组有增加的趋势，已经蔓延至较为稳定的知三章组。

既然 Ts 组是后起的，那么它是怎样产生的？不得不参照中古音系来观察这一问题。中古拟音知庄章三分（潘悟云，2000）：知组 ʈ，庄组 Tʂ，章组 Tɕ。知、庄组有二三等，章组只有三等，中古拟音三等有 i 介音，二等无介音。因此它们的与声母的组合类型为（以开口为例）：知二*ʈ，知三*ʈi，庄二*Tʂ，庄三*Tʂi，章三*Tɕi。但是这一格局并没有保存太久，中古以后由于某种原因（内部的或外部的）三组声母出现了卷舌化，即 ʈ、Tʂ、Tɕ>Tʂ，当然三者的音变是有层次的。但是这一进程涉及近代官话的演变，具体情况还没有较统一的说法。在众多观点中本书比较赞同麦耘（2010）的观点，具体见图 2-3。

① 庄组三等止摄读平舌的 12 个，韵母都为 ɿ；读翘舌的 7 个，都为生母字，韵母为 uae、ʅ。读平舌的仍然占优，而且读平翘舌似乎与韵母元音的高低有关。

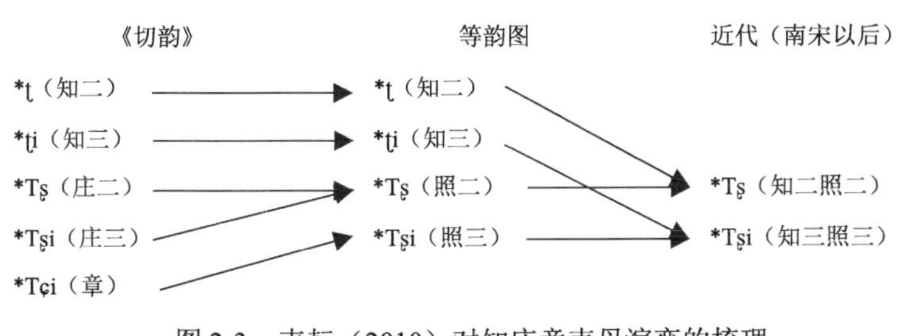

图 2-3　麦耘（2010）对知庄章声母演变的梳理

庄组三等韵的 i 介音先丢失，与二等合流，这是庄组内部的合流，合流后的庄组称为照二；然后章组卷舌化，填补庄三留下的*Tʂi 空位，变为照三；再后是知组塞擦化。这时中古知庄章声母的音值都为 Tʂ，合并为一组，但是它们的韵母存在等的差别：三等韵（与知三、照三相拼的）有 i 介音，二等韵（与知二、照二相拼的）没有 i 介音。这一格局与等韵图格局相同，形成在南宋以后，此后凡官话中知、照组以等韵图的“等”为条件的分化，都是南宋以后发生的后起现象。

那么江淮官话的分类格局与此格局是否匹配？由图 2-3 可知，实际上知二照二包括中古知二庄组，知三照三包括中古知三章，这正与前文总结的江淮官话的格局一致。但是到这里，Ts 类读音仍然没有出现。那么江淮官话知庄章的 Ts 类是怎么产生的？从目前江淮官话的特点看，三等（知三章）稳定地读 Tʂ 类，而二等（知二庄）的读音以元音高低分化，说明二等翘舌音声母的平舌化是自发产生的。动因很可能是二等字要保持与三等字的区别，因为知三章的韵母，后来发生 i>Ø/Tʂ__的音变，使三等韵失去 i 介音，从而二三等字完全相同，二等字由于要保持区别，声母发生平舌化音变。纵观官话方言，“昌徐型”二等字（知二庄）变化较快，开口全读 Ts 类，合口不同方言情况不一，有的全读 Ts 类，有的部分保留 Tʂ 类，有的全读 Tʂ 类，是进行中的音变；“济南型”较保守，没有二三等的分化，全部保持 Tʂ 类；而“南京型”所代表的江淮官话，二等字（知二庄）是按元音高低（内外转）渐次进行，但是由于南京话的特殊地理位置，外方言的扰乱，使其规则比较混乱，真实特点在中心地区的合肥、安庆等方言中则较清晰。

2. Ts、Tɕ 组的来源

Ts、Tɕ 类型中 Ts 类的来源。此类型的方言中 Ts 类占绝大多数，不同于前述 Tʂ、Ts 类型中的 Ts 只占少数。那么这种类型中的 Ts 类的来源是什么？最可能的来源是 Tʂ、Ts 类型的进一步发展，Ts 类扩散。这就是说 Ts 类是逐步扩大的，但是据前述统计，知庄章的读音，Ts 类一般低于 20%，没有发现二者比例相当，或者 Ts 类占优势的方言，这不符合扩散演变的特点。再者，如果承认这是扩散的结果，那就必须承认 Ts、Tɕ 类型是较新的，形成时间晚于 Tʂ、Ts 类型，且由中心区域向外扩散，但是这与方言地理的分布特点不符（图 2-4）。

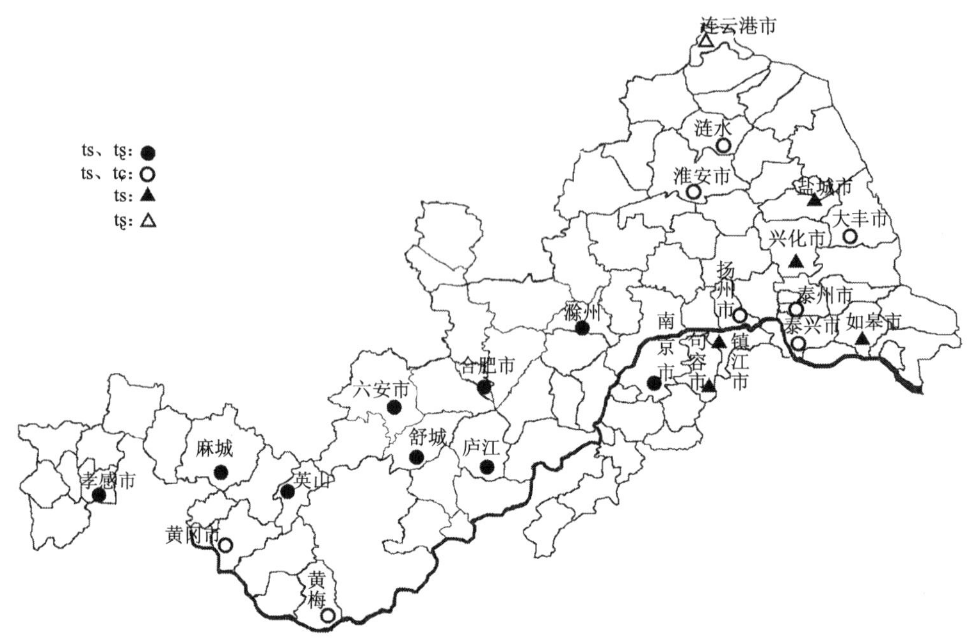

图 2-4　江淮官话知庄章的读音类型及地理分布

Ts、Tɕ 类型主要在东北部的扬淮片、泰如片及西南部的黄孝片，而核心区域不见分布。这说明 Ts、Tɕ 类型不是由核心区域向外扩散，如果是由一个区域向另一个区域扩散，为什么要跳过中心区域呢？本书的看法相反，认为 Ts、Tɕ 类型可能是较古老的语音形式在边缘地区的保留，或者是在方言边界地区语言接触的结果。就地理特征而言，黄孝片北靠大别山，南邻长江，泰如片偏居长江北岸一角，东靠大海，它们的环境都很封闭，不易受外方言干扰，因此可以排除接触的可能。所以这很可能是古老语音形式在边缘地区的保留。而且从方言特征看，泰如片、黄孝片整体较存古，如去声分阴阳、浊音清化平仄都送气等。

如果把视野再扩大一些，突破江淮官话的范围，看看周围的语言环境，可以有更多发现。江淮官话东南是吴语区，吴语知庄章基本全读 Ts 类。西北与江淮官话紧邻的是中原官话信蚌片，中原官话信蚌片也是知庄章全读 Ts 类。但是越过信蚌片再西北就是中原官话的核心区域，核心区域的中原官话知庄章以读 Tʂ 类为主，而且它在江淮官话的形成历史中曾扮演着重要角色（参见 1.2.5 节）。

因此本书认为知庄章读 Ts 类是在江淮官话形成之前分布于整个今江淮官话区、吴语区，甚至还包括中原官话东南部地区的早期形式。中原官话南下之后，江淮官话开始形成，来自中原官话的 Tʂ 类迅速占据了江淮官话的核心区域，它像一个由西北打向东南的楔子，其前端已经跨过长江到达南京市。但是 Tʂ 类并没有深入到边缘地带，尤其是环境封闭的江淮官话的两翼受影响较小，保留了这种底层状态[①]。

明代张位（1538～1605 年）在《问奇集•各地乡音》中说：“大约江以北入声多作平声，常有音无字，不能具载。江南多患齿音不清，然此亦官话中乡音耳，若其各处土语，更未易通也。”这段话包含的信息较多，其中“江南多患齿音不清”很可能是指江淮地区平翘不分，他也指出这是讲官话时所带的方音（官话的地方变体），如果讲各自的方言就更不容易听懂了。笔者推测这种平翘不分的官话在当时已经存在。

关于今 Tɕ 类的来源，本书统计了其分布特点，见表 2-21。

表 2-21　读知庄章今读 Tɕ 类的方言点及其古音、今韵母类型

方言点	分布特点	今读韵母类型
扬州、涟水	一般为中古开口，都为三等	今读都为齐齿呼
淮安	一般为中古开口，二、三等都有，三等居多	今读多为齐齿呼
泰兴	一般为中古开口，二、三等都有	今读多为齐齿呼
黄梅、黄冈	一般为中古合口，二、三等都有	今读都为撮口呼
大丰	中古开合均有，二、三等都有	今读齐、撮都有
泰州	中古开合均有，一般为三等	今读齐、撮都有

可以发现，尽管各点的情况不大相同，但是有一些共性：首先今读韵母都为细音；其次都为中古二三等。三等早期有 i 介音自不待言，二等 r 介音后来也变为 i 介音。所以 Tɕ 类应该来自 Ts>Tɕ/__i-的音变，这与精组的腭化相似。但是音变前的 Ts，并不是来自 Tʂ 类的平舌化，而是底层形式的遗留。

总结以上，Ts、Tɕ 类型是较古老的类型，是江淮官话形成之前江淮地区方言的底层形式，此类中的 Tɕ 是后来产生的。

3. 一分型的 Ts 类和 Tʂ 类的来源

一分型的 Ts 类型，即知庄章都读 Ts，多分布于扬淮片和泰如片。其来源与上文 Ts、Tɕ 类型中 Ts 的来源相同，是早期江淮地区方言底层形式的遗留。

一分型的 Tʂ 类型，即知庄章都读 Tʂ，本书材料只有连云港市，其实连云港南边的灌云、灌南、响水三点也属于此类型。这些方言点的独特之处在于，不仅知系读 Tʂ 类，精组（洪音）也读 Tʂ 类。精组知系合并以读平舌音的常见，读翘舌音的比较少见。其来源很可能是精组向知系靠拢，发生 Ts>Tʂ 的音变。笔者于 2013 年对此进行了实地调查，发现精组知系确实合并，以读 Tʂ 类为主，但是并

① 至于中原官话信蚌片的知庄章为什么没有变为 Tʂ 类，本书认为中原官话信蚌片所在地区虽然是核心区域的中原官话南下的必经之地，但是它只是匆匆掠过，并没有停留，所以未造成影响。

非全读 Tʂ 类，也有读 Ts 类的，只见于单元音韵母 ʅ 前（蟹、止摄开口三等韵），但是与 Tʂ 类不对立。而且 Tʂ 类音值翘舌特征并不明显，发音时舌体不后缩，只是舌尖翘起，成阻部位在齿龈的后部，推测这种情况是精组、知系相互妥协的结果。

连云港方言的这种情况历史材料中也有记录，《许氏说音》（1807）的作者许桂林是江苏连云港人，音系特点是知系、精组大部分合流，只在开口呼前对立（耿振生，1992：193）。

2.6.3　历史材料中的表现

早期韵图《韵镜》《七音略》仅有知照组，其中照组包括庄、章组，说明庄、章的合流最迟在北宋已经形成。北宋邵雍《声音唱和图》中有知组向照组靠拢的现象，表明知照合流开始，而南宋朱熹的叶音里知照相混，说明此时知照合流完成（麦耘，2010）。

元末《中原音韵》，中古知二庄与知三章界限分明，仅在支思（ï）和齐微（i）相混，宁继福（1985）的拟音，知二庄为 tʂ，知三章为 tʃ，二者为同一音位的变体，认为二者的区别是前者不拼 i 韵母及带 i 介音的韵母，后者可以。

明末《西儒耳目资》（1626），作者金尼阁，法国传教士，该书用于外国传教士学习汉语汉字。据孙宜志（2010）的研究，知二庄组主体读音类型中的遇、止、流、深、臻、曾、梗、通摄（即本书的内转）读 ts 类，假、蟹、效、咸、山、宕、江（即本书外转）读 tʂ 类。

明末《切韵声原》，知庄章合并，声母只有知组一类。但是其庄组字的归类很有意思：庄组归入知章组的，分别属于中古的假、蟹、效、咸、山、宕、江各摄，归入精组的属中古遇、流、梗、深、臻摄。由于材料为韵图的形式，收字有限，但是属后一组韵摄的字未见归入知章组，规则相当严密（孙宜志，2006）。其实这正是按内外转分化，内转归入精组，外转归入知章组。这种分化与前文皖中片、黄孝片方言一致。作者方以智，安徽桐城人，桐城方言今归黄孝片，由此看来黄孝片庄组按内外转分化的历史至少可以上溯至明末。

明末《韵通》，作者萧云从，安徽芜湖人。知庄章合一，命名为照组。但是庄组分两类，一类归精，一类归照，基本上还是外转读同照组，内转的曾、臻、梗读同精组，内转的遇摄有精照两读，由于材料所限，未见其他韵摄的字。

清末《等韵学》，作者许惠，亦为桐城人，庄组的读音情况与《切韵声原》基本相同。独特之处是出现了知章组合口三四等与见系合口三四等合流的情况。由于《等韵学》的声母是按“声母+介音”分类，在它的 38 音母图中，见组可分 4 类：①第 1、3 图为见组合口呼。②第 19、21 图为见组开口洪音。③第 27 图为见、精组齐齿呼。④第 31、32、33 图中，中古见组合口三四等与知庄章组合口三四等混杂。很明显，第①②类声母应该为 K 类，第③类声母应该为 Tɕ 类。但是第④类应该是什么呢？本书认为是 Tʂ 类，因为今桐城方言有见组、知系合口三四等合并读 Tʂ 的情况，这应是对方言的如实记录。此外，这类声母的介音是 ʮ，ʮ 可以看成撮口呼介音 y 的变体，许惠也有意把第④类归为撮口呼，与①②③类的合、开、齐相配，形成四呼齐全的格局。

可以发现《中原音韵》出现知二庄、知三章的分化，而后来的《西儒耳目资》《切韵声原》《韵通》《等韵学》都是对知二庄的再进一步分化。

2.6.4　近代读音构拟

根据以上分析，上接麦耘（2010）的演变线索，把南宋以后江淮官话知庄章的演变情况构拟见表 2-22。

表 2-22　南宋以后江淮官话知庄章的演变轨迹

时间	南宋、元	明前期	明中后期
音变	知照合流 （但二三等韵母有别）	知二庄分化 （以内外转为条件）	知照合一 （三等韵母-i-消失）
知二庄	*Tʂ	*Tʂ/Ts	*Tʂ/Ts
知三章	*Tʂi	*Tʂi	*Tʂ

有三点需要说明：一是，这是江淮官话 Tʂ、Ts 有别区域的演变情况，Tʂ、Ts 无别区域是江淮地区早期底层读音的遗留，没有列入表中。二是，Tʂ 类和-i 韵类是否相拼的问题，李新魁（1979b）、麦耘（1991a）论证了它们相拼的合理性，本书赞成这种观点，并据此作上述构拟。二是，表 2-22 没有构拟今江淮官话知系读 Tɕ 类的来源，它可能有两个来源：Ts>Tɕ/__i 或 Tʂ>Tɕ/__i，前者是扬淮片、泰如片不分平翘的方言中 Tɕ 类的来源，与精组的腭化类似；后者见于皖中片，如枞阳方言 Tʂ、Ts 有别，中古知系读 Tɕ 类的限于知章组遇摄、山摄合口三等，不含庄组，二者都产生在明代前期。

2.7　日　母

2.7.1　读音类型

1. 全读 ∅

儿　二　如　惹　柔　饶　染　入

	止开三	止开三	遇合三	假开三	流开三	效开三	咸开三	深开三
黄梅	—	ə33	y53	ye35	yeu53	yau53	yɛn35	y42
	软	热	人	闰	日	让	若	肉
	山合三	山开三	臻开三	臻合三	臻开三	宕开三	宕开三	通合三
黄梅	yɛn35	yæ42	ən53	ən33	ə42	yaŋ33	ə42	eu42

不仅止摄日母字读 ∅，非止摄日母也读 ∅，材料所见仅黄梅方言。

2. 读 ∅ 和 ʐ[①]

	儿	二	如[②]	惹[③]	柔	饶	染	入[④]
	止开三	止开三	遇合三	假开三	流开三	效开三	咸开三	深开三
孝感	—	ɚ33	ɥ31	ɥɛ53	ʐəu31	ʐau31	ɥan53	ɥ13
黄冈	—	ə44	**y313**	**ye42**	ʐəu313	ʐau313	**yan42**	**y24**
麻城	ɚ42	ɚ33	ɥ42	ɥe55	ʐəu42	ʐau42	ʐan55	ɥ24
英山	ɚ31	ɚ33	ɥ31	ɥe44	ʐəu31	ʐau31	ɥan44	ɥ313
淮安	ɚ24	ɚ55	ʐu24	**i212**	ʐəɯ24	ʐɔ24	**iĩ212**	**iaʔ4**
南京	ɚ24	ɚ44	ʐu24	ʐe212	ʐəɯ24	ʐɔo24	ʐaŋ212	ʐuʔ5
泰兴	ɚ45	ɚ21	ʐu45	ʐɑ213	ʐɤɯ45	ʐɔ45	**iĩ213**	ʐəʔ5
如皋	ɚ35	ɚ21	ʐu35	ʐɑ213	ʐei35	ʐɔ35	ʐiĩ213	ʐəʔ5
	软	热	人[⑤]	闰	日[⑥]	让[⑦]	若[⑧]	肉[⑨]
	山合三	山开三	臻开三	臻合三	臻开三	宕开三	宕开三	通合三
孝感	ɥan53	ɥɛ13	ʐən31	—	ɚ13	ɥaŋ33	ʐo13	ʐəu13
黄冈	**yan42**	**ye24**	**y24**	**yən44**	**ə24**	**yaŋ44**	**ye42**	ʐəu24
麻城	ɥan55	ɥe24	ʐən42	ɥən33	ɚ24	ʐaŋ33	io24	ʐəu24
英山	ɥan44	ɥe313	ʐən31	ɥən35	ɚ313	ʐaŋ33	ʐo313	ʐəu313
淮安	ʐõ212	**ieʔ4**	ʐən24	ʐən55	**iaʔ4**	ʐɑŋ55	lɑʔ4	**iɔʔ4**
南京	ʐuaŋ212	ʐəʔ5	ʐʅ23	ʐun44	ʐʅʔ5	ʐaŋ44	**ioʔ5**	ʐəɯ44
泰兴	ʐʊ̃213	**iɪʔ5**	ʐəŋ45	ʐəŋ21	**iɪʔ5**	ʐɑŋ21	ʐɑʔ4	ʐɔʔ5

① 关于 ʐ 和 z，朱晓农在《近音——附论普通话日母》一文中指出绝大多数汉语方言浊擦音实际应为近音（approximant），应该分别描写为 ɻ 和 ɹ，本书仍依传统习惯使用符号 ʐ 和 z。
② “如”字在泰兴还有白读 lu45。
③ “惹”字在黄冈还有文读 ʐe42。
④ “入”字在淮安还有文读 ʐəʔ4。
⑤ “人”字在南京还有文读 ʐən23。
⑥ “日”字在淮安还有文读 ʐəʔ4。
⑦ “让”字在孝感还有文读 ʐaŋ33。
⑧ “若”字在黄冈还有文读 ʐe42；南京还有一读 ʐoʔ5。
⑨ “肉”字在淮安还有两读 ʐɔʔ4、ʐəɯ55；南京还有一读 ʐuʔ5。

如皋	ʐʊ̃213	ʐɿɪʔ5	ʐəŋ35	ʐəŋ21	ʐɿɪʔ5	ʐɑ̃21	ʐɑʔ5	ʐɔʔ5
	儿	二	如	惹[①]	揉	饶	染[②]	任~务
	止开三	止开三	遇合三	假开三	流开三	效开三	咸开三	深开三
六安	a313	a53	ʐʉ35	ʐei24	ʐəɯ35	ʐɔ35	ʐɛ̃24	ʐən53
舒城	a21	a54	ʐʉ24	ʐei213	ʐəɯ24	ʐɔ24	ʐəŋ213	ʐən54
滁州	e42	e55	ʐʉ35	ʐe21	ʐo35	ʐɔ35	ʐɛ̃21	ʐəŋ55
合肥	a55	a53	ʐu55	**a34**	ʐɯ55	ʐɔ55	ʐæ̃34	ʐən53
庐江	ɔ31	ɔ35	ʐu31	**ɔ213**	ʐəy31	ʐɔ31	**ỹi213**	ʐən35
	软[③]	热	人	润	日[④]	让	弱	肉[⑤]
	山合三	山开三	臻开三	臻合三	臻开三	宕开三	宕开三	通合三
六安	ʐuə̃24	ʐɐʔ23	ʐən35	**ỹ53**	ʐəʔ5	ʐɑ̃53	ʐuɐʔ23	ʐəɯ53
舒城	ʐəŋ213	ʐɐʔ24	ʐən24	ʐuən54	ʐəʔ5	ʐɑ̃54	ʐuɐʔ24	ʐəɯ54
滁州	ʐuɛ̃21	ʐəʔ4	ʐəŋ35	ʐuəŋ55	ʐəʔ4	ʐɑ̃55	ʐuəʔ4	ʐo55
合肥	ʐʊ34	ʐɐʔ5	ʐən55	ʐən53	ʐəʔ5	ʐɑ53	ʐuɐʔ5	ʐɯ53
庐江	**ỹi213**	**yiʔ5**	ʐən31	**yin35**	ʐəʔ5	ʐɑ̃35	ʐøʔ5	ʐəy35

止摄日母都读 ∅，非止摄日母也有读 ∅ 的，只是数量多寡不一，黄孝片较多，一般见于前高元音之前；其他日母一般读翘舌音 ʐ。

3. 读 ∅ 和 z

	儿	二	如	惹[⑥]	柔	饶[⑦]	染[⑧]	入[⑨]
	止开三	止开三	遇合三	假开三	流开三	效开三	咸开三	深开三
连云港	ɛ35	ɛ55	zɥ35	zei41	zəɯ35	zɔ35	zẽ41	zuɷ24
涟水	ɚ35	ɚ55	zu35	zei212	zəu35	zɔ35	zã212	zuəʔ34
句容	ɚ24	ɚ55	nu24	zəi213	zəɯ24	zɔu24	zã24	**yəʔ5**
大丰	ɚ35	ɚ21	zu35	zɑ213	zɤɯ35	zɔ35	ziĩ213	zuəʔ5
泰州	ɚ45	ɚ21	zu45	zɑ213	zɤɯ45	zɔ45	**iĩ213**	zuəʔ4

① “惹”字在合肥还有文读 ʐe34。
② “染”字在合肥还有一读 ʐən34。
③ “软”字在合肥还有一读 ʐən34。
④ “日”字在庐江还有一读 ʐən35。
⑤ “肉”字在庐江还有一读 ʐuəʔ5。
⑥ “惹”字在连云港还有一读 ɪ42；句容还有一读 zəɯ213。
⑦ “饶”字在连云港还有一读 lɔ35。
⑧ “染”字在涟水还有白读 iĩ212；句容还有 iĩ24、ã24 两读；
⑨ “入”字在句容还有一读 zəʔ；大丰还有白读 yəʔ5；泰州还有白读 zuəʔ5。

	软[1]	热	人	闰[2]	日[3]	让[4]	若	肉[5]
	山合三	山开三	臻开三	臻合三	臻开三	宕开三	宕开三	通合三
连云港	zõ41	zɐ24	zəŋ35	ioŋ55	zə24	zaŋ55	zuə24	zəɯ55
涟水	zõ212	iɪʔ34	zən35	zən55	zəʔ34	zɑŋ55	zɑʔ34	zəu55
句容	zã213	zəʔ5	zən24	zən55	zəʔ5	zã55	yəʔ5	zəɯ55
大丰	zʊ̃213	ziɪʔ5	zəŋ35	yəŋ21	ziɪʔ5	zɑŋ21	zɑʔ4	zɔʔ5
泰州	zʊ̃213	iɪʔ5	zəŋ45	zuəŋ33	zəʔ4	zɑŋ33	zɑʔ4	zɔʔ5

止摄日母读 ∅，其他韵摄日母以读 z 为主，也有少量的 ∅、l，但不占主流。

4. 读 ∅ 和 l

	儿	二[6]	如	惹[7]	柔	饶	染	入
	止开三	止开三	遇合三	假开三	流开三	效开三	咸开三	深开三
扬州	a35	a55	lu35	iɪ42	lɵ35	lɔ35	ĩ42	ləʔ5
镇江	a35	a55	lu35	a313	lə35	lɔ35	iĩ313	luəʔ5
盐城	ɔ213	ɔ35	lu213	lĩ53	lɤ213	lɔ213	lĩ53	ləʔ5
兴化	ɚ34	ɚ21	lu34	lɑ213	lɤɯ34	lɔ34	liĩ213	yəʔ5
	软	热	人	闰[8]	日	让[9]	若	肉[10]
	山合三	山开三	臻开三	臻合三	臻开三	宕开三	宕开三	通合三
扬州	lõ42	iʔ5	lən35	lən55	ləʔ5	laŋ55	laʔ5	lɵ55
镇江	lõ313	iɪʔ5	lən35	luən55	ləʔ5	lɑŋ55	lɑʔ5	lɔʔ5
盐城	lõ53	lɪʔ5	lən213	luən35	ləʔ5	lã35	lɑʔ5	lɔʔ5
兴化	lʊ̃213	liɪʔ5	lən34	yən53	ləʔ5	lɑŋ21	lɑʔ5	lɔʔ5

止摄日母读 ∅，非止摄日母以读 l 为主，也会有少量的 ∅，但不占主流。

2.7.2 地图表现

日母的 ∅、ʐ 类型分布最广，∅、z 类型多分布在江苏省中北部，∅、l 类型多分布在江苏省中南部地区，全读 ∅ 的本书材料仅见于黄孝片（图 2-5）。

① “软”字在句容还有一读 zɒ213。
② “闰”字在泰州还有白读 zuəŋ21。
③ “日”字在涟水还有一读 uɪʔ34；泰州还有白读 iɪʔ5。
④ “让”字在连云港还有一读 zaŋ313；泰州还有白读 zɑŋ21。
⑤ “肉”字在连云港还有一读 zuɷ13；涟水还有白读 zɔʔ34；泰州还有一读 zɤɯ33。
⑥ “二”字在盐城还有一读 ɔ31。
⑦ “惹”字在镇江还有一读 iɪ313。
⑧ “闰”字在镇江还有一读 lən55；盐城还有白读 lən31。
⑨ “让”字在镇江还有白读 iɑŋ55。
⑩ “肉”字在镇江还有一读 lə55；盐城还有一读 lɤ35。

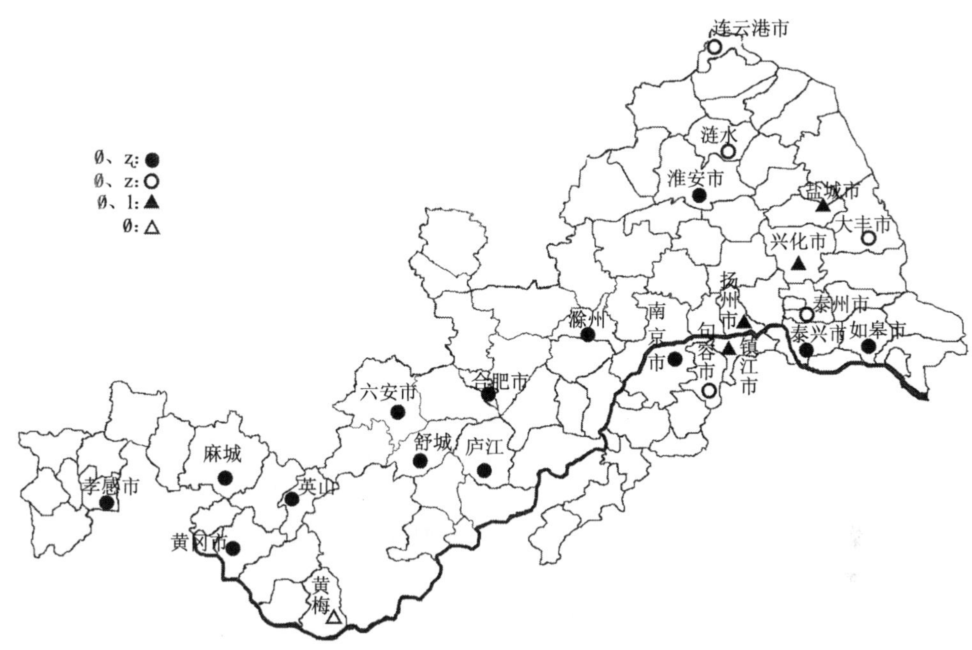

图 2-5　江淮官话日母的读音类型及地理分布

2.7.3　历史演变分析

中古日母王力《汉语史稿》（1980）先拟为*nʑ，与高本汉拟音*ȵʑ 相似，但是后来的《汉语语音史》（1985）改为*ȵ，潘悟云（2000）也拟为*ȵ，本书认同这一构拟形式。

官话中中古日母在不同方言存在一定的读音差异，其演变问题也是目前争论较多的问题之一。江淮官话也有其特点，但是大体上可以分为两类：一类是止摄日母字，各片都读 Ø 声母，一类是非止摄日母字，各片读音差异较大，下面分别分析。

1. 止摄日母读 Ø 的来源

止摄日母（儿系字①）读 Ø 不仅是江淮官话的特点，也是大部分北方官话的共同特点，《方言调查字表》中止摄日母字有“儿而尔耳饵贰二蕊”，其中“蕊”字较文，江淮方言材料未见，这里不讨论。止摄日母在这么广阔的官话范围内读零声母的现象，说明它或许是官话较早时期的特征。

那么止摄日母由原来的*ȵ 转化为 Ø 的年代和音变的具体进程是怎样的呢？《中原音韵》里“儿耳二”等字归入支思韵，王力（1985：316）把它们拟音为[ʐʅ]，指出：“日母只有在支思韵读[ʐ]，其余一律读[r]……[r]母后来转变为[ʐ]，同时[ʐ]母（耳母）转变为卷舌元音[ɚ]，二母仍不相混。”至于转变的时间，他认为是在明

① 李思敬 1994 称为“儿系列字”，本书简称“儿系字”。

清时期，因为明末《等韵图经》把“尔二而”放在影母之下（王力，1985：394）。李思敬（1994）认为在明代前期儿系列字已经读为 ɚ。由此，可以总结官话中止摄日母的音变过程为：ȵ>ɽ>Ø。本书认为江淮官话止摄日母读 Ø 的来源与此相同，而且止摄日母的演变与止摄韵母的舌尖化有关（参见后文 3.4.3 节“儿系字”）。

2. 非止摄日母读 Ø 的来源

江淮官话方言各小片都有非止摄日母读 Ø 的情况，如果分片来看，其中较突出的是黄孝片。黄孝片非止摄日母的特点如下。

第一，读 Ø 声母的字数量大且成系统，像孝感、黄冈、英山、麻城的“如惹染入软热闰日”等字都读 Ø 母，其中最为彻底的是黄梅方言，日母全部读 Ø 声母。虽然孝感、黄冈、麻城、英山非止摄日母以读 ʐ 声母为主，但是也有不少读 Ø 声母的字。

第二，读 Ø 声母字大部分带 y/ɥ 介音，不仅分布于中古合口三等韵，中古开口三等韵也有。开口三等韵一般带 i 介音，那么它是怎么变为 y/ɥ 介音的？笔者发现介音 y/ɥ 有声母的功能，以黄梅为例表现在，黄梅 y 介音后的韵母部分与其他方言 ʐ 声母后的韵母部分相同或相近，若把 y 介音替换为 ʐ 声母，则读音变得一致。

这些特点说明黄孝片非止摄日母的今读隐藏了一个层次——零声母层，零声母层是较早层次，黄梅方言是这种较早形式的遗留。读 ʐ 的层次是最新层次，它正在逐步替代零声母层。证据之一是在 Ø、ʐ 共现的方言中部分字有两读：黄冈“惹”有 ye42/ʐe42 两读、“若”有 ye42/ʐe42 两读，孝感“若”有 ye42/ʐe42 两读。

那么黄孝片非止摄日母的 Ø 声母层和 ʐ 声母层是怎样产生的呢？

本书认为非止摄日母读 Ø 声母来源于早期声母 ȵ 的脱落，在脱落的同时介音擦化，具体过程为：ȵi>Ø (j)> Ø (y/ɥ)，先是 ȵ 声母脱落，三等介音 i 擦化为 j，后来进一步擦化并合口化，变为 y/ɥ。项梦冰（2006）认为北方方言日母读零声母的来源是 ȵ>j>Ø，与本书的观点相似。黄孝片读 ʐ 的层次是外源层次，是江淮官话主体区域特征向周边的扩散。

3. 非止摄日母读 ʐ/z 的来源

通过前述表格可知江淮官话非止摄日母读 ʐ/z 是主体，在皖中片一般是 ʐ，在扬淮片多读 z。那么占主体的 ʐ/z 是怎么产生的呢？本书认为其过程应该是：ȵi>Ø (j)>ʐ/z，它与儿系字不同，儿系字走的是弱化道路，而它走的是声母脱落，三等介音的擦化，并进一步辅音化。上文已经指出，汉语方言中的 ʐ、z 实际上多数是近音 ɻ、ɹ，由 j 到 ɻ、ɹ 的音变就更容易发生。

前文已经研究了知庄章的读音类型，日母和知庄章其他声母为同一声组，一般是相互关联的，若为平舌都为平舌，若为翘舌都为翘舌？现把知庄章读音类型和日母的读音类型的关系总结见表 2-23。

表 2-23　知系（除日母外）和日母读音情况比较

	孝感	麻城	英山	六安	舒城	滁州	合肥	庐江	南京	连云港	淮安	黄冈
知系	Tʂ	Tʂ	Tʂ	Tʂ	Tʂ	Tʂ	Tʂ	Tʂ	Tʂ	Tʂ	Ts	Ts
日母	ʐ	ʐ	ʐ	ʐ	ʐ	ʐ	ʐ	ʐ	ʐ	z	ʐ	ʐ
	泰兴	如皋	涟水	句容	大丰	泰州	黄梅	扬州	盐城	镇江	兴化	
知系	Ts	Ts	Ts	Ts	Ts	Ts	Ts	Ts	Ts	Ts	Ts	
日母	ʐ	ʐ	z	z	z	z	∅	l	l	l	l	

通过表 2-23 可知：①一般而言知庄章为 Tʂ 类的，日母就为 ʐ，但是它们不是严格相关，知庄章是 Tʂ 类的，日母也可以读 z，如连云港。②知庄章是 Ts 类的，日母一般是 z，但是也可以是 ʐ（淮安、黄冈、泰兴、如皋）、∅（黄梅）、l（扬州、盐城、镇江、兴化），没有倾向性。

表 2-23 的对应关系只是就本书江淮官话的 23 个点而言的，如果将考察的面进一步扩大，则可能有更复杂的情况。但是表中的对应关系至少说明一点：知庄章的读音类型和日母的读音类型在共时平面不是严格对称的，即不是通常认为的，要么都为翘舌，要么都为平舌。从音系分布的角度看，这种不对称会造成音系格局的空格，见表 2-24。

表 2-24　知庄章和日母今读所形成的平翘舌音系空格

音系 1	平舌音组				z
	翘舌音组	tʂ	tʂh	ʂ	
音系 2	平舌音组	ts	tsh	s	
	翘舌音组				ʐ

那么这些空格是怎么造成的？本书认为是由于不同层次，造成层次有两种情况：一是自身音系内部一部分字音变滞后，一是不同来源的读音层的竞争。表 2-23 中淮安、黄冈、泰兴、如皋 Ts 和 ʐ 的不对称是属于那种情况呢？本书认为它们的来源不同，淮安、黄冈、泰兴、如皋日母的底层形式应该是 ∅，此形式来自方言自身的演变；ʐ 是文读层，来自权威方言，这就造成了这种不对称。通过前面表格的例字可以发现，这些方言中往往有文白读并列的情况，白读一般为 ∅ 声母（参见 2.7.1 和 2.7.1 中加粗体及脚注），文读为 ʐ 声母。

4. 非止摄日母读 l 的来源

扬州、盐城、镇江、兴化非止摄日母读 l 是怎么产生的呢？本书认为其音变过程是：n̥i>∅ (j)>l，l 为边近音，这一音变过程实际上和分布较广的 ʐ（ɻ）的产生过程最接近。

但是上述音变也存在参差不齐的情况，扬州、镇江按洪细分化，洪音韵母前完成了上述音变，细音韵母仍然保持 Ø 声母形式；兴化仅在少数细音韵母中读 Ø 声母。

5. 演变总结及相互关系

上文理清了非止摄日母今读 Ø、z、ʐ、l 的来源：今读 Ø 的来源是 ȵi>Ø (j)> Ø，今读 ʐ/z 的来源是 ȵi>Ø (j)>ʐ/z，今读 l 的来源是 ȵi>Ø (j)>l。总结见图 2-6。

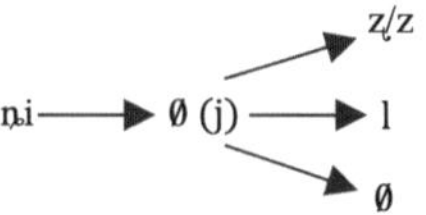

图 2-6　日母今读的演变关系

通过图 2-6 可以发现，Ø、z、ʐ、l 的产生过程和三等介音的关系密切，这是由于日母字都是中古三等字，中古三等字带 i 介音，但是官话今读日母字多数不带介音，所以三等介音 i 和日母早期形式 ȵ 的共同作用才产生了今读的各种类型。图 2-6 出现了两次 Ø 声母：一个为 Ø (j)，后面有半元音 j，这是较早的层次，黄孝片日母读 Ø 直接来源于此层次，因为黄孝片日母 Ø 声母后一般有介音；另一个为 Ø，是较晚的层次，在 j 消失之后产生，是官话的主流形式。

另外，前面论述止摄日母（儿系字）读 Ø 的音变过程为：ȵ>ɽ>Ø。由于止摄日母与非止摄日母的音变不同步，没有反映在图 2-6 之中。

2.7.4　历史材料中的表现

元末《中原音韵》止摄日母与非止摄日母开始分韵，所以官话中非止摄日母各种今读的产生应该是元末以后的事情。关于《中原音韵》日母的拟音：陆志韦（1946）把日母拟为 ʐ，但是他同时指出它并不是浊音（按：这可能是由于当时的国际音标表上没有对应的音）；杨耐思（1981）没有把它们分两类，统一拟为 ʒ；宁继福（1985）认为中古日母分两类，属中古止摄的字为一类，后并入支思韵，其他为一类，并据依王力的构拟把前者拟为 ɽ，后者拟为 ɾ。

明末《切韵声韵》中古日母独立，也有个别字读入泥母，图 9 和图 13 重出的“箬”、图 13 的“嬈”置于泥母之下，这可能是存古表现。

明末《韵通》中古日母自成一类，不混入其他声母。

清代《等韵学》中古日母开口独立，合口并入喻母，说明已经有部分字读 Ø 声母。

2.7.5　近代读音构拟

日母内部有分化，止摄日母很早就与非止摄分开，近代江淮官话止摄日母字为 Ø 声母。非止摄日母今读类型多样，但是本书倾向于把非止摄日母的标准形式构拟为 ʐ，其他形式看作方言变体，见表 2-25。

表 2-25　近代江淮官话日母的读音构拟

近代江淮官话的音值	包含的中古音类
∅	止摄日母（儿系字）
ʐ	非止摄日母

2.8 疑影喻母

2.8.1 疑母

1. 读音类型

1）黄孝片

	硬	仰	鹅	瓦	牛	月	砚	鱼	疑
	梗开二	宕开三	果开一	假合二	流开三	山合三	山开四	遇合三	止开三
孝感	ŋən33	iaŋ53	ŋo31	ua53	niəu31	ɥɛ13	nien33	ɥ31	ni31
黄冈	ŋən44	ȵiaŋ42	ŋo313	ua42	ȵiəu313	ye24	nien44	—	yi313
麻城	ŋən33	ȵiaŋ55	ŋo42	ua55	ȵiəu42	ɥe24	ȵian33	ɥ42	ȵi42
黄梅	ŋən33	ȵiaŋ35	ŋo53	ua35	ȵieu53	yæ42	ȵiɛn33	y53	ȵi53
英山	ŋən33	ȵiaŋ44	ŋo31	ua44	ȵiəu31	ɥe313	ȵian33	ɥ31	ȵi31

黄孝片疑母读音类型与韵母类型关系密切，开口呼之前为 ŋ，齐齿呼之前为 ȵ/n，合口呼、撮口呼之前为 ∅。据此，可以写出这样的音系规则：ŋ→∅/__$\text{V}_{(+高，+圆唇)}$，ŋ→n/__$\text{V}_{(+前，-圆唇)}$或者 ŋ→ȵ/__$\text{V}_{(+前，-圆唇)}$。以历史的眼光来看，ŋ 应该为早期形式，后来在合口韵之前脱落，在开口韵之前按等分化，开口一二等之前保留早期形式 ŋ，开口三四等之前变为 ȵ/n。

2）皖中片

	硬	仰	鹅	瓦①	牛	月	砚	鱼	疑
	梗开二	宕开三	果开一	假合二	流开三	山合三	山开四	遇合三	止开三
六安	ɣən53	iã24	ɣɷ35	ua24	liəɯ35	yɐʔ23	i53	nɥ35	nɿ35
舒城	zə̣n54	iã213	u24	ua213	liəɯ24	yɐʔ24	i54	zɥ24	zɿ24
滁州	əŋ55	liã21	ɷ35	va21	lio35	yeʔ4	iẽ55	ʒɥ35	ʒɿ35
合肥	zə̣n53	iɑ̃34	ʊ55	ua34	liɯ55	yɐʔ5	ĩ53	zɥ55	zɿ55
庐江	ŋən31	niã213	o31	va31	ləy31	yiʔ5	ĭ35	zu̹31	zɿ31

① “瓦”字在合肥还有一读 ua53；庐江还有一读 va35。

皖中片疑母字读音较为凌乱，有 ŋ、ɣ、l、n、ø、z、ʒ、ʐ、v 9 种之多。按环境可分成 ŋ/ɣ/ʐ、l/n、z/ʒ、ø/v 4 类：其中 ŋ/ɣ/ʐ 多出现于开口呼之前（庐江鱼韵除外）；l/n 多出现于齐齿呼之前（六安鱼韵除外）；z/ʒ 出现于 ɿ/ʮ 之前；ø 的环境多样，开、齐、合口呼前都有，v 实际是 ø 的变体，是 ø 声母合口呼音节中 u 介音的擦化，可以归入 ø 类。

从历史演化的角度看，ŋ 应是较早期的形式，ɣ 是 ŋ 同部位的擦音，是后起的擦化，若进一步擦化则变为 ʐ。n/l 出现于齐齿呼之前，是 ŋ 在 i 介音前的前化。z/ʒ 出现于 ɿ/ʮ 之前，但是通过对比可以发现，ɿ/ʮ 之前也有读为 n 的，二者形成语音对应，这说明在 ɿ/ʮ 韵母前疑母或许有过 ŋ>n>z/ʒ 的演变历史。这就与泥来母的演变联系起来，皖中片泥来母也有 n>z/ʒ 的音变，韵母条件也是 ɿ/ʮ 韵母前，应是该环境下的疑母并入泥来母，共同发生了音变。

ø 来源于疑母早期形式 ŋ 的脱落，是主流音变，势力范围在逐步扩大，甚至取代了一部分 n/l 的地盘，齐齿呼之前也有读 ø 的。这种现象可能与普通话的影响有关。

3）扬淮片

	硬[①]	仰	鹅	瓦[②]	牛[③]	月	砚	鱼	疑
	梗开二	宕开三	果开一	假合二	流开三	山合三	山开四	遇合三	止开三
扬州	一	liaŋ42	o35	ua42	liɵ35	yiʔ5	ĩ55	y35	i35
连云港	əŋ55	iaŋ41	o35	ua41	liəɯ35	yə24	iẽ55	y35	i35
涟水	ən55	iɑŋ212	o35	ua212	əu35	uɪʔ34	iĩ55	y35	i35
淮安	in55	iã212	o24	uɑ212	liəɯ24	yeʔ4	iĩ55	y24	i24
盐城	ən35	iã53	õ213	uɑ53	niɤ213	yoʔ5	ĩ35	y213	i213

扬淮片疑母一般为 ø 声母，有少量 l/n 母，仅出现于齐齿呼之前。从历史演化的角度看，l/n 应该源自早期形式 ŋ。

4）苏南片

	硬	仰	鹅	瓦	牛	月	砚	鱼	疑
	梗开二	宕开三	果开一	假合二	流开三	山合三	山开四	遇合三	止开三
南京	ən44	liaŋ212	o24	uɑ212	liəɯ24	yeʔ5	ien44	y24	i24
句容	ən55	niã213	ʊ24	vɑ213	niəɯ24	yəʔ5	niĩ55	y24	i24
镇江	ən55	iɑŋ313	o35	ua313	liə35	yɪʔ5	iĩ55	y35	i35

与扬淮片相同，疑母一般为 ø 声母，有少量 l/n 母，仅出现于齐齿呼之前。从历史演化的角度看，l/n 应该源自早期形式 ŋ。

① “硬”字在连云港还有一读 iŋ55。
② “瓦”字在连云港还有一读 ua55；涟水还有一读 ua55。
③ “牛”字在涟水还有一读 niu35。

5）泰如片

	硬	仰	鹅	瓦	牛[①]	月	砚	鱼	疑
	梗开二	宕开三	果开一	假合二	流开三	山合三	山开四	遇合三	止开三
大丰	əŋ35	niɑŋ213	o35	uɑ213	niɤɯ35	yʊʔ4	iĩ21	y35	i35
兴化	ən21	liɑŋ213	o34	uɑ213	liɤɯ34	yʊʔ5	iĩ21	y34	i34
泰州	əŋ21	niɑŋ213	u45	uɑ213	niɤɯ45	yʊʔ4	niĩ21	y45	i45
泰兴	ŋəŋ21	niɑŋ213	ŋɤɯ45	uɑ213	nəi45	yʊʔ4	niĩ21	y45	i45
如皋	ŋəŋ21	niã213	ŋɤɯ35	uɑ213	niɤɯ35	yʊʔ5	niĩ21	y35	i35

疑母一般为 ø 声母，有些方言保留了早期形式 ŋ，l/n 母出现于齐齿呼之前，但是有些方言齐齿呼之前也没有 l/n，总体上也走过了 ŋ>l/n>ø 的道路。“牛”较特殊，存在文白读，l/n 声母读法应该是最新的文读。

2. 地图表现

本书把上述读音类型总结为表 2-26。

表 2-26　疑母的读音类型

类型	方言点
有 ŋ/ɣ 的方言	孝感、麻城、黄梅、英山、黄冈、六安、庐江、泰兴、如皋
ø 占主体，有少量 l/n 的方言	扬州、连云港、盐城、淮安、涟水、南京、句容、镇江、大丰、兴化、泰州
有擦化形式 z/ʒ 的方言	舒城、滁州、合肥、庐江

根据表 2-26 可做如下方言地图（图 2-7）。

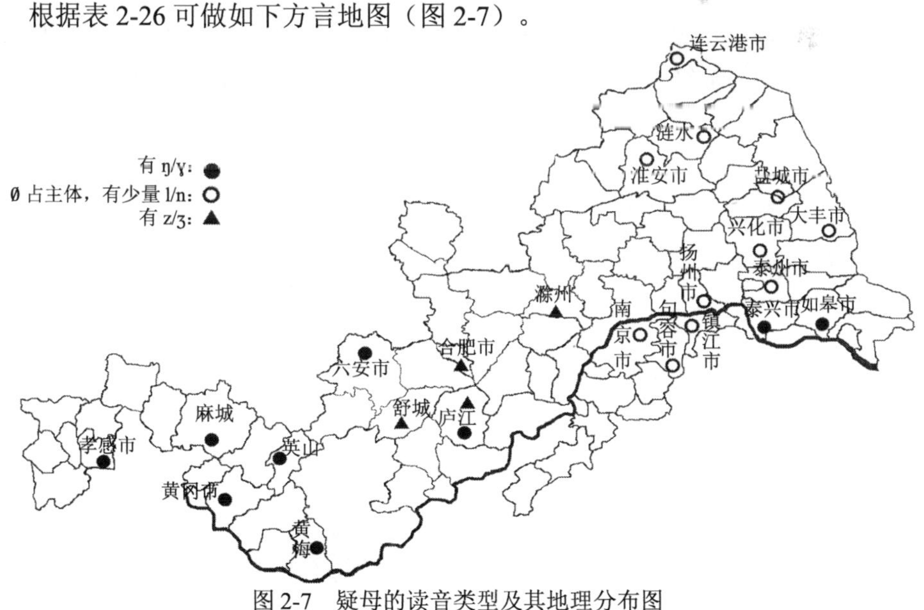

图 2-7　疑母的读音类型及其地理分布图

① “牛”字在大丰、兴化、泰州、泰兴、如皋都还有白读音，分别为 ɤɯ35、ɤɯ34、ɤɯ45、ŋəi45、ŋei35。

可以发现，有 ŋ/ɣ 的方言分布于江淮官话的两端，ø 占主体有少量 l/n 的方言主要分布于江苏省的扬淮片、泰如片、苏南片，z/ʒ 类型主要分布在皖中片。

3. 历史演变分析

通过上述各片的讨论，疑母的历史演变已经比较清楚，此处把主要音变整理成图 2-8。

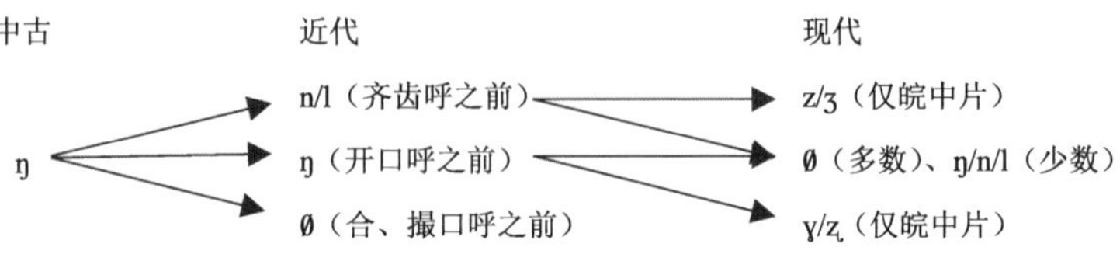

图 2-8 疑母的历史演变

中古疑母为 ŋ。近代语音在齐齿呼之前前化为 n，音变规则为 ŋ>n/_i，后来 n/l 相混，出现疑母读 n/l；在开口呼之前保留；在合、撮口呼之前脱落。现代方言中，多数发生了 ŋ、n/l>ø 的脱落，但是这种脱落很不彻底，各方言今读都不同程度的遗留了一些 ŋ、n/l 形式，皖中片还发生了特殊的变异，产生 ɣ/ʐ 和 z/ʒ 形式，皖中片语音整体有擦化趋势，这是其擦化音变的一部分。

关于近代官话疑母细音的读音问题。Coblin（2002）基于文献的记录做出推断：中古疑母 ŋ 在细音韵母之前存在不同的方言变体，有的变为 ȵ，有的变为 n，有的变为 ø。并推测，读为 n 的方言可能是以南京话为基础的官话的祖先，它后来以 ø 声母读法占优，可能是因为与一种新的以北京为基础的国家标准语混合的结果。他的猜测是正确的，能够解释江淮官话疑母齐齿呼由近代的 n 向现代的 ø 转变的原因。前文在对皖中片分析时，也得出了相同的观点。

2.8.2 影母

1. 读音类型

1）黄孝片

	乌	要重~	矮	衣	温	烟	碗	约	英
	遇合一	效开三	蟹开二	止开三	臻合一	山开四	山合一	宕开三	梗开三
孝感	u24	iau35	ŋai53	i24	uən24	ien24	uan53	io13	in24
黄冈	u33	iau35	ŋai42	i33	uən33	ien33	uan42	io24	in33
麻城	u313	iau35	ŋai55	i313	uən313	—	uan55	io24	in313
黄梅	u11	—	ŋai35	i11	uən11	iɛn11	uan35	io42	in11
英山	u11	iau35	ŋai44	i11	uən11	ian11	uan44	io313	in11

黄孝片影母一般为 ø 声母，有少量 ŋ，仅出现于开口一二等韵，语音条件为低元音 a 之前。影母的 ŋ 应该源于 ø>ʔ>ŋ 的自然音变，低元音开口度大，收紧部位在口腔后部，容易产生一个后部的辅音ʔ，若发音含糊，就带上鼻音色彩，变为 ŋ。

2）皖中片

	乌	袄	矮	衣	温	烟	碗	约	英
	遇合一	效开一	蟹开二	止开三	臻合一	山开四	山合一	宕开三	梗开三
六安	ʉ313	ɣɔ24	ɣɛ24	zɿ313	un313	iɛ̃313	uɑ̃24	yɐʔ23	ĩ313
舒城	ʉ21	ʐɔ213	ʐe213	zɿ21	uən21	ĩ21	uəŋ213	yɐʔ24	in21
滁州	vu42	ɔ21	ɛ21	ʒʅ42	vəŋ42	iẽ42	vɛ̃21	yeʔ4	ĩ42
合肥	u21	ʐɔ34	ᴇ34	zɿ21	uən21	ĩi21	ʊ34	yɐʔ5	in21
庐江	vu55	ŋɔ213	ŋiɛ213	zɿ55	vən55	ĩ55	õ213	iy35	in55

皖中片影母的读音类型也很丰富，有 ø、ŋ、ɣ、v、z、ʐ、ʒ 7 种，可分为三类：ŋ/ɣ/ʐ、z/ʒ、ø/v。

ŋ/ɣ/ʐ 出现于开口一二等韵，笔者认为皖中片的 ŋ 来自 ø>ʔ>ŋ 的音变，而 ɣ/ʐ 应是在 ŋ 基础上的擦化，与疑母音变相同。

z/ʒ 只出现在 ɿ/ɥ 韵母前，它不同于疑母 z/ʒ 的来源：ŋ>n>z/ʒ，因为影母早期不是 ŋ，诚然影母今读有 ŋ 的类型，但是仅出现于一二等韵，而 ɿ/ɥ 韵母仅见于三四等韵，且皖中片影母未见过渡形式 n。笔者认为 z/ʒ 是在擦化韵母 ɿ/ɥ 前增生的音：ø>z、ʒ/__ɿ、ɥ。笔者持这种观点，还因为皖中片的喻母（云以）也有擦化声母 z、ʒ，它也不可能与疑母的音变相同（详见下文）。

今读 ø 源自中古形式ʔ的脱落，v 源自 ø 声母音节合口介音的擦化或 u 韵母前的增生，与疑母 v 的来源相同。

3）扬淮片

	乌	要重~	矮	衣	温	烟	碗	约	英
	遇合一	效开三	蟹开二	止开三	臻合一	山开四	山合一	宕开三	梗开三
扬州	u31	iɔ55	—	i31	uən31	ĩ31	õ42	ɕiaʔ5	in31
连云港	u214	iɔ55	ɛ41	i214	oŋ214	iẽ214	õ41	yə24	iŋ214
涟水	u31	iɔ55	ɛ212	i31	uən31	iĩ31	õ212	iɑʔ34	in31
淮安	u42	iɔ55	ɛ212	i42	uən42	iĩ42	õ212	iaʔ4	in42
盐城	u31	iɔ35	ɛ53	i31	uən31	ĩ31	õ53	iɑʔ5	in31

扬淮片影母一般为 ø 声母。

4）苏南片

乌	要重~	矮	衣	温	烟	碗	约	英

	遇合一	效开三	蟹开二	止开三	臻合一	山开四	山合一	宕开三	梗开三
南京	u31	iɔo44	ae212	i31	un31	ien31	uaŋ212	ioʔ5	in31
句容	u31	iɔu55	ɛ213	i31	vən31	iĩ31	vã213[①]	iaʔ5	in31
镇江	u21	iɔ55	ɛ313	i21	uən21	iĩ21	õ313	iɑʔ5	in21

苏南片影母一般为 ø 声母，句容合口呼之前有 v 声母，这也应该来源于 u 介音。

5）泰如片

	乌	要重~	矮	衣	温[②]	烟	碗	约	英
	遇合一	效开三	蟹开二	止开三	臻合一	山开四	山合一	宕开三	梗开三
大丰	u21	iɔ45	ɛ213	i21	vəŋ21	iĩ21	ʊ̃213	iɑʔ4	iŋ21
兴化	u33	iɔ53	ɛ213	i33	uən33	iĩ33	ʊ̃213	iɑʔ4	in33
泰州	u21	iɔ33	ɛ213	i21	vəŋ21	iĩ21	ʊ̃213	iɑʔ4	iŋ21
泰兴	vu21	iɔ44	ŋɛ213	i21	vəŋ21	iĩ21	ʊ̃213	iɑʔ4	iŋ21
如皋	vu21	iɔ33	ŋɛ213	i21	vəŋ21	iĩ21	ʊ̃213	iɑʔ4	iŋ21

苏南片影母一般为 ø 声母，有些合口呼之前有 v 声母，这也应该来源于 u 介音。"温"在大丰、泰兴、如皋方言中有 məŋ 读法，m 似乎也来自 u 介音，u、m 都为唇部收紧的音，存在音变的可能。

2. 类型总结及历史演变分析

总体来讲，影母的读音类型还是 ø 占绝大多数，在各小片都有分布；影母读 ŋ 的见于黄孝片、皖中片、泰如片的部分方言；读 ɣ/ʐ/z/ʒ 的分布于皖中片，是晚期的擦化变异。

中古影母一般构拟为ʔ，本书把近代影母构拟为 ø，以区别于中古形式ʔ，而且更能体现近代疑、影、喻合流的特点。本书认为影母的各种今读类型都是在 ø 基础上的音变（图 2-9）：ŋ 出现于开口一二等韵，元音一般为低元音，低元音开口度大，容易带上鼻音特征，来自 ø>ʔ>ŋ 的音变；ɣ/ʐ 来自 ŋ>ɣ/ʐ 的擦化音变，仅出现于皖中片；z/ʒ 是在擦化韵母 ɿ/ʮ 前的增生，仅出现于皖中片。

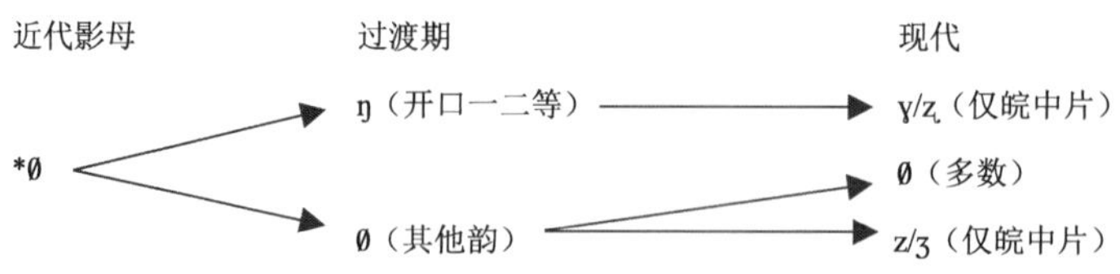

图 2-9　近代江淮官话影母的历史演变

① 还有白读音 vəi213。
② "温"字在大丰、泰兴、如皋都还有白读音，分别为 məŋ21、məŋ21、məŋ21。

2.8.3　喻母（云以）

1. 读音类型

1）黄孝片

	旺云	园云	云云	围云	盈以	野以	余以	用以	以以
	宕合三	山合三	臻合三	止合三	梗开三	假开三	遇合三	通合三	止开三
孝感	uaŋ33	ɥan31	ɥən31	uei31	in31	iɛ53	ɥ31	ioŋ33	i53
黄冈	uaŋ44	yan313	yən313	uei313	in313	ie42	y313	ioŋ44	i42
麻城	uaŋ33	ɥan42	ɥən42	uei42	in42	ie55	ɥ42	ʐoŋ33	i55
黄梅	uaŋ33	yɛn53	ən53	uei53	in53	ie35	y53	ioŋ33	i35
英山	uaŋ33	ɥan31	ɥən31	uei31	in31	ie44	ɥ31	ioŋ33	i44

黄孝片喻母一般读零声母，麻城有读 ʐ 的情况，仅出现于通摄合口三等韵，其来源应该是三等介音 i 的擦化：ioŋ＞ʐoŋ。

2）皖中片

	往云	圆云	云云	位云	嬴以	野以	余以	用以	姨以
	宕合三	山合三	臻合三	止合三	梗开三	假开三	遇合三	通合三	止开三
六安	uã24	y35	ỹ35	ui53	ĩ35	zɿ24	zɥ35	iəŋ53	zɿ35
舒城	uã213	ỹ24	yn24	uei54	in24	zɿ213	zɥ24	iəŋ54	zɿ24
滁州	vã21	yẽ35	ỹ35	ve55	ĩ35	i21	ʒɥ35	ioŋ55	ʒɿ35
合肥	uɑ̃34	yĩ55	yn55	ue53	in55	—	zɥ55	iŋ53	zɿ55[1]
庐江	vã213	ỹi31	yin31	vei35	in31	zɿ213	—	iəŋ35	zɿ31

皖中片喻母一般读零声母，也有较丰富的擦化声母 z/ʒ、v，其来源参见前述皖中片影母，是影喻合并之后的共同音变。

3）扬淮片

	旺云	园云	云云	围云	盈以	野以	余以	用以	以以
	宕合三	山合三	臻合三	止合三	梗开三	假开三	遇合三	通合三	止开三
扬州	uaŋ55	yĩ35	yn35	uəi35	in35	iɪ42	y35	ioŋ55	i42
连云港	uaŋ55	—	ioŋ35	uei35	iŋ35	ɪ41	y35	ioŋ55	i41
涟水	uɑŋ55	uĩ35	un35	uei35	in35	i212	—	ioŋ55	i212
淮安	uɑŋ55	yĩ24	yən24	uei24	in24	i212	y24	ioŋ55	i212
盐城	uã35	yõ213	yn213	uei213	in213	i53[2]	y213	ioŋ35[3]	i53

① 还有一读 i55。
② 还有白读 iɑ53。
③ 还有白读 ioŋ31。

扬淮片喻母都为零声母。

4）苏南片

	旺云 宕合三	园云 山合三	云云 臻合三	位云 止合三	盈以 梗开三	野以 假开三	余以 遇合三	用以 通合三	以以 止开三
南京	uaŋ44	yen24	yn24	uəi44	in24	ie212	y24	ioŋ44	i212
句容	vɑŋ55	viĩ24	yən24	vəi55	in24	iĩ213	y24	ioŋ55	i213
镇江	uɑŋ55	yĩ35	yn35	uɪ55	in35	iɪ313	y35	ioŋ55	i313

苏南片喻母多数为零声母，句容合口为 v 声母，是由合口介音 u 而来。

5）泰如片

	旺云 宕合三	圆云 山合三	云云 臻合三	围①云 止合三	赢以 梗开三	野②以 假开三	余以 遇合三	用③以 通合三	以以 止开三
大丰	uɑŋ45	yʊ35	yəŋ35	vəi35	iŋ35	iɑ213	y35	iɔŋ21	i213
兴化	uɑŋ21	yʊ34	yən34	uəi34	in34	iɛ213	y34	iɔŋ21	i213
泰州	uɑŋ33	yʊ45	yəŋ45	vəi45	iŋ45	ɛ213	y45	iɔŋ33	i213
泰兴	uɑŋ44	yʊ45	yəŋ45	vei45	iŋ45	ɛ213	y45	iɔŋ21	i213
如皋	vɑ̃33	yʊ35	yəŋ35	vei35	iŋ35	iɑ213	y35	iɔŋ21	i213

泰如片喻母多数为零声母，如皋合口为 v 声母，由合口介音 u 而来。

2. 历史演变分析

喻母除黄孝片外，一般都读 ∅，少量的 v 分布于合口韵。皖中片仍然较为复杂，除 ∅ 外还有 z、ʒ、v 类型，但后者韵母一般为高元音单韵母，应该是元音擦化的结果。

喻母（云以）的历史音变比较明晰，早期读音应该为 ∅，直到当今方言这一类型仍然占绝大多数。

2.8.4 历史材料中的表现

1. 《切韵声原》

方以智《切韵声原》（1611～1671 年，桐城）中古疑、影、喻三母合并，统归声母代表字“疑”母，但是部分中古疑母细音字归泥母。具体如下（孙宜志，2006，括号内为中古音类类属）：

影、喻、疑三母合并的例证如下：

① “围”字在泰兴、如皋都还有白读，分别为 y45、y35。
② “野”字在兴化、泰州、泰兴都还有白读，都读 iɑ213。
③ “用”字在泰州还有白读 iɔŋ21。

图1疑母下有“翁瓮屋（影合口）”；

图2疑母下有“乌屋（影合口洪音）、迂（影合口细音）、吾五误（疑合口洪音）、鱼语遇玉（疑合口细音）”；

图8疑母下有“渊（影合口细音）、远（喻合口细音）、原愿月（疑合口细音）”；

图11疑母下有“央漾（影开口细音）、汪（影合口洪音）、阳养（喻开口细音）、王往旺（喻合口洪音）”。

疑母细音字读成泥母的例证如下：

图8泥母下有“俨”（疑母细音）；

图11泥母下有“仰”（疑母细音）；

图14泥母下有“牛”（疑母细音）。

2.《五声反切正韵》

吴烺《五声反切正韵》（清中期，18世纪50年代，全椒），纵列19个声母，疑母之下辖字109个，包含中古影、喻、疑、微四母：“哀齷鸭厄偎哑亚爱霭一遏屋意乌阿衣恶迂埃盎椀威怨杳恩阴烟印稳渊秧汪枉影翁瓮雍温袄鸥沤要腰幽委安暗闇烟燕奥俺（影母）、云永旺王远韵羽有又远游养盐容样用以勇游夜耶也羊叶姚爷燿（喻母）、月宜银顽刓元眼吾鱼遇偶玉艾外敖五鹅讹昂我饿乐瓦牙（疑母）、微文万袜务问未（微母）。”

影母字四等俱全，疑母一二三等都有，这说明影、疑母的合并是没有条件的，因此可以认为影、喻、疑、微四母已经合并。

3.《等韵学》

许惠《等韵学》（1878年，枞阳）把声母和介音合并，称“音母”，有38音母，分“宫商角徵羽”五大类。其中第22宫音母、第25商音母、第30角音母、第34、36羽音母有中古影、喻、疑母字出现。

第22宫音母有“呕沤哀騃矮爱遏恩蒽安黯暗坳袄拗欧（影开口洪音）、敖我鄂昂盎藕（疑开口洪音）”。

第25商音母有“呢泥宁匿黏年辇念鸟尿娘酿纽杻（泥开口细音）、凝孽虐仰牛（疑开口细音）、醴（来）”。

第30角音母有“衣因殷烟腰鸦央幽埃影掩杳意印晏燕要亚乙鸭约（影开口细音）、摇样养以阳叶宥友尤（喻开口细音）、宜牙艾颜言眼衙银雅（疑开口细音）”。

第34羽音母有“雍迂渊（影）、容勇用豫曰匀永韵（喻）、玉语元远愿（疑）、蕤蕊芮如（日）”。

第36羽音母有“翁壅瓮屋威乌偎温稳弯窝汪（影合口洪音）、为王（喻母）、吴外玩鹅硪卧瓮瓦（疑合口洪音）、尾味武务物文问晚万袜罔望（微母）”。

由于其体例是“声介合并”，第 22 宫音母其实为开口呼，第 25 商音母、第 30 角音母其实为齐齿呼，第 34 羽音母其实为撮口呼，第 36 羽音母其实为合口呼。因此，除第 25 商音母的疑母细音字“凝孽虐仰牛”归泥母之外，总的来说影、喻、疑、微四母合并。

2.8.5 近代读音构拟

本书认为可以把近代江淮官话的影、喻母（云以）都构拟为 ø。方言今读中影、喻母读 ø 的所占比例最多、最普遍；其他形式仅 ŋ 较常见，但是分布不广，前文已经论证它源自 ø>ʔ>ŋ 的音变；皖中片的 ɣ、ʐ、z、ʒ、v 都是擦化的结果。

近代疑母的音值值得进一步分析，疑母今开口呼前读 ŋ 在江淮官话仍有较广的分布，见于黄孝片、皖中片、泰如片，因此早期有 ŋ 声母；疑母今读 n/l 的分布范围也很广，各片今读齐齿呼前都程度不等的存在，因此近代江淮官话有疑母读 n 的情况，后来 n/l 相混，又出现读 l 的情况。前文依环境不同认为中古疑母在近代江淮官话有 ŋ、ø、n 三种分化类型。

综合疑、影、喻母的情况，此处把其近代读音构拟见表 2-27。

表 2-27 近代江淮官话疑影喻母分化情况及其读音构拟

近代江淮官话	所包含的中古音类
ø	影母，喻母（云以），疑母合口韵
ŋ	疑母开口洪音
n	疑母开口细音

第 3 章　江淮官话韵母的历史演变

3.1　果　　摄

3.1.1　今读类型

1. 黄孝片

	多端	歌见	我疑	坐从	锅见	坡滂	茄群	靴晓
	果开一	果开一	果开一	果合一	果合一	果合一	果开三	果合三
孝感	to24	ko24	ŋo53	tsuo33	ko24[①]	pho24	tɕhiɛ31	ʂʮɛ24
黄冈	to33	ko33	ŋo42	tso44	o33	pho33	tɕhie313	ɕye33
麻城	to313	—	ŋo55	tso33	o313	pho313	tɕhie42	ʂʮe313
黄梅	to11	ko11	ŋo35	tso33	o11	po11	tɕhiɛ53	ɕye11[②]
英山	to11	ko11	ŋo44	tsuo33	o11	po11	tɕhie31	ʂʮe11

黄孝片果摄一等的今读一般不能区分中古的开合口，韵母多为 o，合口韵一般没有 u 介音；三等字较少，开合各举一例，开口三等韵母为 ie/iɛ，合口三等韵母为 ye/ʮɛ/ʮe。另外，果开一“哪那他”都为 a 韵母。

2. 皖中片

	多端	歌见	鹅疑	坐从	锅见	坡滂	茄群	瘸群
	果开一	果开一	果开一	果合一	果合一	果合一	果开三	果合三
六安	tɷ313	kɷ313	ɣɷ35	tsɷ53	kɷ24	phɷ313	tshʮ35	tshʮ35
舒城	tu21	ku21	u24	tsu54	ku213	phu21	tshʮ24	tshʮ24
滁州	tɷ42	kɷ42	ɷ35	tsɷ55	kɷ21	phɷ42	tɕhie35	tʃhʮ35
合肥	tʊ21	kʊ21	ʊ55	tsʊ53	kʊ34	phʊ21	tɕhye55	tɕhyɐʔ5
庐江	to55	ko55	o31	tso35	ko213	po55	tʂhu31	tʂhu31

① 还有一读 o24。
② 还有一读 ɕya11。

皖中片果摄一等韵韵母各异，有 u、o、ɷ、ʋ，但都是后高元音，中古开合今读不分，合口韵今读一般没有 u 介音。三等字较少，“茄瘸”二字各点读音差别较大，但能对应，可以判断都是在 ye 基础上的进一步变化。“大那哪他阿”（一等）都读为 a 韵母。

3. 扬淮片

	多端	歌见	我疑	坐从	锅见	坡滂	茄群	靴晓
	果开一	果开一	果开一	果合一	果合一	果合一	果开三	果合三
扬州	to31	kɵ31	o42	tso55	ko31	pho31	tshuəi35 tɕhia35	suəi31
连云港	to214	ko214	o41	tʂo55	ko214	pho214	tɕhɪ35	ɕyo214
涟水	to31	ko31	o212	tso55	ko31	pho31	tɕhi35 tɕia31	ɕy31
淮安	to42	ko42	o212	tso55	ko42	pho42	tɕhyɪ24 tɕhiɑ24	ɕyɪ42
盐城	tõ31	kõ31	õ53	tsõ35	kõ31	phõ31	tshuei213 tɕhiɑ213	suei31 suɑ31

扬淮片果摄一等韵韵母一般为 o，扬州部分见组字读 ɵ 韵母，如“歌哥个可戈”，但多数见组字仍然读 o 韵母。中古一等开合不分，合口韵今读一般没有 u 介音。三等韵“茄靴”有文白读，文读多样，白读主元音一般为 a 类。“他大哪”读 a 韵母。盐城果摄一等为鼻化元音 õ，较独特，后文专题研究（参见 5.3.2 节）。

4. 苏南片

	多端	歌见	我疑	坐从	锅见	坡滂	茄群	瘸群
	果开一	果开一	果开一	果合一	果合一	果合一	果开三	果合三
南京	to31	ko31	o212	tso44	ko31	pho31	tɕhye24 tshuəi24	tɕhye24
句容	tʋ31	kʋ31	ʋ213	tsʋ55	kʋ31	phʋ31	tshyĩ24 tɕhiɑ24	tshyĩ24
镇江	to21	—	o313	tso55	ko21	pho21	tshuɪ35 tɕhia35	tsuɪ35

苏南片果摄一等韵韵母一般为 o 或 ʋ，镇江部分见组字读 ə 韵母，如“戈哥个可苛”，但多数见组字仍然读 o 韵母。中古一等开合不分，合口韵今读一般没有 u 介音。三等韵“茄靴”有文白读，文读多样，白读主元音一般为 a 类。“他大哪”读 a 韵母。句容的鼻化韵 yĩ 比较特殊，后文专题研究（参见 5.3.2 节）。

5. 泰如片

	多端	歌见	鹅疑	坐从	锅见	坡滂	茄群	靴晓
	果开一	果开一	果开一	果合一	果合一	果合一	果开三	果合三
大丰	to21	ko21	o35	tsho21	ko213	pho45	tɕhiɑ35	ɕyɑ21
兴化	to33	ko33	o34	tsho21	ko213	pho53	tɕhiɑ34	suɑ33
泰州	tu21	kɤɯ21 ku21	u45	tsu33 tshu21	ku213	phu33	tɕhyɑ45	ɕyɑ21
泰兴	tɤɯ21	kɤɯ21	ŋɤɯ45	tshɤɯ21	kɤɯ213	phɤɯ44	tɕhyɑ45	ɕyɑ21
如皋	tɤɯ21	kɤɯ21	ŋɤɯ35	tshɤɯ21	kɤɯ213	phɤɯ33	tɕhiɑ35	ɕyɑ21

泰如片果摄一等韵韵母有 o、u、ɤɯ 类型。中古一等开合不分，合口韵今读一般没有 u 介音。三等韵母开合也不太分明，开口有读为 yɑ 的，合口为 uɑ 或 yɑ，但是主元音都为 ɑ，比较稳定。“他大哪那”韵母为 ɑ。

3.1.2　类型总结及历史演变分析

把上面各片读音类型的特点做个总结，并对其历史演变分析如下。

第一，果摄一等韵今读以后高元音占优势，如 u、o、ɷ、ʊ，且不能区分中古开合口，合口韵今读没有-u-介音，这应是早期特点，因此可把早期江淮官话果摄一等构拟为*o，泰如片的复合元音韵母 ɤɯ，应是来自*o＞ɤɯ 的裂化音变。裂化一般是在 u 的基础上进行，也可能由 o 直接裂化，徐通锵（1996：193）提供了一种 o＞ɔu 的裂化模式，与此相似。

第二，“他大哪那”等字各片韵母相似，为 a 或 ɑ，这一形式与中古拟音*ɑ（潘悟云，2000）接近，属于音变滞后，滞后的原因应是由于使用频率较高。

第三，有些方言的部分见组一等字读音与主体读音不同，例如，扬州的“歌哥个可戈”读 ɵ 韵母，其他字读 o 韵母；镇江“哥个可苛戈”读 ə 韵母，其他字读 o 韵母。ɵ、ə 的来源，可以看成是 o＞ɵ/ə 的央化音变。另外，“哥”等字北京话韵母为 ɤ，与扬州、镇江的 ɵ、ə 音值接近，二者的关系值得进一步研究。

第四，果摄开口三等字的读音（以“茄”为例）可分三类：ie、iɛ、ye 为一类，分布于黄孝片和南京话；ɥ、u 为一类，分布于皖中片；ia、iɑ、yɑ 为一类，扬淮片、句容、镇江的白读音及整个泰如片都是此类型。ia、iɑ、yɑ 类保持了中古的类型；ie、iɛ、ye 类是在三等介音的带动下主元音发生的前化、高化音变；ɥ、u 类应该是在 ye 基础上脱落而成。

由上文分析可知，江淮官话区内果摄的读音复杂多样，但是不同方言点的不同类型很好地反映了历史变化的过程。

3.1.3　历史材料中的表现

1. 明末《切韵声原》

《切韵声原》每图按“翕辟穿撮”（分别对应现代的“合齐开撮”）分栏，但顺序不定。中古果摄字多数收在图 9“呵阿”韵中，当然此图还有其他韵摄的字，收字如下。

第一栏：波播剥，坡婆颇破拨，摩魔么磨抹，戈果过郭，科棵课，阿鹅我卧，禾火货豁，嚩，多佗朵惰夺，拖驼妥唾脱，那懦诺，啰骡鲁落，酇左坐作，磋矬错错，梭所娑索；

第二栏：靴；

第三栏：歌个阁，轲可嗑，呵何祸俰霍，罗裸逻乐，嗟雀削。

其中第一栏所收的果摄字中“阿鹅我多拖那左蹉娑”为开口，“波播矬朵惰戈果过禾火货科棵课骡摩磨魔懦坡颇婆破梭妥唾卧坐”为合口，但是都为果摄一等，它们被放在同一栏中，这说明中古果摄一等开合有相混的迹象。第二栏仅有“靴”一字；第三栏的果摄字都为开口一等。此图李新魁（1983a）的拟音“呵阿”韵有 uo、o、io 韵母，因此认为，第一栏韵母为 uo，第二栏韵母为 io，第三栏韵母 o。

此外，还有少数果摄字分布在图 10“呀揶”韵（此图主要为中古假摄字）中，如“大他那”（果开一歌，分布在第二栏），“呿茄怯”（果开三戈，分布在第三栏），“瘸靴”（果合三戈，分布在第四栏）。此图收字的主元音不尽相同，李新魁（1983a）拟音“呀揶”韵有 ua、ia、a、ie、ye 韵母，一图之内有两个主元音，是因为作者的特殊处理，此图最后有解释：“《洪武》分瓜嗟二韵，细论亦可分翕辟作四唱”。说明 ie、ye 附于 a 韵图之内，只是粗略处理，并不是主要元音没有区别。因此本书认为实际上“大他那”韵母为 a；“呿茄怯”韵母为 ie；“瘸靴”韵母为 ye；“靴”字在 9、10 两图重出说明有 io、ye 两读。

综合分析以上两图，本书认为《切韵声原》中果摄已经有 5 种分化：大部分韵母为 uo；少部分韵母为 o；“大他哪那”等字韵母为 a；“茄”韵母是 ie；“瘸”韵母是 ye，“靴”韵母有 io、ye 两读。

2. 清中期《五声反切正韵》

韵图共有 32 图，每图一韵母。中古果摄一等大部分归入图 25 锅韵，不分开合，如“饿河多拖左坡破播锅”；少部分归入图 24 歌韵，如“可歌个苛呵和讹”；“他大那”归入图 28 他韵。三等字仅见“靴”，归入图 30 嗟韵。

据李新魁（1983a）拟音：“锅”韵 uo、“歌”韵 o、“嗟”韵 ye、“他”韵 a，这说明中古果摄大部分读为 uo，少数读为 o，“靴”读 ye 韵母，“他大那”读

a 韵母，但是“那”在 25 锅韵重出，说明还有 nuo 一读。

这说明《五声反切正韵》果摄也是有分化，分化格局与明代《切韵声原》大体相同，有 uo、o、ye、a 韵母，由于未见“茄”字，不确定是否有 ie 韵母。

3.1.4　近代读音构拟

以上材料表明，明代果摄一等韵虽然有 uo、o 两个韵母，但是部分字发生混同。“大他哪那”等字韵母应为 a。三等“茄”字韵母应该是 ie；“靴”有 io、ye 两读；“瘸”字读音为 ye。

清代中期果摄一等韵开合相混，部分开口字仍然保持开口读法，但是大部分变为合口呼。“靴”读 ye 韵母，“他大那”读 a 韵母，“那”有 na、nuo 两读。

从韵图来看，合口呼有逐渐增加的趋势，中古开口韵变为合口韵。但是方言中却相反，今方言五个小片都是合口丢失 u 介音，变为开口呼，不分中古开合口。本书认为这种矛盾是表面的，应是由于古人的开合口观念与现代开合口的内涵不同，则归类不同。音类上反映的现象是一致的，都是中古一等开合口相混。

所以本书认为可以把近代江淮官话果摄一等都构拟为 o，开合不分；三等构拟为 ie、ye；另外还有中古遗留层 a 保留至今（表 3-1）。

表 3-1　近代江淮官话果摄读音构拟

近代江淮官话音值	包含的中古音类
o	果开一，果合一
ie	果开三
ye	果合三
a	果开一端泥组少数（“他那”）

3.2　假　　摄

3.2.1　今读类型

1. 黄孝片

沙生　　家[①]见　　马明　　瓜见　　瓦疑　　蛇[②]船　　谢邪　　野以

① “家”字在黄冈、麻城、黄梅都还有白读音，分别为 ka33、ka313、ka11。

② “蛇”字在黄梅有还有白读音 sa53。

	假开二	假开二	假开二	假合二	假合二	假开三	假开三	假开三
孝感	ʂa24	tɕia24	ma53	kua24	ua53	ʂɛ31	ɕiɛ33	iɛ53
黄冈	sa33	tɕia33	ma42	kua33	ua42	se313	ɕie44	ie42
麻城	sa313	tɕia313	ma55	kua313	ua55	ʂe42	ɕie33	ie55
黄梅	sa11	tɕia11	ma35	kua11	ua35	se53	ɕie33	ie35
英山	sa11	tɕia11	ma44	kua11	ua44	ʂe31	ɕie33	ie44

黄孝片假摄读音整齐，二等主元音为 a，三等主元音为 e 或 ɛ，中古开合口今读有别。三等早期应该为 ie，在知系后有 ie>e 的音变，介音脱落。

2. 皖中片

	沙生	家①见	马明	瓜见	瓦疑	蛇船	谢②邪	野以
	假开二	假开二	假开二	假合二	假合二	假开三	假开三	假开三
六安	ʂa313	tɕia313	ma24	kua313	ua24	ʂei35	sei53	zɿ24
舒城	ʂa21	tɕia21	ma213	kua21	ua213	ʂei24	sei54	zɿ213
庐江	ʂa55	tɕia55	ma213	kua55	va31	ʂei31	sɿ35	zɿ213
滁州	ʂa42	tɕia42	ma21	kua42	va21	ʂe35	ɕi55	i21
合肥	ʂa21	tɕia21	ma34	kua21	ua34	ʂe55	ɕi53	i34

皖中片假摄二等读音整齐，主元音为 a。三等读音差异较大，主要有 ei、e、i/ɿ 三种类型。六安、舒城章组、精组后读 ei，以母后读 ɿ；庐江章组后读 ei，精组、以母后读 ɿ；滁州、合肥章组后读 e，精组、以母后读 i 或 ɿ。

本书认为三等早期形式应该是 ie（源于更早期的*ia），滁州、合肥章组后的 e 来自 ie 韵母介音的脱落：ie>e；今读 i 或 ɿ 来源于元音的高化：ie>iɪ>i>ɿ；六安、舒城 ei 的来源较特殊，本书认为其演变轨迹为 ie>iɪ>ɪ>ei，先是元音高化，再单元音化，再是裂化。其中 ɪ>ei 音变与英语历史上元音大转移的音变之一 i>ai 相似（Campbell，2008：52）。此外，笔者发现凡有 ei 的方言，必然有较晚期的形式 ɿ、ɪ 或 i（见下文），说明 ei 是晚期的形式。

3. 扬淮片

	沙生	家③见	马明	瓜见	瓦疑	蛇船	谢邪	野④以
	假开二	假开二	假开二	假合二	假合二	假开三	假开三	假开三
连云港	ʂa214	tɕia214	ma41	kua214	ua41	ʂei35	ɕɪ55	ɪ41
涟水	sa31	tɕia31	ma212	kua31	ua212	sei35	ɕi55	i212

① “家”字在庐江还有白读音 ka55。
② “谢”字在合肥还有白读音 se53。
③ “家”字在连云港、涟水、淮安、扬州、盐城都还有白读音 ka。
④ “野”字在盐城还有白读音 iɑ53。

淮安	sɑ42	tɕiɑ42	mɑ212	kuɑ42	uɑ212	ɕi24	ɕi55	i212
扬州	sa31	tɕia31	ma42	kua31	ua42	ɕiɪ35	ɕiɪ55	iɪ42
盐城	sɑ31	tɕiɑ31	mɑ53	kuɑ31	uɑ53	sĩ213	ɕiĩ35	i53

扬淮片假摄二等读音整齐，主元音为 a 或 ɑ。三等读音类型可分为两类：一类是章组与精组、以母有别，如连云港、涟水章组后读 ei，精组（今读 Tɕ 类）、以母（今读零声母）后读 i 或 ɪ；另一类是各声组无别，只有一种读音，如扬州都读 iɪ，淮安都读 i，盐城都读 ĩ/i。

本书认为扬淮片今读 i、ɪ 的来源与皖中片相似：ie>iɪ>i/ɪ；连云港、涟水 ei 的来源也与皖中片相似，为 ie>iɪ>ɪ>ei，只是盐城中间发生了鼻化音变，较特殊（参见 5.3.2 节）。

4. 苏南片

	沙生	家[①]见	马明	瓜见	瓦疑	蛇[②]船	谢邪	野以
	假开二	假开二	假开二	假合二	假合二	假开三	假开三	假开三
南京	ʂɑ31	tɕiɑ31	mɑ212	kuɑ31	uɑ212	ʂe24	sie44	ie212
句容	sɑ31	tɕiɑ31	mɑ213	kuɑ31	vɑ213	səi24	siĩ55	iĩ213
镇江	sa21	tɕia21	ma313	kua21	ua313	sɪ35	sɪ55	iɪ313

苏南片假摄二等读音整齐，主元音为 a 或 ɑ。三等分两类：一类是章组与精组、以母有别：南京章组后为 e 或 ae，精组、以母为 ie；句容章组后为 əi，精组、以母后为 iĩ，句容鼻化韵较特殊。一类是以母与其他声母有别，镇江假摄三等以母后读 iɪ，其他声母后读 ɪ。

苏南片早期也为 ie，今读 iĩ、ɪ、e 的来源与前文相同，但是句容章组后读 əi 较特殊，可能来自 ie>iɪ>ɪ>əi 的音变。əi 类型与北京话假开三“车遮”的 ɤ 韵母相近，二者的音变过程是否相同有待进一步研究。

5. 泰如片

	沙生	家见	马明	瓜见	瓦疑	蛇船	谢[③]邪	野[④]以
	假开二	假开二	假开二	假合二	假合二	假开三	假开三	假开三
大丰	sɑ21	tɕiɑ21	mɑ213	kuɑ21	uɑ213	sɑ35	tɕhiɑ21	iɑ213
兴化	sɑ33	tɕiɑ33	mɑ213	kuɑ33	uɑ213	sɑ34	ɕiɛ53	iɛ213
泰州	sɑ21	tɕiɑ21	mɑ213	kuɑ21	uɑ213	sɑ45	ɕiɛ33	ɛ213

---

① “家”字在句容、镇江分别还有白读音 kɑ31、ka21。

② “蛇”字在句容还有白读音 sɑ24。

③ “谢”字在大丰、兴化、泰州、泰兴、如皋分别还有白读音 ɕiɑ45、ɕiɑ21、tɕhiɑ21、tɕhiɑ21。

④ “野”字在兴化、泰州、泰兴还有白读音，都读 iɑ213。

泰兴	sɑ21	tɕiɑ21	mɑ213	kuɑ21	uɑ213	sɑ45	tɕhiɑ21	ɛ213
如皋	sɑ21	tɕiɑ21	mɑ213	kuɑ21	uɑ213	sɑ35	tɕhiɛ21	iɑ213

泰如片假摄二三等读音类型都以 ɑ 为主要元音，少数三等字文读为 iɛ 或 ɛ。泰如片假摄的读音保持了中古类型，三等文读的 iɛ 显然是晚期形式，来自权威方言。

3.2.2 类型总结及历史演变分析

通过上面的读音类型可以发现，二等字读音比较整齐，内部没有分化；三等字读音较为复杂，但是也有规律性，一般是章组、精组、以母三组读音的出入，也有迹可循。

从音值看，二等字主元音都为 a 或 ɑ；三等字韵母有 ɑ、iɑ、iɛ、ie、iɪ、e、ei、əi、ɪ、i、ɿ 多种形式，但是它们之间存在演变关系，一条为主元音高化、单音化、擦化的道路：iɑ>iɛ>ie>iɪ>i>ɿ（有的在 iɪ 之后发生 iɪ>ɪ 音变），一条为高化、单音化、裂化的道路：iɑ>ie>iɪ>ɪ>ei/əi。尽管演变路线多样，但都是由高化引起的，这一点是相同的，有的在高化的基础上再发生特殊音变。

中古拟音（潘悟云，2000）假开二“麻”韵为 ɯa，假开三“麻”韵为 ia。泰如片假摄主元音 ɑ 与之接近，其他方言点也偶尔有 a 形式的白读音保留。

3.2.3 历史材料中的表现

明末《切韵声原》。中古假摄都归在图 10“呀揶”韵之内，但是一图之内并不是只有一个韵母，因为在图的下方作者交代“《洪武》分瓜嗟二韵，细论亦可分翕辟作四唱，以韵迮逼组字少，故并之以便用”。假摄三等字集中在第三栏中，第三栏为齐齿呼。这些说明中古假摄三等在明末或许已经读为 ie 了。

清中期《五声反切正韵》。中古假摄开口二等字分布在图 26“瓜”韵、图 27“家”韵、图 28“他”韵；中古假摄开口三等全部归入图 29“耶”韵，这说明假摄开口三等字在清中叶已经明确的读为 ie 了。

3.2.4 近代读音构拟

近代江淮官话假摄内部有分化：二等为 a，三等为 ie，在知系后介音脱落（表 3-2）。

表 3-2 近代江淮官话假摄读音构拟

近代江淮官话音值	包含的中古音类
a（ia、ua）	假开合二等
e	假开三（知系）
ie	假开三（其他）

3.3 遇　摄

3.3.1 今读类型

1. 黄孝片

	谱帮	肚端	府非	树禅	鱼疑	序邪	锄崇	所生
	遇合一	遇合一	遇合三	遇合三	遇合三	遇合三	遇合三	遇合三
孝感	phu53	təu53	fu53	ʂʮ33	ʮ31	ɕi33	tshəu31	so53
黄冈	phu42	təu42	fu42	ɕy44	y313	ɕi44	tshəu313	so42
麻城	phu55	təu55	fu55	ʂʮ33	ʮ42	ɕi33	tshəu42	so55
黄梅	phu35	teu35	fu35	ɕy33	y53	ɕi33	tsheu53	so35
英山	phu44	təu44	fu44	ʂʮ33	ʮ31	ɕi33	tshəu31	so44

黄孝片遇摄一等一般读 u，也有部分读 əu；三等读音多样，有：u、y/ʮ、əu、i、o，其中 u、ʮ/y 占多数，u 分布于中古非组之后，ʮ/y 分布于其他声母之后（包括知系）。此外，较特殊的 əu 韵母分布于中古庄组、精组、端组、泥来母之后；i 韵母的字多为精组，如“聚趣娶须序徐”等；o 韵母字一三等都有，如“错恶，所”，并入果摄。

2. 皖中片

	土透	祖精	路来	做精	树禅	鱼疑	序邪	所生
	遇合一	遇合一	遇合一	遇合一	遇合三	遇合三	遇合三	遇合三
六安	thʉ24	tsʉ24	lʉ53	tsɷ53	ʂʉ53	nʮ35	sʮ53	sɷ24
舒城	thʉ213	tsʉ213	lʉ54	tsu54	ʂʉ54	zʮ24	sʮ54	su213
滁州	thu21	tsu21	lu55	tsɷ55	ʂu55	ʒʮ35	ʃʮ55	sɷ21
合肥	thu34	tsu34	lu53	tsʊ53	ʂu53	zʮ55	sʮ53	sʊ34
庐江	thəy213	tsəy213	ləy35	tso35	ʂu35	ʐu31	ʂu35	so213

皖中片遇摄一等韵一般读 ʉ/u 韵母；三等韵以 ʉ/u、ʮ 两类韵母为主，ʉ/u 分布于知系、非组之后，ʮ 分布于其他声母之后。此外一三等还有少数读较特殊的 ɷ/ʊ/o 韵母（舒城的 u 与其主流的 ʉ 也不同），如“做初梳锄所”。

庐江比较特别，一等韵的帮组、见组读 u 韵母，端组、精组、来母读 əy；三等韵一般读 u，但是也有部分字读 əy，都为庄组字，但声母都为平舌音，如“数疏楚初助阻”。

3. 扬淮片

	土透 遇合一	祖精 遇合一	路来 遇合一	做精 遇合一	树禅 遇合三	鱼疑 遇合三	序邪 遇合三	所生 遇合三
扬州	thu42	tsu42	lu55	tso55	su55	y35	ɕy55	so42
连云港	thu41	tʂu41	lu55	tʂo55	ʂu55	y35	ɕy55	—
涟水	thu212	tsu212	nu55	tso55	su55	y35	ɕy55	so212
淮安	thu212	tsu212	lu55	tso55	su55	y24	ɕy55	so212
盐城	thu53	tsu53	lu35①	tsõ35	su35②	y213	ɕy35	sõ53

扬淮片遇摄一等韵都读 u 韵母；三等韵以 u（非组、知系）、y（其他声组）两类韵母为主。此外，一三等还有少数读 o 韵母，例如，淮安、连云港的“炉卢芦暮模募墓慕努奴怒做错，梳疏所”。盐城遇摄为鼻化元音 õ，很特别，后文专题研究。

4. 苏南片

	土透 遇合一	祖精 遇合一	路来 遇合一	做精 遇合一	树禅 遇合三	鱼疑 遇合三	序邪 遇合三	所生 遇合三
南京	thu212	tsu212	—	tso44	ʂu44	y24	sy44	so212
句容	thu213	tsu213	nu55	tsʋ55	su55	y24	ɕy55	sʋ213
镇江	thu313	tsu313	lu55	tso55	su55	y35	ɕy55	so313

苏南片遇摄一等韵都读 u 韵母；三等韵以 u（非组、知系）、y（其他声组）两类韵母为主。此外，一三等还有少数读 o/ʋ 韵母，如 “暮摹慕墓募奴努怒虏做错措租祖组，蔬梳疏助锄所”。

5. 泰如片

	土透 遇合一	祖精 遇合一	路来 遇合一	做精 遇合一	树禅 遇合三	鱼疑 遇合三	序邪 遇合三	所生 遇合三
大丰	thu213	tsu213	nu21	tso45	su21	y35	ɕy45	so213
兴化	thu213	tsu213	lu21	tso53	su21	y34	ɕy53	so213
泰州	thu213	tsu213	nu33③	tsu33	su33④	y45	ɕy33	su213
泰兴	thu213	tsu213	lu21	tsɤɯ44	su21	y45	ɕy44	sɤɯ213
如皋	thu213	tsu213	lu21	tsɤɯ33	su21	y35	ɕy33	sɤɯ213

① 还有白读 lu31。
② 还有白读 su31。
③ 还有白读 nu21。
④ 还有白读 su21。

泰如片遇摄一等韵都读 u 韵母；三等韵以 u（非组、知系）、y（其他声组）两类韵母为主。此外有较特殊的 o 韵母（大丰、兴化），ɤɯ 韵母（泰兴、如皋），如“模摹墓奴努怒虏做错，所”。

3.3.2　类型总结及历史演变分析

遇摄读音各异，有 u、ʉ、ʊ、o、ɷ、əu、əy、ɤɯ、y、ɥ、i 多种形式，中古拟音（潘悟云，2000），一等模韵 o，三等鱼韵 iɔ、虞韵 iʊ。可以从中总结出两条音变链：一等韵的 o>ɷ>u>ʉ/ʊ>əu/əy/ɤɯ 高化、前化、裂化音变；三等韵的 io>iu>y 高化、单音化音变。

但是也有一些问题值得进一步研究。

第一，黄孝片“聚趣娶须序徐”的 i 韵母读法的来源，见后文开口化音变专题；黄孝片、皖中片 ɥ/ɥ 韵类的产生过程，见后文擦化音变专题。

第二，一三等韵都有一些字读成 o 类（包括 o、ɷ、ʊ、ɤɯ 等类型），与主流的 u/ʉ 韵母不同。这类音的中古来源可分两类：一类来自一等韵的精组、来母、明母，一类来自三等韵的庄组。以南京为例，一等的“措做（精组）、虏（来母）、暮慕募墓摹模摸（明母）”，三等的“初梳（庄组）”都读 o 韵母。需要指出的是，并非所有遇摄三等庄组都读 o 类，还有大部分读成主流的 u 类，而且这些读 o 类的庄组字声母都为平舌音，即使平翘有别的方言也如此。从这类读音的覆盖面来看，它是整个江淮官话都有的特点，应该有共同的来源。因为 o 类与中古遇摄一等拟音*o（潘悟云，2000）相同，而且与三等韵*iɔ、*iʊ 的拟音也非常接近，三等韵介音在知系后又发生脱落，再稍加变化就会变为 o 类，所以今读 o 很可能是中古语音的遗留。下面以泰如片方言的情况进行分析。

	土透 遇合一	顾见 遇合一	补帮 遇合一	模明 遇合一	奴泥 遇合一	虏来 遇合一	做精 遇合一	所生 遇合三
大丰	thu213	ku45	pu213	mo35	no35	nu213	tso45	so213
兴化	thu213	ku53	pu213	mo34	lo34	lo213	tso53	so213
泰兴	thu213	ku44	pu213	mɤɯ45	nɤɯ45	lɤɯ213	tsɤɯ44	sɤɯ213
如皋	thu213	ku33	pu213	mɤɯ35	nɤɯ35	lɤɯ213	tsɤɯ33	sɤɯ213
泰州	thu213	ku33	pu213	mu45	nu45	nu213	tsu33	su213

泰如片方言的多数声组（如端组、见组、帮组等）都在中古形式*o 的基础上高化为 u，但是明母、泥来母、精组、庄组各地方言表现不一致：大丰、兴化保留了早期的 o 韵母；泰兴、如皋发生了 o>ɤɯ 的裂化音变；泰州音变较快，所有声组后都读 u 韵母。

鉴于遇摄读 o 韵母的普遍性，本书认为这也是近代江淮官话的特征，构拟为*o，但是包含的字数少，且不同方言存在差异。由于前述果摄一等近代拟音也为*o，这部分字在近代与果摄发生了合并。泰如片的泰兴、如皋在并入果摄之后，还一同发生了 o>ɤɯ 的裂化音变。

第三，遇摄三等在知系、非组后读 u，说明它丢失了三等介音 i，那发生在何时呢？知系、非组声母后丢失 i 是近代常见的音变，这是由于知系、非组与三等 i 介音的发音冲突。对遇摄合口三等而言发生了 io>iu>u 的音变。汉语史上非组后 i 介音的脱落较早，始于中唐，慧琳反切中有此现象，到晚北宋邵雍书中除跟单韵母 i 相拼外，不再与带 i 介音的韵母相拼（麦耘，2002）。明代北京音系韵书《等韵图经》已经把《中原音韵》知系后带 iu 韵头的字变为合口呼，但是江淮系韵书《切韵声原》（明末）、《五声反切正韵》（清中期）都还有知系与齐齿呼韵母相拼的情况。本书认为这是韵书保守的表现，今江淮官话中没有残留任何 Tʂ 与齐齿呼相拼的痕迹，因此江淮官话知庄章后 i 介音脱落的时间不会像韵书记录的那么晚，应该也不会晚于明代。

3.3.3　历史材料中的表现

明末《切韵声原》（方以智，安徽桐城人）。中古遇摄字都分布在图 2“乌于”韵中，此图有两栏：分布在第一栏的遇摄字一三等都有，但是三等字限于中古非组、知系（知庄章都有），桐城方言今读分两类，知系为 ʮ 韵母，其他都为 u 韵母；分布在第二栏的遇摄字一般是中古三等，此栏也有知系字（仅庄章组），桐城方言今读都为 ʮ 韵母。

本书认为图 2 的关键问题是第一、二栏中的知系字是否同音，这些字在桐城方言都为 ʮ 韵母，但是在当时是否相同呢？《切韵声韵》的体例，一图之内通过分栏区别四呼，若认为当时第一、二栏中的知系字韵母相同，就打乱了《切韵声韵》的惯例。因此只能认为第一、二栏中知系字的韵母不相同。那么就可以将第一栏拟为 u 韵母，但是第二栏是拟为 iu 还是 y 呢？拟为 iu 会出现“Tʂ+-i 韵”的组合，拟为 y 会出现“Tʂ+-y 韵”的组合。前一种组合自《中原音韵》而然，学界已经论证了这种组合的现实性，《切韵声韵》知系声母与齐齿呼相拼也是常态，拟为 iu 是比较稳妥的。但是拟为 iu 会使 y 韵的产生年代推后很多年，实际上明末清初四呼格局应该已经形成，此时的等韵学著作多采用四分法（耿振生，1992：30），拟为 y 更合乎语言实际，而且从音理上看“Tʂ+-y 韵”组合并不比“Tʂ+-i 韵”组合更难实现，因此拟为 y 也是可以的。而且图 2 有如下说明：“兵丁庚京俱无状，《洪武》或分鱼模二韵，今以重合呼者为翕，轻局呼者为辟”，作者以“翕辟”区分二韵，虽然我们无法获知他的“翕辟”具体指什么，但是通过方以智的说明文字，可以推测第一二栏韵母都带合口色彩，“重合呼”“轻局呼”中“合”“局”都有合的意思，两种呼的区别只在合口程度的轻重，很有可能当时第二栏已经变为圆唇的 y（或 ʮ）韵母，李新魁（1983a：292）就把图 2“乌于”韵拟音为 u、y 韵母。

清中期《五声反切正韵》（吴烺，安徽全椒人）。中古遇摄分布在图 9“居”韵和图 10“孤”韵中。图 9“居”韵的遇摄字均为合口三等，包括知系（仅知章组）、精组、见组等，全椒方言今读分两类：知系读 u 韵母；其他声组后读 ɥ 韵母。图 10 的遇摄字包括合口一等字，合口三等的非组、知系字（多为庄章组，知组仅一字），今读都为 u 韵母。《五声反切正韵》是一图一韵母，依全椒方言可将图 9 拟为为 ɥ 韵母，图 10 拟为为 u 韵母。但是这种构拟也造成中古遇摄三等知系字有分化，图 9 中的知系字读 ɥ 韵母，图 10 中的知系字读 u 韵母。甚至有些知系字在图 9、图 10 中共现，如“枢处”。李新魁（1983a：348）认为：“居”韵的“朱住枢除处书署”等仍入[y]韵，但“枢处”也入[u]韵，反映的是不同地方的读音。

两种材料都反映了相似的问题，中古遇摄三等知系字有分化。但是这与今方言中的情况不一致，方言中遇摄三等知系字要么全读 u 韵母，要么全读 ʮ 韵母。本书认为出现这种情况的原因，除了李先生所说的反映不同的方音，还有可能反映了同一方言中知系声母后遇摄合口三等韵变化的参差局面，由于 Tʂ+iu 发音不协调，iu 要么直接丢失 i 介音变为 u 韵母，要么融合为 y（ɥ/ʮ）韵母，这两种音变甚至在同一个音系中共现，造成上述两种材料中的分化。

此外，遇摄字并入果摄在历史文献中也有表现，《切韵声韵》图 9 有“错鲁（一等）；所（三等）”与果摄字并存一图之中，说明遇摄一三等字有与果摄合并的情况。

3.3.4　近代读音构拟

本书认为近代江淮官话中遇摄一三等已经有少数分化为 o 类，与果摄合并，但是声母限于明母、泥来母及精组和庄组的部分字，构拟表 3-3。

表 3-3　近代江淮官话遇摄读音构拟

近代江淮官话音值	包含的中古音类
u	遇合一，遇合三非组、知系
y	遇合三（多数声组）
o	遇摄一三等少数（如“做错初所”）

3.4　蟹　止　摄

3.4.1　蟹摄

1. 今读类型

1）黄孝片

代定　买明　快溪　倍並　卫云　桂见　世书　计见

	蟹开一	蟹开二	蟹合二	蟹合一	蟹合三	蟹合四	蟹开三	蟹开四
孝感	tai33	mai53	khuai35	pi33	uei33	kuei35	ʂʅ35	tɕi35
黄冈	tai44	mai42	khuai42	pi44	uei44	kuei35	sɿ35	tɕi35
麻城	tai33	mai55	khuai35	pi33	uei33	kuei35	ʂʅ35	tɕi35
黄梅	tai33	mai35	khuai15	pi33	uei33	kuei15	sɿ15	tɕi15
英山	tai33	mai44	khuai35	pi33	uei33	kuei35	ʂʅ35	tɕi35

黄孝片规律性不强，四等界限不甚分明。大致是开口一等和几乎所有二等读 ai、uai（见组二等不腭化，因此也读 ai）；合口一等多数读 i，少数几个字读 uai，如“会~计外”，还有几个读 uei，如“灰回会”；合口三四等以读 ei、uei 为主，少数读 i，如“岁脆携”；开口三等读 i、ʅ（ɿ），开口四等都为 i。

蟹摄合口一等读 i 韵母较特殊，包括“倍背佩配兑对罪最梅内”，后文专题研究。

2）皖中片

	代定	买明	快溪	倍並	卫云	桂见	世书	计见
	蟹开一	蟹开二	蟹合二	蟹合一	蟹合三	蟹合四	蟹开三	蟹开四
六安	tɛ53	mɛ24	khuɛ53	pei53	ui53	kui53	ʂʅ53	tsɿ53
舒城	tɛ54	mɛ213	khuɛ54	pei54	uei54	kuei54	ʂʅ54	tsɿ54
滁州	tɛ55	mɛ21	khuɛ55	pe55	ve55	kue55	ʂʅ55	tʃʅ55
合肥	tᴇ53	mᴇ34	khuᴇ53	pe53	ue53	kue53	ʂʅ53	tsɿ53
庐江	tɛ35	mɛ213	khuɛ35	pei35	vei35	kuei35	ʂʅ35	tsɿ35

虽然各地音值各异，但是依中古音类仍然可分为有别的三类：中古开口一等和所有二等为一类，六安、舒城、滁州、庐江读 ɛ、uɛ、iɛ（见组二等），合肥读 ᴇ、uᴇ、iᴇ，此类中有少数合口二等字读 ua，如“画话蛙”；中古合口一三四等为一类，六安读 ei、ui，舒城、庐江读 ei、uei，滁州、合肥读 e、ue，此类有少数字读 uɛ/uᴇ，如“会~计外”；中古开口三四为一类，读 ʅ、ɿ（皖中片蟹摄没有 i 韵母，普通话读 i 韵母的帮组、端组、泥来、见组声母，皖中片都读 ɿ 韵母）。

值得注意的是滁州、合肥合口一三四等的主元音 e 同开口一二等的主元音 ɛ/ᴇ 接近，但是它们是两个不同的音位，听感上，前者似乎带弱韵尾 i，后者开口度大，没有韵尾。

3）扬淮片

	代定	买明	快溪	倍並	卫云	桂见	世书	计见
	蟹开一	蟹开二	蟹合二	蟹合一	蟹合三	蟹合四	蟹开三	蟹开四
扬州	tɛ55	mɛ42	khuɛ55	pəi55	uəi55	kuəi55	sɿ55	tɕi55
连云港	tɛ55	mɛ41	khuɛ55	pei55	uei55	kuei55	ʂʅ55	tɕi55

涟水	tɛ55	mɛ212	khuɛ55	pei55	—	kuei55	sɿ55	tɕi55
淮安	tɛ55	mɛ212	khuɛ55	pei55	uei55	kuei55	sɿ55	tɕi55
盐城	tɛ35	mɛ53	khuɛ35	pĩ35	uei35	kuei35	sɿ35	tɕi35

各地音值有差别，但是也按中古音类有别：扬淮片中古开口一等和所有二等为一类，读 ɛ、uɛ、iɛ，有少数读 ɑ，如“挂话画罢”；中古合口一三四等为一类，淮安、连云港、涟水读 ei、uei，盐城读 ĩ、uei，扬州读 əi、uəi，各点都有少数字读 uɛ，如“会~计外”；开口三等一般读 i、ɿ，盐城还有读为 ĩ，扬州还有读为 əi，连云港把别的点读 ɿ 的字都读 ʅ 韵母，因其声母都为翘舌音，涟水还有读为 ei，如“例励厉”；开口四等读都为 i，涟水较特殊还有为 ei，如“莉隶丽礼黎犁迷”。

盐城蟹摄合口一等读 ĩ 韵母，比较特殊。ĩ 最早见于《江苏省和上海市方言概况》（1960 年），也见于苏晓青《江苏省盐城方言的语言》（1993），最新的材料（蔡华祥，2011：24）描写盐城（步凤）方言的音系时虽标写为 ɪ、o，没有鼻化符号，但是后文的说明文字（55 页）指出它们有时带较弱的鼻化色彩。因此可以肯定这种特殊读音确实存在。笔者 2013 年暑假对此进行了核对，发音人为亭湖区，鼻化很弱，韵母听感上是个复合元音，与 ei 接近，但是动程不明显，韵尾明显为 i，但主元音比 e 高，听感上较松，认为可以记为 ɪi。

盐城蟹止摄的 ĩ 韵母一般出现在帮组、端组、泥来母，笔者认为其早期形式应该是 uei，走过了 uei>ui>uɪ>ɪ>ĩ 音变，先是主元音的弱化脱落，之后是江淮官话常见的合口介音的脱落（见后文专题研究），再后是鼻化。下文镇江的 ɪ、uɪ 展现了这一音变过程的中间环节。

4）苏南片

	代定	买明	快溪	倍並	卫云	桂见	世书	计见
	蟹开一	蟹开二	蟹合二	蟹合一	蟹合三	蟹合四	蟹开三	蟹开四
南京	tae44	mae212	khuae44	pəi44	uəi44	kuəi44	ʂʅ44	tɕi44
句容	tɛ55	mɛ213	khuɛ55	pəi55	vəi55	kuəi55	sɿ55	tɕi55
镇江	tɛ55	mɛ313	khuɛ55	pɪ55	uɪ55	kuɪ55	sɿ55	tɕi55

苏南片中古开口一等和所有二等为一类，句容、镇江读 ɛ、uɛ、iɛ，南京读 ae、uae、iɛ（见组），各点都有少数读 ɑ 类，如“挂话画罢”；中古合口一三四等为一类，南京读 əi、uəi，句容读 əi、uəi，镇江读 ɪ、uɪ，各点都有少数字读 uɛ/uæ，如“会~计外”；开口三等一般读 i、ɿ（ʅ）；开口四等读都为 i。

5）泰如片

代定	买明	快溪	倍並	卫云	桂见	世书	计见

	蟹开一	蟹开二	蟹合二	蟹合一	蟹合三	蟹合四	蟹开三	蟹开四
大丰	tɛ45[1]	mɛ213	khuɛ45	pei45	vei45	kuei45	sɿ45	tɕi45
兴化	thɛ21	mɛ213	khuɛ21	pəi53	uəi21	kuəi53	sɿ53	tɕi53
泰州	tɛ33	mɛ213	khuɛ33	piĩ33	vəi33[2]	kuəi33	sɿ33	tɕi33
泰兴	tɛ44	mɛ213	khuɛ44	pəi44	uəi21	kuəi44	sɿ44	tɕi44
如皋	tɛ33	mɛ213	khuɛ33	pei33	vei21	kuei33	sɿ33	tɕi33

泰如片中古开口一等和所有二等为一类，读 ɛ、uɛ、iɛ，各点都有少数读 ɑ 类，如“挂话画罢”；中古合口一三四等为一类，大丰、如皋读 ei、uei，兴化、泰兴、泰州一般读 əi、uəi，各点都有少数字读 uɛ，如“会~计外”；开口三等一般读 i、ɿ；开口四等都读 i，兴化还有部分字读 əi（端组、泥来母）。

其中泰州合口一等灰韵字读 iĩ，较特殊；还有一些读 y 韵母的现象，如堆 ty、退 thy，下文专题研究。

2. 读音类型总结

可以发现，蟹摄读音大体可以分成三类：开口一等和所有二等为一类，读 ai 类（包括 ai、uai）；合口一三四等为一类，读 uei 类（包括 ei、uei）；开口三四等为一类，读 i、ɿ 类（包括 i、ɿ、ʅ）。此三类各点音值略有差异，总结见表 3-4。

表 3-4　蟹摄读音类型总结

中古韵类	读音类型	方言点
开口一等 开合二等	ai、uai（合二）	黄冈、孝感、黄梅、英山、麻城
	ɛ、iɛ（开二见）、uɛ（合二）	六安、舒城、庐江、滁州、淮安、连云港、涟水、盐城、扬州、句容、镇江、大丰、如皋、兴化、泰兴、泰州
	ᴇ、iᴇ（开二见）、uᴇ（合二）	合肥
	ae、iɛ（开二见）、uae（合二）	南京
合口一三四等	合一 i 合三四 ei、uei	孝感、黄冈、黄梅、英山、麻城
	合一 iĩ、uəi 合三四 əi、uəi	泰州
	ei、uei（ui）	六安、舒城、庐江、淮安、连云港、涟水、大丰、如皋
	əi、uəi	扬州、南京、句容、兴化、泰兴
	ɪ、uɪ	镇江
	ĩ、uei	盐城
	e、ue	合肥、滁州
开口三四等	i、ɿ（ʅ）	黄冈、孝感、黄梅、英山、麻城、淮安、连云港、涟水、盐城、扬州、句容、镇江、南京、大丰、如皋、兴化、泰兴、泰州
	ʅ（ɿ）	六安、舒城、庐江、滁州、合肥

① 大丰此处为文读，还有白读 thɛ21，泰州、泰兴、如皋也一样。
② 泰州“卫”还有一读 vəi21。

根据上述读音类型，可以把近代江淮官话蟹摄开口一二等构拟为低元音*ɛ，把合口二等构拟为*uɛ。本书不构拟为 ai 是因为今江淮官话读 ɛ 占绝对优势，更能体现江淮官话单元音多的特点；可把近代合口一三四等构拟为*uei，开口三四等构拟为*i、*ɿ、*ʅ。

3.4.2　止摄

1. 今读类型

由于止摄只有三等韵，下面分小韵研究。

1）黄孝片

	臂帮	迟澄	思心	几见	归见	睡禅	龟见	累来	遂邪
	开三支	开三脂	开三之	开三微	合三微	合三支	合三脂	合三支	合三脂
孝感	pi35	tʂhʅ31	sɿ24	tɕi53	kuei24	ʂʯei33	kuei24	ni33	ɕi33
黄冈	pi35	tshɿ313	sɿ33	tɕi42	kuei33	ɕyei44	kuei33	ni44	ɕi44
麻城	—	tʂhʅ42	sɿ313	tɕi55	kuei313	ʂʯei33	kuei313	ni33	ɕi33
黄梅	pi15	tshɿ53	sɿ11	tɕi35	kuei11	ɕyei33	kuei11	li33	ɕi33
英山	pi35	tʂhʅ31	sɿ11	tɕi44	kuei11	ʂʯei33	kuei11	ni33	ɕi33

黄孝片开口支、脂、之、微韵一般读 i、ɿ、ʅ，但帮组“碑卑悲”等读 ei，日母“而尔二”等字读 ɚ/ə（下文专题研究）。合口支、脂、微韵一般读 uei（ʯei），但非组“飞费肥”等读 ei，支、脂韵有少数读 i 韵母，如“累遂”。

2）皖中片

	皮並	迟澄	厘来	几~个见	吹昌	龟见	嘴精	垒来	飞非
	开三支	开三脂	开三之	开三微	合三支	合三脂	合三支	合三脂	合三微
六安	phɿ35	tʂhʅ35	nɿ35	tsɿ24	tʂhui313	kui313	tsei24	lci24	fci313
舒城	phɿ24	tʂhʅ24	zɿ24	tsɿ213	tʂhuei21	kuei21	tsei213	lei213	fei21
滁州	phɿ35	tʂhʅ35	nɿ35	tʃɿ21	tʂhue42	kuc42	tse21	le21	fe42
合肥	phɿ55	tʂhʅ55	zɿ55	tsɿ34	tʂhue21	kue21	tse34	le34	fe21
庐江	phɿ31	tʂhʅ31	nɿ31	tsɿ213	tʂhuei55	kuei55	tsei213	lei213	fei55

皖中片开口支、脂、之、微韵一般读 ɿ、ʅ，其中 ɿ 韵母不限于精组，还包括帮组、见组、泥来等普通话读 i 韵母的字，所以皖中片止摄一般没有 i 韵母（有些点只剩“你”一字读 i 韵母）；此外，帮组“碑被美眉备悲”等读 ei，日母“耳儿二”等读 a/ɔ/e。合口支、脂、微韵一般读 ui、ei（滁州、合肥读 ue、e），其中读开口呼 ei/e 的一般为非组、精组、泥来母。

3）扬淮片

皮並	迟澄	厘来	几~个见	吹昌	龟见	嘴精	类来	飞非

	开三支	开三脂	开三之	开三微	合三支	合三脂	合三支	合三脂	合三微
扬州	phi35	tshɿ35	li35	tɕi42	tshuəi31	kuəi31	tsuəi42	luəi55	fəi31
连云港	—	tʂhʅ35	li35	tɕi41	tʂhuei214	kuei214	tʂei41	lei55	fei214
涟水	phi35	tshɿ35	nei35	tɕi212	tshuei31	kuei31	tsei212	nei55	fei31
淮安	phi24	tshɿ24	li24	tɕi212	tshuei42	kuei42	tsei212	lei55	fei42
盐城	phi213	tshɿ213	li213	tɕi53	tshuei31	kuei31	tsuei53	lĩ35	fĩ31

扬淮片开口支、脂、之、微韵一般读 i、ɿ（扬淮片知系、精组合流，读平舌，但连云港都读翘舌，所以止摄读 i、ʅ），但帮组“碑被美眉备悲”等读 ei/əi/ĩ，日母“耳儿二”等读 ɚ/ɔ/a/ɛ。合口支、脂、微韵一般读 uei、ei（əi/ĩ），其中读开口呼 ei/əi/ĩ 的，有的方言仅限非组，有的方言还包括精组、泥来母。

4）苏南片

	皮並	迟澄	里来	几~个见	吹昌	龟见	嘴精	类来	飞非
	开三支	开三脂	开三之	开三微	合三支	合三脂	合三支	合三脂	合三微
南京	phi24	tʂhʅ24	ni212	tɕi212	tʂhuəi31	kuəi31	tsuəi212	luəi44	fəi31
句容	phi24	tshɿ24	ni213	tɕi213	tshuəi31	kuəi31	tsəi213	nəi55	fəi31
镇江	phi35	tshɿ35	li313	tɕi313	tshuɪ21	kuɪ21	tsuɪ313	luɪ55	fɪ21

苏南片开口支、脂、之、微韵一般读 i、ɿ（南京分平翘，还有 ʅ），但帮组“碑被美眉备悲”等读 əi/ɪ，日母“耳儿二”读 ɚ/a；合口读 uəi、əi // uɪ、ɪ，其中读开口呼的，镇江、南京仅限非组，句容还包括精组、泥来母。

5）泰如片

	皮並	迟澄	思心	几见~个	嘴①精	吹昌	类来	穗②邪	归见
	开三支	开三脂	开三之	开三微	合三支	合三支	合三脂	合三脂	合三微
大丰	phi35	tshɿ35	sɿ21	tɕi213	tsuei213	tshuei21	nuəi21	tshuei21	kuei21
兴化	phi34	tshɿ34	sɿ33	tɕi213	tsuəi213	tshuəi33	ləi21	suəi21	kuəi33
泰州	phi45	tshɿ45	sɿ21	tɕi213	tsuəi213	tshuəi21	nuəi33	ɕy21	kuəi21
泰兴	phi45	tshɿ45	sɿ21	tɕi213	tsuəi213	tshuəi21	ləi21	tshuəi21	kuəi21
如皋	phi35	tshɿ35	sɿ21	tɕi213	tsuei213	tshuei21	luei21	tɕhy21	kuei21

泰如片开口支、脂、之、微韵一般读 i、ɿ，但帮组“碑被美眉备悲”等字有文白读，文读 ei/əi/iĩ，白读 i，日母“耳儿二”等读 ɚ；合口支、脂韵有文白读，文读 uei/uəi，白读 y（同鱼韵），这是所谓“之微入鱼”，后文专题研究。

① “嘴”字在大丰、泰州、如皋分别还有白读音 tɕy213、tɕy213、tɕy213。
② “穗”字在泰州还有白读音 tɕhy21。

2. 读音类型总结

通过上面的分析，可以发现止摄大体分开合两类：开口读 i、ɿ 类（包括 i、ɿ、ʅ），合口读 ei 类（包括 ei、uei）。实际各方言音值略有不同，总结见表 3-5[①]。

表 3-5　止摄读音类型总结

中古音类	读音类型	方言点
止摄开口	i、ɿ（ʅ）	孝感、黄冈、麻城、英山、黄梅
	ɿ、ʅ	舒城、庐江、六安、滁州、合肥
	i、ɿ	扬州、连云港、涟水、淮安、盐城、南京、句容、大丰、兴化、泰兴、镇江、泰州、如皋
止摄合口	uei（ui）、ei // uəi、əi	扬州、连云港、涟水、淮安、盐城、南京、句容、大丰、兴化、泰兴、舒城、庐江、六安
止摄合口	ue、e	滁州、合肥
	uɪ、ɪ	镇江
	uei（ɥei）、ei、i（少数）	孝感、黄冈、麻城、英山、黄梅
	文读 uei、ei // uəi、əi 白读 y	泰州、如皋

根据以上读音可以推测，止摄开口早期为*i，后来在精组、知系声母后发生了 i>ɿ、ʅ的舌尖化音变，在其他声组后保留 i；止摄合口早期应该为*uei，后来不同方言出现了各种变体。

3.4.3　蟹止摄的历史演变分析

1. 蟹止摄的合并

通过读音类型可以发现，止摄开口与蟹摄开口三四等读音类型相同，二者合并；止摄合口与蟹摄合口一三四等韵读音类型相同，二者合并。示意如图 3-1 所示。

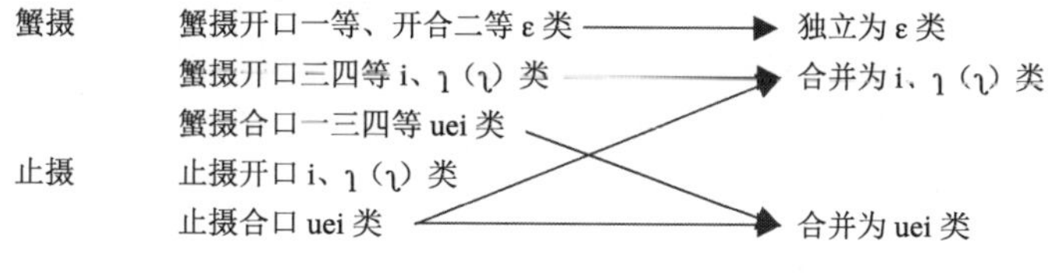

图 3-1　蟹止摄的分化合并

2. “儿系字”的演变

日母止摄的“儿耳二”等字（李思敬 1994 称为“儿系列字”，本书简称“儿系字”）读音不同于止摄其他声组字，下面按读音类型可分成 5 类，见表 3-6。

① 用“//”把不同方言的成组读音类型隔开；用“()”把不同方言的单个读音类型隔开，这种情况有时也用“/”标注；用“、”分隔同一方言不同环境下的不同读音类型。

表 3-6　“儿系字”读音类型总结

读音类型	方言点
ɚ	孝感、麻城、英山、淮安、涟水、南京、句容、泰兴、如皋、大丰、泰州、兴化
ə	黄梅、黄冈
a	镇江、合肥、扬州、六安、舒城
e/ɛ	滁州、连云港
ɔ	盐城、庐江

在前面日母字的讨论中，据王力（1985）的研究确定北方官话中“儿系字”声母的演变过程是 ȵ>ʐ>∅，加上韵母因素，全面的演变过程应该是 ȵi>ʐʅ>ɚ。李思敬（1994）对官话（北方官话）中[ɚ]音的发展演变史进行了专门研究，把近代演变过程概括为：*ɻʅ>ʅ>ɚ，金元时代是[ɻʅ]，经历[ʅ]的过渡，明代前期产生[ɚ]音。李思敬的研究是对王力 ʐʅ>ɚ 音变中间阶段的补充，他构拟的早期形式*[ɻʅ]和王力的[ʐʅ]接近，差别仅在声母，但是他的重点不在审音，而在讲史。

本书认为整个音变过程是声韵母相互影响的过程：日母早期是鼻音 ȵ，由于韵母的舌尖化（止摄在舌齿音后的舌尖化是官话的普遍音变），使声母的鼻音特征消失，而增加卷舌特征，卷舌的结果是舌位下降，与央元音 ə 舌位接近，但是由于又要保持卷舌特征，所以发成了 ɚ。李思敬（1994：101-105）也认为普通话的 ɚ 并不是一个单元音，而是一个复元音，是准确的。

那么江淮官话今读几种类型之间的关系是怎样的呢？哪种类型更早呢？本书泰州话依据顾黔（2001）记音为 ɚ，但是成文于 1964 年的《泰州方音史和通泰方言史研究》（鲁国尧，2003b）里泰州话记音，“儿系字”读 ə，不带翘舌特征。该文（鲁国尧，2003b：73-74）对 ə 读音的来源做了考证，发现百年前泰州话的“儿耳二”等字的读音是 zʅ，读 ə 是来自普通话的影响。这就是说，泰州话的 zʅ 是自身音系演变出来的，这与北方官话的 ʐʅ 处在同一历史阶段，后来普通话的 ɚ 影响到泰州话，泰州话放弃了自身的 zʅ，而效仿 ɚ 读法，但是受到自身方言音系所限（无翘舌音、无儿化韵），却读成了 ə，这是 ɚ 的地方变体。而顾黔（2001）记音为 ɚ，说明由于普通话影响的加深，方音得到了纠正。

鉴于此，本书认为江淮“儿系字”今读 ɚ 是近几十年源于普通话的影响。今 ə、a、ɔ、e、ɛ 之间存在如下关系：近代读音为*ə，这是在北方官话 ɚ 音影响下产生的地方变体，鲁国尧 1964 年的泰州记音及黄孝片的黄梅、黄冈的今读体现了这一层次；后来不同方言各自发生了*ə>a、*ə>ɔ、*ə>e、*ə>ɛ 的音变，音变动力是由于流摄的排斥，因为*ə 与这些方言流摄的读音接近，例如，镇江、合肥、扬州、盐城流摄韵母分别为 ə、ɯ、ɵ、ɤ，它们排斥“儿系字”，使之发生音变。

孙宜志（2006：75）基于《切韵声原》中有“儿为独字，姑以人谁切附此”的说法，认为此时儿韵已经形成，推测至迟在明末安徽江淮官话“儿”韵就有了卷舌元音读法。本书赞同此时“儿”韵已经形成的观点，但是“儿”韵的音值未必就是卷舌元音，拟为ə有更强的解释力。另据明代江淮地区军屯移民后裔的语言——海南崖城军话、儋州中和军话、东方八所军话儿系字今都读ə（丘学强，2005：56-58），也可作为旁证。

3. 支微入鱼

“支微入鱼”指止摄合口支韵、脂韵、微韵的部分字读同遇摄合口三等鱼韵（y），简称“支微入鱼”，后来笼统的是指中古止摄合口三等读同遇摄合口三等的现象。这一现象在吴语中最典型，张光宇（1993）、顾黔（1997）、王军虎（2004）分别研究了这一现象在吴语、江淮官话泰如片、晋陕甘方言中的表现。江淮官话“支微入鱼”主要分布在泰如片，但是覆盖的韵摄范围有所不同。

泰如片止摄合口三等支、脂韵有文白读，一般文读 uei/uəi 韵母，白读 y 韵，统计见表 3-7（加“__”线为白读，只有一读的不加标注）。

表 3-7　泰如片支、脂韵文白读情况

如皋	累 ly 嘴 tɕy 随 tɕhy（支韵）泪 ly 醉 tɕy 翠 tɕhy 虽 ɕy 穗 tɕhy（脂韵）
海安	嘴 tɕy 随 tɕhy（支韵）醉 tɕy 虽 ɕy 穗 tɕhy（脂韵）
东台	嘴 tɕy 随 tɕhy 吹 tɕhy 垂 tɕhy 睡 ɕy（支韵）类 ny 泪 ny 醉 tɕy 翠 tɕhy 虽 ɕy 穗 tɕhy 追 tɕy 锤 tɕhy 锥 tɕy 水 ɕy（脂韵）
大丰	嘴 tɕy 随 ɕy 垂 tɕhy 睡 ɕy（支韵）泪 ny 醉 tɕy 追 tɕy 水 ɕy（脂韵）
姜堰	累 ny 嘴 tɕy 随 tɕhy 吹 tɕhy 垂 ɕy 睡 ɕy（支韵）类 ny 泪 ny 醉 tɕy 翠 tɕhy 虽 ɕy 穗 tɕhy 追 tɕy 锤 tɕhy 锥 tɕy 水 ɕy 谁 ɕy（脂韵）
泰州	嘴 tɕy（支韵）醉 tɕy 虽 ɕy 穗 tɕhy 追 tɕy 锥 tɕy 水 ɕy（脂韵）

此外，泰如片蟹摄合口一等灰韵也有文白读，一般文读 uei/uəi 韵母，白读 i/y 韵，统计见表 3-8[①]（加“__”线为白读，只有一读的不加标注）。

表 3-8　泰如片灰韵文白读情况

如皋	读 i	背 phi 陪 phi 妹 mi
	读 y	堆 ty 对 ty 推 ty 腿 thy 退 thy 兑 ty 内 ny 雷 ly 崔 tɕhy 罪 tɕhy 碎 ɕy
海安	读 i	背 phi 陪 phi
	读 y	堆 tɕy 对 tɕy 推 tɕy 腿 tɕhy 退 tɕhy 兑 tɕy 雷 ny 崔 tɕhy 罪 tɕhy 碎 ɕy
东台	读 i	背 phi 陪 phi 妹 mi
	读 y	堆 tɕy 对 tɕy 推 tɕy 腿 tɕhy 退 tɕhy 队 tɕy 兑 thy 内 ny 雷 ny 最 tɕy 崔 tɕhy 罪 tɕhy 碎 ɕy
大丰	读 i	背 phi 陪 phi 妹 mi
	读 y	对 tɕy 推 tɕy 腿 tɕhy 退 tɕhy 队 tɕy 雷 ny 最 tɕy 碎 ɕy
姜堰	读 i	背 phɿ 妹 mɿ
	读 y	堆 ty 对 ty 推 ty 腿 thy 退 thy 队 ty 兑 ty 内 ny 雷 ny 最 tɕy 崔 tɕhy 罪 tɕhy 碎 ɕy
泰州	读 i	背 phi 陪 phi 妹 mi
	读 y	堆 ty 对 ty 推 ty 腿 thy 退 thy 兑 ty 雷 ny 崔 tɕhy 罪 tɕhy 碎 ɕy

① 蟹摄合口三等“脆岁”两字的白读一般也为 y 韵母。

可以发现，泰如片对“支微入鱼”的内涵有扩展，读同“鱼”韵的不仅有止摄的“支、脂”韵字，还有蟹摄的“灰”韵字，因此可以说成“支脂灰入鱼”。

那么泰如片“支脂灰入鱼”的演变过程是怎样的呢？

泰如片灰韵白读 i、y 两种类型并存能够提示一些历史演变信息，“灰”韵白读 i 的限于帮组，白读 y 的限于端组、精组、泥来母。i 和 y 的区别为是否圆唇，把 y 的圆唇成分去掉就变成了 i。因此 i、y 应该有共同的早期形式，后来在不同声母后发生了分化。笔者认为这个共同的早期形式是 ui，帮组对 u 有异化作用，发生了 ui>i 的变异（如 pui>pi，表达式可写为 u>Ø/唇音_）；端组、精组、泥来母后发生了 ui>y 的融合。

今读 i 或 y 的一个主导因素是合口介音是否消失，不消失就读 y 韵母，消失就读 i 韵母。可以发现上述泰如片“支脂灰入鱼”的字一般限于精组、端组和泥来母字，而这些方言点的特点是精组、端组、泥来母与蟹止摄韵母相拼时，合口介音保留，仅在帮组后消失（唇音后合口介音容易消失，详见“开口化音变”），因此出现分化。

可以作为旁证的是黄孝片开口化音变包括帮、精、端、泥来组，即帮、精、端、泥来母与蟹止摄相拼，合口介音都消失（详见“开口化音变”），因此这些字都读 i 韵母，见表 3-9。

表 3-9　黄孝片蟹止摄古合口介音消失的情况

蟹摄合口一等（“灰”韵）	
孝感	背 pi35 倍 pi33 佩 pi33 配 phi35 梅 mi31 兑 ti35 对 ti35 内 ni33 最 tɕi35 罪 tɕi33
黄冈	倍 pi44 佩 pi35 配 phi35 梅 mi313 兑 ti35 对 ti35 内 ni44 最 tɕi35 罪 tɕi44
麻城	背 pi35 倍 pi33 佩 pi33 梅 mi42 队 ti35 兑 ti35 对 ti35 内 ȵi33 罪 tɕi33 最 tɕi35
黄梅	佩 pi33 倍 pi33 梅 mi53 兑 ti15 堆 ti11 对 ti15 内 ȵi33 罪 tɕi33 最 tɕi15
英山	倍 pi33 佩 pi33 梅 mi31 兑 ti35 对 ti35 内 ni33 罪 tɕi33
止摄合口三等（“支脂”韵）	
孝感	累 ni33 随 ɕi31（支韵）季 tɕi35 醉 tɕi35 遂 ɕi33 粹 tɕi35 类 ni33 遗 i31（脂韵）
黄冈	累 ni44 随 ɕi313（支韵）季 tɕi35 遂 ɕi44 粹 ʨhi35 类 ni44 遗 i313（脂韵）
麻城	累 ni33 随 ɕi42（支韵）季 tɕi35 遂 ɕi33 粹 ʨhi35 类 ni33 遗 i42（脂韵）
黄梅	累 li33 随 ɕi53（支韵）季 tɕi15 遂 ɕi33 粹 ʨhi15 类 li33 遗 i53（脂韵）
英山	累 ni33 随 ɕi31（支韵）季 tɕi35 遂 ɕi33 类 ni33 遗 i31（脂韵）

关于“支脂灰入鱼”的音变时间，笔者认为其早期形式*ui 应该来源于更早期的 uei，后来发生了 uei>ui 的音变，六安、镇江蟹止摄的 ui/uɪ 保存了这种形式。因此，“灰支脂入鱼”是中古以后的变化，应该发生在蟹止摄合并以后。

3.4.4　历史材料中的表现

1. 明末《切韵声原》

蟹、止摄分布在图 3“噫支”韵和图 4“限挨”韵中，具体见表 3-10（“拟音”指本书给它的拟音，下同）。

表 3-10　蟹、止摄在《切韵声原》中的安排及其拟音

韵图	每图包含的中古音类	拟音
图 3	第一栏有蟹摄合口一三等、止摄合口三等，今读为 uei 类韵母	uei
	第二栏有蟹摄开口三四等、止摄开口三等，今读为 i、ɿ/ʅ（少数）韵母	i
	第三栏有止摄开口三等（“儿耳二”也在此栏），今读ɿ、ʅ韵母	ɿ、ʅ
图 4	第一栏有蟹摄开口一等，及止摄合口三等字“衰帅追”，今读 ai/ɛ 类韵母	ai
	第二栏有蟹摄开口二等，今读 ai/ɛ（知系）、iɛ（见组）韵母	iai
	第三栏有蟹摄开口二等，今读韵母 ai/ɛ（帮组）；合口二等，今读 uai/uɛ 韵母；合口一等（杯灰隈），今读 ei、uei 韵母	uai

由于《切韵声原》遵循每一栏读音相同的原则，图 3 第一栏拟音应该是 uei 韵母；第二栏的读音可拟音为 i，那些今读ɿ、ʅ的字“制世（蟹摄）知只质迟耻（止摄）”当时应读 i 韵母；第三栏已经读同今韵母ɿ、ʅ。

图 4 第一栏拟为 ai；第二栏拟为 iai，有 i 介音，今读知系后脱落，见系保留；第三栏为 uai，应该有 u 介音，今读帮组后异化脱落，ei、uei 是其变体。三栏分别是开、齐、合口呼，符合《切韵声原》的一贯原则。

综合来看，中古至明末蟹、止两摄发生了合并，但是并不是混为一体，而是进行了重新分类，一类以蟹摄为主体，读 ai 类（包括 ai、iai、uai），一类以止摄为主体，有 uei、i、ɿ、ʅ四种读音。那么从中古至明末的演变情况可概括见图 3-2（未见蟹摄合口四等字，演变情况空缺）。

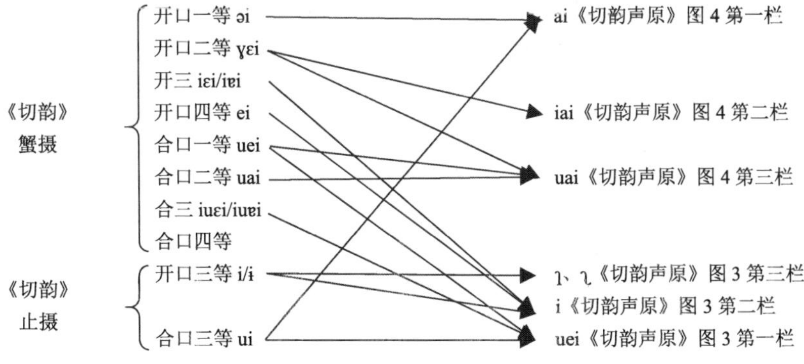

图 3-2　《切韵声韵》蟹、止摄分化合并图

2. 清中期《五声反切正韵》

蟹、止摄分布在第 6、7、8、11、12、13 图中。具体情况见表 3-11。

表 3-11　蟹、止摄在《五声反切正韵》中的安排及其拟音

韵图	每图包含的中古音类	拟音
第 6 兹	主要是止摄开口三等字（仅“滞”为蟹摄），今读为ɿ、ʅ韵母	ɿ、ʅ
第 7 基	有蟹摄开口四等、止摄开口三等（“儿耳二”在此图），今读多为 i 韵母	i
第 8 归	蟹摄合口一等、止摄合口三等，今读 ei、uei 韵母	uei
第 11 皆	蟹摄开口二等韵（仅“艾埃”两字为一等），今读 ai∥ɛ、iɛ 等	iai
第 12 该	蟹摄开口一二等韵，今读 ai∥ɛ、iɛ 等	ai
第 13 乖	蟹摄合口一二等，今读 uai∥uɛ 等	uai

可以发现第 11 皆和第 12 该今读相同，但在清中期读音应该是不同的，因为它们分居两图；而且从韵图安排来看，见组、晓匣母两图都有字，形成对立，排除了因语音条件不同而互补的可能。

那么二者读音有何不同呢？还得从韵图安排入手分析。在两图对立的见组、晓匣母字中，分布在图 11 中的是“皆解戒、鞋蟹懈”，在图 12 中的是“该改盖、孩海亥”，可见二者的区别是有无 i 介音。因此本书把第 11 韵母拟为 iai，第 12 韵母拟为 ai。这一拟音与李新魁（1983a）相同，李先生没有说明拟音的依据，本书依据韵图的安排，做出这一拟音。第 6 拟音为ɿ、ʅ，第 7 拟音为 i，第 8 拟音为 uei，第 13 拟音为 uai，这些拟音与今读接近，当无争议。

因此可以把中古到清中期的演变情况归纳见图 3-3（材料收字有限，未见蟹摄开口三等、蟹摄合口三等、蟹摄合口四等的字，演变情况空缺）。

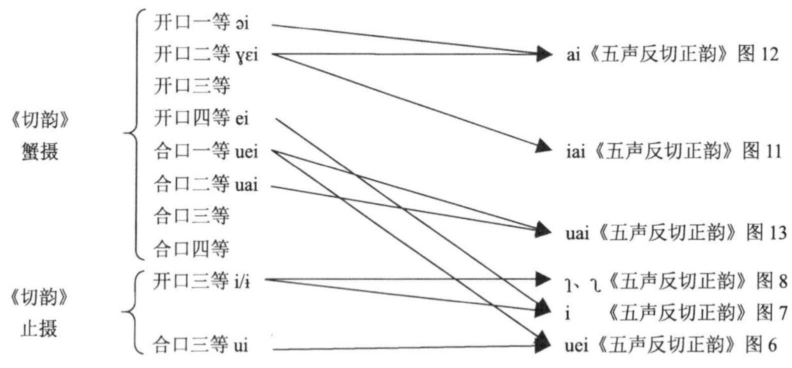

图 3-3　《五声反切正韵》中蟹止摄的分化合并情况

由上述情况可知，明末至清中期蟹止摄的读音情况稳定，读音类型基本没有变化，都为 6 种读音类型（ai、iai、uai、ɿ/ʅ、i、uei）。但是通过《切韵声原》与《五声反切正韵》的对比可知，中古音类从明末至清中期发生了少许变化：蟹摄开口二等在清代出现了读 ai 的情况，而没有了读 uai 的情况，笔者发现发生这种变化的都是帮组字："拜买卖埋排摆派"，这是由于唇音声母对合口介音的异化；还有一些音变消失了，如蟹开三 iɛi/iɐi＞i 的演变，蟹合三 iuɛi/iuɐi＞uei 的演变，这可能是由于材料收字有限，没有展示出来，今方言中这种音变是存在的。

3.4.5　近代读音构拟

根据方言今读的读音情况，可以把近代蟹止摄读音构拟见表 3-12。

表 3-12　近代江淮官话蟹止摄读音构拟

近代江淮官话音值	所包含的中古音类
ɛ 类（包括 ɛ、iɛ、uɛ）	蟹摄开口一等、开合二等
uei 类（包括 ei、uei）	蟹摄合口一三四等＋止摄合口三等
i	蟹摄开口三四等（精组、知系除外）＋止摄开口三等（精组、知系除外）
ɿ、ʅ	蟹摄开口三四等（精组、知系）+止摄开口三等（精组、知系）
ə	止摄日母（儿系字）

ɛ 类拟为单韵母而不拟为复韵母 ai，是因为今江淮官话多数都为单韵母。"儿系字"的 ə 是在近代北方官话 ɚ 读音影响下产生的地方变体，后来不同方言各自发生了不同音变，产生了 a、ɔ、e、ɛ 等类型。

3.5 效　摄

3.5.1　今读类型

1. 黄孝片

	保帮	到端	炒初	猫明	乔群	消心	跳透	叫见
	效开一	效开一	效开二	效开二	效开三	效开三	效开四	效开四
孝感	pau53	tau35	tʂhau53	mau31	tɕhiau31	ɕiau24	thiau35	tɕiau35
黄冈	pau42	tau35	tshau42	—	tɕhiau313	ɕiau33	thiau35	tɕiau35
麻城	pau55	tau35	tshau55	mau313	tɕhiau42	ɕiau313	thiau35	tɕiau35
黄梅	pau35	tau15	tshau35	mau53	tɕhiau53	ɕiau11	—	tɕiau15
英山	pau44	tau35	tshau44	mau31	tɕhiau31	ɕiau11	thiau35	tɕiau35

黄孝片读 au 类（包括 au、iau）。

2. 皖中片

	保帮 效开一	到端 效开一	炒初 效开二	茅明 效开二	巧群 效开三	消心 效开三	跳透 效开四	叫见 效开四
六安	pɔ24	tɔ53	tʂhɔ24	mɔ35	tɕhiɔ24	ɕiɔ313	thiɔ53	tɕiɔ53
舒城	pɔ213	tɔ54	tʂhɔ213	mɔ24	tɕhiɔ213	ɕiɔ21	thiɔ54	tɕiɔ54
滁州	pɔ21	tɔ55	tʂhɔ21	mɔ35	tɕhiɔ21	ɕiɔ42	thiɔ55	tɕiɔ55
合肥	pɔ34	tɔ53	tʂhɔ34	ɔ55	tɕhiɔ34	ɕiɔ21	thiɔ53	tɕiɔ53
庐江	pɔ213	tɔ35	tʂhɔ213	mɔ31	tɕhiɔ213①	ɕiɔ55	thiɔ35	tɕiɔ35

皖中片读 ɔ 类（包括 ɔ、iɔ）。

3. 扬淮片

	保帮 效开一	到端 效开一	炒初 效开二	猫②明 效开二	乔群 效开三	消心 效开三	跳透 效开四	叫见 效开四
扬州	pɔ42	tɔ55	tshɔ42③	mɔ35	tɕhiɔ35	ɕiɔ31	thiɔ55	tɕiɔ55
连云港	pɔ41	tɔ55	tʂhɔ41	mɔ35	tɕhiɔ35	ɕiɔ214	thiɔ55	tɕiɔ55
涟水	pɔ212	tɔ55	tshɔ212	mɔ35	tɕhiɔ35	ɕiɔ31	thiɔ55	tɕiɔ55
淮安	pɔ212	tɔ55	tshɔ212	mɔ24	tɕhiɔ24	ɕiɔ42	thiɔ55	tɕiɔ55
盐城	pɔ53	tɔ35	tshɔ53	mɔ213	tɕhiɔ213	ɕiɔ31	thiɔ35	tɕiɔ35

扬淮片读 ɔ 类。

4. 苏南片

	保帮 效开一	到端 效开一	炒初 效开二	猫明 效开二	乔群 效开三	消心 效开三	跳透 效开四	叫见 效开四
南京	pɔo212	tɔo44	tʂhɔo212	mɔo24④	tɕhiɔo24	siɔo31	thiɔo44	tɕiɔo44
句容	pɔu213	tɔu55	tshɔu213	mɔu24	tɕhiɔu24	ɕiɔu31	thiɔu55	tɕiɔu55
镇江	pɔ313	tɔ55	tshɔ313	mɔ35	tɕhiɔ35	ɕiɔ21	thiɔ55	tɕiɔ55

苏南片的南京读 ɔo 类，句容读 ɔu 类，镇江读 ɔ 类。

5. 泰如片

	保帮	到端	炒初	猫明	乔群	消心	跳透	叫见

① 还有一读阴平，tɕhiɔ55。
② “猫”字在连云港还有一读 mɔ214；盐城还有文读 miɔ213。
③ 还有一读去声，tshɔ55。
④ 还有一读阴平，mɔ31。

	效开一	效开一	效开二	效开二	效开三	效开三	效开四	效开四
大丰	pɔ213	tɔ45	tshɔ213	mɔ35	tɕhiɔ35	ɕiɔ21	thiɔ45	tɕiɔ45
兴化	pɔ213	tɔ53	tshɔ213	mɔ34	tɕhiɔ34	ɕiɔ33	thiɔ53	tɕiɔ53
泰州	pɔ213	tɔ33	tshɔ213	mɔ45	tɕhiɔ45	ɕiɔ21	thiɔ33	tɕiɔ33
泰兴	pɔ213	tɔ44	tshɔ213	mɔ45	tɕhiɔ45	ɕiɔ21	thiɔ44	tɕiɔ44
如皋	pɔ213	tɔ33	tshɔ213	mɔ35①	tɕhiɔ35	ɕiɔ21	thiɔ33	tɕiɔ33

泰如片都读 ɔ 类。

3.5.2　类型总结及历史演变分析

可把上面的读音类型总结见表 3-13。

表 3-13　效摄读音类型总结

类型	方言点
au	黄梅、孝感、麻城、英山、黄冈
ɔu	句容
ɔo	南京
ɔ	六安、合肥、庐江、舒城、滁州、连云港、涟水、淮安、扬州、盐城、镇江、大丰、兴化、如皋、泰州、泰兴

4 种类型可以分成两类，一类是复合元音，一类是单元音。三种复合元音，就音值而言，不同在于开口度动程的大小，au 动程最大，ɔu 其次，ɔo 最小。如果再加上单元音的形式，这 4 种类型表现了效摄动程由大到小，由复元音走向单元音的过程，我们称之为单元音化，单元音化是江淮官话的一个特点。

3.5.3　近代读音构拟

《切韵声原》《五声反切正韵》等历史材料，效摄都是独立的，基本没有分化。结合方言的今读情况，可以把近代江淮官话效摄的读音构拟为 ɔ，单元音形式能够显示江淮官话的特点（表 3-14）。

表 3-14　近代江淮官话效摄读音构拟

近代江淮官话音值	包含的中古韵类
*ɔ	效开一，效开二（多数），效开三（知系）
*iɔ	效开三（多数），效开四，效开二（见组）

① 此为白读，还有文读 miɔ35，如“熊～”。

3.6 流 摄

3.6.1 今读类型

1. 黄孝片

	亩明 流开一	头定 流开一	走精 流开一	后匣 流开一	丑昌 流开三	纠见 流开三	牛疑 流开三	幼影 流开三
孝感	məu53	thəu31	tsəu53	xəu33	tʂhəu53	tɕiəu24	niəu31	iəu35
麻城	məu55	thəu42	tsəu55	xəu33	tʂhəu55	tɕiəu313	ȵiəu42	iəu35
黄梅	meu35	theu53	tseu35	xeu33	tsheu35	tɕieu11	ȵieu53	ieu15
黄冈	mau42	thəu313	thəu313	xəu44	tshəu42	tɕiəu33	ȵiəu313	iəu35
英山	mau44	thəu31	tsəu44	xəu33	tʂhəu44	tɕiəu11	ȵiəu31	iəu35

流摄一般都读复合元音，韵基（韵母中除掉介音的部分）有 əu、eu 两类。

此外，各点流开一帮组、流开三非组读音与主流读音不同：孝感、麻城、黄梅“某亩”读 əu/eu，“戊妇负”读 u 韵母；黄冈、英山“某亩否”读 au，“戊妇负”读 u 韵母。

比较特殊的是 u 的来源，本书认为它是条件音变，是 əu 在唇音后的变异。中古拟音流摄一等“侯”韵 əu，三等“幽”韵 ɨu、“尤”韵 iu（潘悟云，2000）。通语书面语中“侯尤”韵唇音字在唐代就有变入遇摄的，见于慧琳反切、唐代墓志铭用韵，北宋词韵中也有此特点（麦耘，2002），这说明这种变异发生的时间很早。

2. 皖中片

	亩明 流开一	头定 流开一	走精 流开一	厚匣 流开一	丑昌 流开三	纠见 流开三	牛疑 流开三	幼影 流开三
六安	mɷ24	thəɯ35	tsəɯ24	xəɯ53	tʂhəɯ24	tɕiəɯ313	liəɯ35	iəɯ53
舒城	mu213	thəɯ24	tsəɯ213	xəɯ54	tʂhəɯ213	tɕiəɯ21	liəɯ24	iəɯ54
滁州	mɷ3	tho35	tso21	xo55	tʂho21	tɕio42	lio35	io55
合肥	mʊ34①	thɯ55	tsɯ34	xɯ53	tʂhɯ34	tɕiɯ21	liɯ55	iɯ53
庐江	mo213	thəy31	tsəy213	xiy35	tʂhəy213	tɕiy55	ləy31	iy35

流摄韵母各异，六安、舒城读复合元音 əɯ，滁州、合肥读单元音韵基 o、ɯ，庐江流摄有分化，大部分精、见组及所有影组读 iy，其他读 əy。

① 还有 məŋ34 白读。

此外，各点流开一帮组、流开三非组读音也与主流读音不同，以帮组的“亩母剖”、非组的“富否妇副”为例：六安帮、非组都读 ɷ 韵母；舒城帮组后读 u 韵母，非组后读 ʉ 韵母；滁州帮组后读 ɷ 韵母，非组后读 u 韵母；合肥帮组后读 ʋ 韵母，有些还有 məŋ 白读，非组后读 u 韵母；庐江帮组后读 o 韵母，非组后读 u 韵母。

帮组、非组的这些 ɷ、ʉ、ʋ、o 应该都来自早期变异形式*u 的再变化，与*u 相去不远。合肥帮组“亩母”等字白读鼻音韵母 məŋ，应该源于鼻音声母的同化。

3. 扬淮片

	亩明	头定	走精	后匣	丑昌	纠见	牛疑	幼影
	流开一	流开一	流开一	流开一	流开三	流开三	流开三	流开三
扬州	mo42	thɵ35	tsɵ42	xɵ55	tshɵ42	tɕiɵ31	liɵ35	iɵ55
连云港	mo41	thəɯ35	tʂəɯ41	xəɯ55	tʂhəɯ41	tɕiəɯ214	liəɯ35	iəɯ55
涟水	mo212	—	tsəu212	xəu55	tshəu212	tɕiu31	niu35①	iu55
淮安	mo212②	thəɯ24	tsəɯ212	xəɯ55	tshəɯ212	tɕiəɯ42	liəɯ24	iəɯ55
盐城	mõ53	thɤ213	tsɤ53	xɤ35	tshɤ53	tɕiɤ31	niɤ213	iɤ35

扬淮片流摄读音类型也比较丰富，有复元音韵基 əɯ、əu，有单元音韵基 ɵ、ɤ。涟水部分精组、见组、泥来、影组读 iu，应该来自 iəu>iu 的音变。

此外，各点流开一帮组、流开三非组读音也与主流读音不同：扬州、连云港、涟水“母某亩”读 o 韵母，“富妇负”读 u 韵母；淮安“母某亩”读 o 韵母，其中“亩”还有白读音 min，“富妇负”读 u 韵母；盐城“母某亩”读 õ 韵母，“富妇负”读 u 韵母。这些 u、o 是对早期变异形式 u 的保留或变异。

4. 苏南片

	亩明	头定	走精	后匣	丑昌	纠见	牛疑	幼影
	流开一	流开一	流开一	流开一	流开三	流开三	流开三	流开三
南京	mu212	thəɯ24	tsəɯ212	xəɯ44	tshəɯ212	tɕiəɯ31	liəɯ24	iəɯ44
句容	mu213	thəɯ24	tsəɯ213	xəɯ55	tshəɯ213	tɕiəɯ31	niəɯ24	iəɯ55
镇江	mo313	thə35	tsə313	xə55	tshə313	tɕiə21	liə35	iə55

苏南片流摄有的读复元音韵基 əɯ，有读单元音韵基 ə。

此外，各点流开一帮组、流开三非组读音与主流读音不同：南京“某谋贸否”读 əi 韵母，“亩母富妇负”读 u 韵母；句容“母某亩”“富妇负”都读 u 韵母；镇江“母某亩”读 o 韵母，“富妇负”读 u 韵母。这些都是对早期变异形式 u 的保

① 还有一读 əu35。
② 还有 min212 白读。

留或变异，南京唇音后也有部分发生裂化。

5. 泰如片

	亩明	头定	走精	厚匣	丑昌	纠见	牛[①]疑	幽影
	流开一	流开一	流开一	流开一	流开三	流开三	流开三	流开三
大丰	mo213	thɤɯ35	tsɤɯ213	xɤɯ21	tshɤɯ213	tɕiɤɯ21	niɤɯ35	iɤɯ21
兴化	mo213	thɤɯ34	tsɤɯ213	xɤɯ21	tshɤɯ213	tɕiɤɯ33	liɤɯ34	iɤɯ33
泰州	mu213	thɤɯ45	tsɤɯ213	xɤɯ33[②]	tshɤɯ213	tɕiɤɯ21	niɤɯ45	iɤɯ21
泰兴	mɤɯ213	thəi45	tsɤɯ213	xəi21	tshiɤɯ213	tɕiɤɯ21	nəi45	iɤɯ21
如皋	mɤɯ213	thei35	tsei213	xei21	tshei213	tɕiɤɯ21	niɤɯ35	iɤɯ21

泰如片流摄韵基一般都是复合元音，有 ɤɯ、əi、ei 类型。

此外，各点流开一帮组、流开三非组读音与主流读音不同：大丰、兴化“母某亩”读 o 韵母，“妇浮”读 u 韵母；泰州“母某亩”“妇浮”都读 u 韵母；泰兴、如皋“母某亩”读 ɤɯ 韵母，“妇浮”读 u 韵母。帮组和非组都不同程度地对早期变异形式 u 保留，但泰兴、如皋帮组却没有发生这种变异。

3.6.2 类型总结及历史演变分析

可把上面的主流读音类型总结见表 3-15。

表 3-15 流摄读音类型总结

类型	方言点
əu/eu/əɯ/ɤɯ	孝感、麻城、英山、黄冈/黄梅/六安、舒城、连云港、淮安、南京、句容/大丰、兴化、泰州
əu、iu	涟水
əy、iy	庐江
əi、ɤɯ	泰兴
ei、ɤɯ	如皋
ɵ/ə/ɤ/ɯ	扬州/镇江/盐城/合肥
o	滁州

通过方言间的比较，可以把早期形式构拟为*əu，并可简化为如下音变：əu>əɯ>ə，这是圆唇韵尾逐渐失去圆唇成分，直至脱落的过程。

另外，流摄唇音声母后的 əu>u 变异在非组、帮组的表现略有不同，体现出一

① 此处泰如片“牛”为文读音，各点都还有白读，分别为 ɤɯ35、ɤɯ34、ɤɯ45、ŋəi45、ŋei35。
② 还有白读 xɤɯ21。

种层次性，如下：

	非组后的流摄“富妇负”的韵母	帮组后的流摄“母某亩”的韵母	其他声组后的流摄“头走丑”的韵母
泰州	u	u	ɤɯ
涟水	u	o	əu
六安	ɷ	ɷ	əɯ
孝感	u	əu	əu
泰兴	u	ɤɯ	ɤɯ

可以发现非组后的 əu>u 变异优于帮组，孝感、泰兴帮组后不异化，而非组后异化；但是帮组又优于其他非唇音声组，泰州、涟水、六安的帮组后已经异化为 u/ɷ，而其他非唇音声组后不异化。这三组声母可以形成一种蕴含关系。

3.6.3　近代读音构拟

鉴于今方言中以读复合元音韵母最多，而且又以不圆唇韵尾 ɯ 占优势，本书把近代江淮官话流摄的韵母拟为 əɯ，但是唇音应该已经分化出去，读 u 韵母。因此拟音见表 3-16。

表 3-16　近代江淮官话流摄读音构拟

近代江淮官话音值	包含的中古音类
əɯ 类（包括 əɯ、iəɯ）	流摄（多数）
u	流摄帮、非组后

3.7　咸　山　摄

3.7.1　咸山摄阳声韵的今读类型

江淮官话咸山摄今读的分类在官话方言中很有特色，北方官话一般只有一种韵母类型，“甘典官”三字韵基相同，而在江淮官话却可分为二类或三类。

这里有必要明确韵母的分类原则。孙宜志（2006：76）是以“不计韵母的介音，根据今读韵类的数目”分类，笔者认为这种分类是可行的，但是会遇到一些小问题，有些方言韵母的主元音在加上介音后会发生变化，例如，黄冈方言 an 在 i 介音后变为 ien，这就不得不把它算作两种韵母类型，但是实际上它是在介音之后的变体，因为它仅出现于开口三四等韵，合口三四等是 yan 类，这不同于近代一

二、三四等有别的分化规则。因此本书略加改进，以韵母中去掉介音的部分（韵基）为依据，但是这个韵基应该是区别性的，由于介音而使主元音发生变化的不算在内，黄冈方言的 an、ien、uan、yan 归为一类，而不处理为两类。这种分类原则更能显示中古音类在江淮官话分合的层次性。下文深臻曾梗通摄的韵母分类也依照这一原则。

把咸山摄放在一起讨论，是因为江淮官话咸山摄混同，没有-m 尾。咸摄开口韵四等俱全，合口韵只有三等非组，山摄开合四等俱全，所以在提到合口一二四等时，实际只包括山摄。

1. 一分型

	敢见	板帮	渐精	演以	念泥	观见	鳏见	船船
	咸开一	山开二	咸开三	山开三	咸开四	山合一	山合二	山合三
孝感	kan53	pan53	tɕien33	ien53	nien33	kuan24	kuan24	tʂhɥan31
黄冈	kan42	pan42	tɕien44	ien42	ȵien44	kuan33	kuan33	tɕhyan313
麻城	kan55	pan55	tɕian33	ian55	ȵian33	kuan313	kuan313	tʂhɥan42
黄梅	kan35	pan35	tɕiɛn33	iɛn35	ȵiɛn33	kuan11	kuan11	tɕhyɛn53
英山	kan44	pan44	tɕian33	ian44	nian33	kuan11	—	tʂhɥan31

黄孝片属于此类型，读音一般为 an 类，在 i 介音后有 en/ɛn 类变体，本书仍然把它归为 an 类。

黄梅咸山摄韵基除 an 外，实际上还有 ɛn、ən、on 类型：ɛn 出现在 i、y 介音之后，ən 只出现在山摄帮组部分字中，ɛn、ən 显然是 an 的变体；on 类型的字较少，材料所见仅“端短暖乱算闩惨贪”8 字，其中“端短暖乱算”为山摄合口一等字，“闩”为山摄合口二等字，“惨贪”为咸摄开口一等字，不成系统，因此把它处理为一分型。黄梅的这种读法很可能来自接触，黄孝片主体未见这种情况，黄梅处于黄孝片的边缘，东边即是安徽赣语区的宿松方言，宿松方言（孙宜志，2002）也有这一特点。

2. 二分型

中古咸山摄的分化情况是：一类以一二等为主，但是由于声母条件原因，还包括三等知系、合口三等非组等；另一类以三四等为主，还包括开口二等见组。方言点如滁州、南京、句容。

	甘见	衫生	班帮	官见	关见	盐以	典端	选心
	咸开一	咸开二	山开二	山合一	山合二	咸开三	山开四	山合三
滁州①	kɛ̃42	ʂɛ̃42	pɛ̃42	kuɛ̃42	kuɛ̃42	iẽ35	tiẽ21	ɕyẽ21

① 尽管滁州的 ɛ̃、ẽ 音值接近，但是/ɛ/、/e/在滁州是两个不同的音位，所以归为二分型。

南京	kaŋ31	ʂaŋ31	paŋ31	kuaŋ31	kuaŋ31	ien24	tien212	syen212[①]
句容	kã31	sã31	pã31	kuã31[②]	kuã31	iĩ24	tiĩ213	syĩ213

南京咸山摄一二等韵读 ŋ 尾，与宕江摄合流，相同的还有安庆、芜湖（刘祥柏，2007），安庆是都读鼻化韵母 ã，芜湖是都读 an 韵母。历史材料中也有记录，《古今中外音韵通例》："金陵读甘韵、官韵开口合口二呼皆如扬州之读冈韵，口甚张也。"（耿振生，1992：45）

3. 三分型

此类的共同特点是中古开口一二、三四等有别，合口二等韵基同开口一二等，区别仅仅在合口一三四等的分化。此处以合口一三四等的分化为线索，把它们分成两类。

A 型：合口一等读同合口三四等。具体是开口一等、所有二等、合口三等非组为一类；开口三四等为一类；合口一等、合口三四等为一类。方言点如下：

	甘见	衫生	班帮	关见	盐以	典端	选心	官见
	咸开一	咸开二	山开二	山合二	咸开三	山开四	山合三	山合一
连云港	kã214	ʂã214	pã214	kuã214	iẽ35	tiẽ41	ɕyõ41	kõ214
盐城	kæ̃31	sæ̃31	pæ̃31	kuæ̃31	ɪ̃213	t ɪ̃53	ɕyõ53	kõ31
大丰[③]	kɛ̃21	sɛ̃21	pɛ̃21	kuɛ̃21	iɪ̃35	tiɪ̃213	ɕyʊ̃213	kʊ̃21
兴化	kɛ̃33	sɛ̃33	pɛ̃33	kuɛ̃33	iɪ̃34	tiɪ̃213	ɕyʊ̃213	kʊ̃33
泰州	kɛ̃21	sɛ̃21	pɛ̃21	kuɛ̃21	iɪ̃45	tiɪ̃213	ɕyʊ̃213	kʊ̃21
泰兴	kɛ̃21	ɕiɛ̃21	pɛ̃21	kuɛ̃21	iɪ̃45	tiɪ̃213	ɕyʊ̃213	kʊ̃21
如皋	kɛ̃21	sɛ̃21	pɛ̃21	kuɛ̃21	iɪ̃35	tiɪ̃213	ɕyʊ̃213	kʊ̃21

B 型：合口一等独自成类，合口三四等读同开口三四等。具体是开口一等、所有二等、合口三等非组为一类；所有三四等为一类；合口一等为一类。方言点如下：

	甘见	衫生	班帮	关见	盐以	典端	选心	官见
	咸开一	咸开二	山开二	山合二	咸开三	山开四	山合三	山合一
庐江[④]	kiɛ̃55	ʂɛ̃55	pɛ̃55	kuɛ̃55	ĩ31	tĩ213	ɕỹi213	kõ55
合肥[⑤]	kæ̃21	ʂæ̃21	pæ̃21	kuæ̃21	iĩ55	tiĩ34	ɕyĩ34	kʊ21

① 南京这是文读，还有白读 tshien24。

② 句容的"官关"两字还有白读音 kʊ31。不仅如此，山摄合口一二三等字普遍存在白读 ʊ 韵母的情况。

③ 大丰"甘"还有白读音 kʊ̃21。不仅如此，泰如片的兴化、泰州、泰兴、如皋咸山摄开口一等普遍存在白读 ʊ̃ 韵母的情况。

④ 庐江韵母情况比较复杂，各韵母所包含的中古音类是：ɛ̃ 以咸山摄开口一二等为主，还包括开口三等知系、合口三等非组、合口二等影疑母（声母为 v）、合口一等帮组；iɛ̃ 包括开口一二等见组、影母；uɛ̃ 为合口二等；ĩ 以开口三四等为主，还包括开口一等见组；ỹi 以合口三四等为主，还包括开口三四等精、见组的擦音母字；õ 以合口一等为主，还包括合口三等知系；还有 ẽi，仅包括开口三等知系。

⑤ 合肥山摄合口二三等的微、疑、影、匣等母部分字读 uæ̃；另外开口三等章组还有少数白读 ən。

扬州	kæ̃31	sæ̃31	pæ̃31	kuæ̃31	ĩ24	tĩ42	ɕyĩ42	kõ31
镇江	kɛ̃21	sɛ̃21	pɛ̃21	kuɛ̃21	iĩ35	tiĩ313	ɕyĩ313	kõ21
涟水	kã31	sã31	pã31	kuã31	iĩ35	—	ɕyĩ212[1]	kõ31
淮安	kã42	sã42	pã42	kuã42	iĩ24	tiĩ212	ɕyĩ212	kõ42

4. 四分型

六安：一二、三四等有别，而且开合再有别，因此形成四分局面。

	甘见	衫生	班帮	官见	关见	盐以	典端	选心
	咸开一	咸开二	山开二	山合一	山合二	咸开三	山开四	山合三
六安	kɛ̃313	ʂɛ̃313	pɛ̃313	kuə̃313	kuə̃313	i35	ti24	ɕy24

舒城：开口一等、所有二等为一类；开口三、所有四等为一类；合口一等为一类；合口三等为一类。

	甘见	衫生	班帮	关见	官见	盐以	典端	选心
	咸开一	咸开二	山开二	山合二	山合一	咸开三	山开四	山合三
舒城	kæ̃21	sæ̃21	pæ̃21	kuæ̃21	kuəŋ21	ĩ24	tĩ213	ɕỹ213

四分型是由于鼻音韵尾的脱落，介音充当主要元音或鼻化色彩转移到介音上造成的，因此其早期应该不是四分型。此外，由于“阳入对应”规则，入声韵的分化格局对阳声韵的早期分化格局有参考价值，就六安、舒城而言，咸山摄入声韵是一分型。

3.7.2 咸山摄入声韵的今读类型

1. 一分型

六安、舒城、合肥咸山摄入声韵只有一类，都读ɐʔ类。

	答端	达定	甲见	摄书	节精	末明	滑匣	月疑	缺溪
	咸开一	山开一	咸开二	咸开三	山开四	山合一	山合二	山合三	山合四
六安	tɐʔ23	tɐʔ23	tɕiɐʔ23	ʂɐʔ23	tɕiɐʔ23	mɐʔ23	xuɐʔ23	yɐʔ23	tɕhyɐʔ23
舒城	tɐʔ24	tɐʔ24	tɕiɐʔ24	ʂɐʔ24	tɕiɐʔ24	mɐʔ24	xuɐʔ24	yɐʔ24	tɕhyɐʔ24
合肥	—	tɐʔ5	tɕiɐʔ5	ʂɐʔ5	tɕiɐʔ5	mɐʔ5	xuɐʔ5	yɐʔ5	tɕhyɐʔ5

2. 二分型

连云港：一类以一二等为主，还有合口三等非组、开口三等知系，读 ɐ 类；一类以三四等为主，还有开口二等见组、合口一等端组，读 ə 类。粗略来讲，是一二、三四等有别。

[1] 涟水这是文读，还有白读 suã212。

	答端	达定	末明	滑匣	涉禅	节精	月疑	缺溪	甲见
	咸开一	山开一	山合一	山合二	咸开三	山开四	山合三	山合四	咸开二
连云港	tɐ24	tɐ24	mɐ24	xuɐ24	ʂɐ24	tɕiə24	yə24	tɕhyə24	tɕiə24

庐江：开口一等、所有二等、合口三等非组，读 ɛʔ类；三四等、合口一等读 iʔ类。另有少数合口一等见组读 ɤʔ、端组读 øʔ，这里仍将其归为二分型。

	答端	达定	甲见	滑匣	涉禅	节精	月疑	缺溪	末明
	咸开一	山开一	咸开二	山合二	咸开三	山开四	山合三	山合四	山合一
庐江	tɛʔ5	tɛʔ5	tɕiɛʔ5	xuɛʔ3	ʂiʔ5	tɕiʔ5	yiʔ5	tɕhyiʔ5	miʔ5

3. 三分型

仿照上文的方法，以合口一三四等的分化为线索，把它们分成两类：

A 型：合口一等读同合口三四等。具体是开口一等、所有二等、合口三等非组为一类；开口三四等为一类；合口一等、合口三四等为一类。方言点如下：

	答端	达定	甲见	滑匣	涉禅	节精	月疑	缺溪	末明
	咸开一	山开一	咸开二	山合二	咸开三	山开四	山合三	山合四	山合一
盐城	tæʔ5	tæʔ5	tɕiæʔ5	xuæʔ5	sɪʔ5	tɕiɪʔ5	yoʔ5	tɕhyoʔ5	moʔ5
大丰	tæʔ4	tæʔ4	kæʔ4	væʔ5	siɪʔ5	tɕiɪʔ4	yʊʔ4	tɕhyʊʔ4	mʊʔ4
兴化	tæʔ4	thæʔ4	kæʔ4	uæʔ5	siɪʔ5	tɕiɪʔ4	yʊʔ5	tɕhyʊʔ4	mʊʔ5
泰州	tæʔ4	tæʔ4	kæʔ4	xuæʔ5①	ɕiɪʔ5	tɕiɪʔ4	yʊʔ4	tɕhyʊʔ4	mʊʔ4
泰兴	tæʔ4	thæʔ4	kæʔ4	xuæʔ5②	ɕiɪʔ5	tɕiɪʔ4	yʊʔ4	tɕhyʊʔ4	mʊʔ5
如皋	tɛʔ4	thɛʔ4	kɛʔ4	xuɛʔ5③	siɪʔ5	tɕiɪʔ4	yʊʔ5	tɕhyʊʔ4	mʊʔ5

B 型：合口一等独自成类，合口三四等读同开口三四等。具体是开口一等、所有二等、合口三等非组为一类；所有三四等为一类；合口一等为一类。方言点如下：

	答端	达定	甲见	滑匣	涉禅	节精	月疑	缺溪	末明
	咸开一	山开一	咸开二	山合二	咸开三	山开四	山合三	山合四	山合一
孝感	ta13	ta13	tɕia13	xua31	ʂɛ13	tɕiɛ13	ʮɛ13	tʂhʮɛ13	mo13
黄冈	ta24	ta24	tɕia24④	xua24	se24	tɕie24	ye24	tɕhye24	mo24
麻城	ta24	ta24	tɕia24	fa33	ʂe24	tɕie24	ʮe24	tʂhʮe24	mo24
黄梅	ta42	ta42	tɕia42⑤	xua33	sæ42	tɕiæ42	yæ42	tɕhyæ42	mo42
英山	ta313	ta33	tɕia313	xua33	ʂe313	tɕie313	ʮe313	tʂhʮe313	mo313

① 泰州还有白读 væʔ5。
② 泰兴还有白读 væʔ5。
③ 如皋还有白读 vɛʔ5。
④ 还有白读 ka24。
⑤ 还有白读 ka42。

淮安	taʔ4	taʔ4	tɕiaʔ4	xuaʔ4	ɕieʔ4	tɕieʔ4	yeʔ4	tɕhyeʔ4	moʔ4
南京	tɑʔ5	tɑʔ5	tɕiɑʔ5	xuɑʔ5	ʂəʔ5	tsieʔ5	yeʔ5	tɕhyeʔ5	moʔ5
滁州	taʔ4	taʔ4	tɕiaʔ4	xuaʔ4	—	tɕieʔ4	yeʔ4	tɕhyeʔ4	məʔ4
句容	taʔ5	taʔ5	tɕiaʔ5	xuaʔ5	səʔ5	tɕiəʔ5	yəʔ5	tɕhyəʔ5	moʔ5
镇江	tæʔ5	tæʔ5	tɕiæʔ5	xuæʔ5	ɕiɪʔ5	tɕiɪʔ5	yɪʔ5	tɕhyɪʔ5	moʔ5
扬州	tæʔ5	tæʔ5	khæʔ5	khuæʔ5	ɕiʔ5	tɕiʔ5	yiʔ5	tɕhyiʔ5	moʔ5
涟水	taʔ34	taʔ34	tɕiɑʔ34	xuaʔ34	ɕiɪʔ34	tɕiɪʔ34	uɪʔ34	tɕhyɪʔ34	moʔ34

3.7.3　类型总结及历史演变分析

上述情况说明阳声韵和入声韵的分类格局大致对应，只是入声韵没有四分型格局，前文分析认为四分型的早期形式并非四分，所以这里不列四分型。本书把咸山摄阳声韵和入声韵的分类格局概括见表 3-17。

表 3-17　咸山摄阳声韵和入声韵的分类格局

类型	中古音类分化情况
一分型	中古一二三四等合并
二分型	中古一二、三四等有别
三分型 A	中古一二、三四等有别，且三四等开合有别，合口一等读同合口三四等
三分型 B	中古一二、三四等有别，但三四等开合无别，合口一等自成一类

分析三分型的格局，笔者认为问题的关键是合口三四等字的分化：如果合口三四等读同合口一等，那么就是成三 A 型；如果合口三四等读同开口三四等，使得合口一等独自成类，那么就是三 B 类型。因此合口一等的独立性较强，它稳定地有别于其他开口韵，而合口三四等韵处于摇摆状态，或者读同合口一等，或者读同开口三四等。

从历史演变的角度分析，本书认为三 B 型应该是较早期的类型，特点是合口一等独自成类。合口一等的读音类型可以有两种变化：一种是扩散，使合口三四等读同合口一等，并造成三四等开合口有别，形成三 A 型；另一种是消失，并入开口一等，仅剩一二、三四等两大类的区别，形成二分型。如果二分型进一步合并，就成一分型。

上文是从音类角度分析出的早期分化类型，那么早期各类型的音值应该是什么呢？合口一等是怎么分化出来而独立的？这都需要从音值角度分析，在此不妨先看三分型方言的音值情况（表 3-18）。

表 3-18　咸山摄阳声韵和入声韵的读音类型

中古韵母类型	今韵母分类	读音类型	方言点
阳声韵	三分型 A	ã（开一、开合二） ẽ（开三四） õ（合一、合三四）	连云港
		ɛ̃/æ̃（开一、开合二） ĩ（开三四） ʊ̃（合一、合三四）	盐城、大丰、兴化、泰州、泰兴、如皋
	三分型 B	ɛ̃/æ̃（开一、开合二） ĩ（开合三四） õ/ʊ（合一）	庐江、合肥、扬州、镇江
		ã（开一、开合二） ĩ（开合三四） õ（合一）	涟水、淮安
入声韵	三分型 A	æʔ/ɛʔ（开一、开合二） ɪʔ（开三四） ʊʔ（合一、合三四）	盐城、大丰、兴化、泰州、泰兴、如皋
	三分型 B	a（开一、开合二） e/ɛ/æ（开合三四） o（合一）	孝感、黄冈、麻城、黄梅、英山
		aʔ/ɑʔ（开一、开合二） eʔ（开合三四） oʔ（合一）	淮安、南京
		aʔ（开一、开合二） eʔ（开合三四） əʔ（合一）	滁州
		aʔ（开一、开合二） əʔ（开合三四） oʔ（合一）	句容
		æʔ/aʔ（开一、开合二） ɪʔ（开合三四） oʔ（合一）	镇江、扬州、涟水

可以发现，合口一等读 o 元音是最普遍的，可以推测早期合口一等韵的元音应该也是 ʊ；开口一二等韵构拟为*a，因为一二等韵的元音多为前低元音，而且三 B 入声韵一般都是 a 类，入声韵塞尾对韵腹有稳定作用（胡安顺，2002），也说明入声韵的主元音反映更早的形式；开口三四等韵的元音一般是前半高元音，构拟为*e。

中古拟音（潘悟云，2000）合口一等桓韵为 uɑn，笔者认为今读 õ 来源于 uɑn>uon>on>õ，先是元音高化，再是合口介音与圆唇主元音融合而脱落，之后是元音鼻化。

3.7.4　历史材料中的表现

1. 元末《中原音韵》

咸山有别，仅中古咸摄合口三等凡韵并入寒山韵（山摄）。其他中古咸摄被分为监咸（*am）、廉纤（*iɛm）两韵；中古山摄被分为寒山（*an）、桓欢（*on）、先天（*iɛn）三韵，其中桓欢韵（*on）收字全部来自中古山摄合口一等。

2. 明末《切韵声原》

咸山有别，咸摄分布在图 15（与深摄一起）、图 16 之中，山摄分布在图 6、图 7、图 8 之中。这些图中的入声字来源比较复杂，暂不讨论。

由于山摄阳声韵分为三图，这从体例上否定了山摄只有一种韵母类型的可能，因为如果是一种韵母类型，按照惯例应该只列一图，一图之内再分四呼。

再看收字情况。图 6 有两栏：第一栏所收为中古山摄合口一等，今读除唇音组外，都为合口呼；第二栏为中古山摄开口一等，今读都为开口呼。图 7 比较凌乱，有三栏：第一栏所收为中古开口二等、合口二三等，今读除牙喉音为合口呼外，多数为开口呼；第二栏所收为山摄开口一等，仅有牙喉音，今读开口呼；第三栏所收为山摄开口一二等，今读除牙喉音为齐齿呼外，多数读开口呼。可见此图在牙喉音组前存在合、开、齐三呼的对立。图 8 有两栏：第一栏为中古山摄合口三四等，今读除知组外，都为撮口呼；第二栏为中古山摄开口三四等，今读除知组外，都读齐齿呼。以上情况说明三图之内四呼的分布也不存在互补关系，进一步肯定了三张图是对立的。因此山摄此时应该有三个不同的韵母类型。

3. 清中期《五声反切正韵》

咸山相混，分布在图 18～图 21 中，今读分别为开、合、齐、撮四呼。其中图 19 合口呼内部，中古合口一二等混杂，这说明中古合口一二等无别，合口一等不再是独立的韵类。但是这并不能说明清代江淮官话中古合口一等韵的独立性消失了，作者家乡全椒方言山摄合口一等今读仍然为独立的 on 韵母，做这种归类可能是依据当时的南京方言。

此外，据冯蒸（2013），江淮官话系韵书的《书文音义便考私编》《韵通》（明代）、《古今中外音韵通例》（清代）都还保留桓欢韵（-on）。并且他认为保留桓欢韵不仅是江淮官话的特点，也是明代北音的普遍特点。

3.7.5　近代读音构拟

以方言三 B 类型为模型，把近代江淮官话咸山摄的读音构拟见表 3-19。

表 3-19　近代江淮官话咸山摄读音构拟

近代江淮官话咸山摄	开口一等、开合二等	*ã、*uã（阳声韵）；*aʔ、*uaʔ（入声韵）
	三四等	*iẽ、*yẽ（阳声韵）；*ieʔ、*yeʔ（入声韵）
	合口一等	*õ（阳声韵）；*oʔ（入声韵）

3.8　深臻曾梗摄

3.8.1　阳声韵的今读类型

把四摄放在一起讨论，是因为四摄在江淮官话中发生合并。中古深摄只有三等，臻、曾摄只有一三等，梗摄有二三四等，四摄合并组成四等齐全的格局。但是整体上并不均衡：深摄只有开口韵，没有合口韵；臻摄开口一等只有阳声韵，没有入声韵；曾摄合口三等只有入声韵（且数量少，仅“域”较常用），没有阳声韵；梗摄合口四等只有阳声韵，没有入声韵。

1. 黄孝片

	跟见	等端	耕见	林来	进精	应影	命明	瓶並
	臻开一	曾开一	梗开二	深开三	臻开三	曾开三	梗开三	梗开四
孝感	kən24	tən53	kən24	nin31	tɕin35	in35	min33	phin31
黄冈	kən33	tən42	kən33	nin313	—	in35	min44	phin313
麻城	kən313	tən55	kən313	nin42	tɕin35	in35	min33	phin42
黄梅	kən11	tən35	kən11	lin53	tɕin15	in15	min33	phin53
英山	kən11	tən44	kən11	nin31	tɕin35	in35	min33	phin31

黄孝片分 ən、in 两类：一般开口一二等读 ən 类，开口三四等读 in 类（知系除外，读 ən 类），合口一二三四等一般全读 ən 类。

2. 皖中片

	跟见	等端	耕见	林来	进精	鹰影	命明	瓶並
	臻开一	曾开一	梗开二	深开三	臻开三	曾开三	梗开三	梗开四
六安	kən313	tən24	kən313	lĩ35	tɕĩ53	ĩ313	mĩ53	phĩ35
滁州	kəŋ42	təŋ21	kəŋ42	lĩ35	tɕĩ55	ĩ42	mĩ55	phĩ35
舒城	kən21	tən213	kən21	lin24	tɕin54	in21	min54	phin24
合肥	kən21	tən34	kən21	lin55	tɕin53	in21	min53	phin55
庐江	kən55	tən213	kən55	nin31	tɕin35	in55	min35	phin31

六安：一二等一般读 ən 类（但见组读 un 类）；三四等开口一般读 ĩ 类（但知系读 ən 类），三四等合口各摄情况不一，臻摄合口三等一般读 un 类（但精、见、影组读 ỹ 类，非组读 ən 类），梗摄合口三四等见组、影组字读 iəŋ，其他读 ĩ 类。

滁州：一二等一般读 əŋ 类（但梗摄开口二等匣、影母读 ĩ）；三四等开口一般读 ĩ 类（但知系读 əŋ 类），三四等合口情况不一，臻摄合口三等一般读 əŋ 类（但精、见、影组读 ỹ 类），梗摄合口三四等见组、影组读 ioŋ，其他读 ĩ 类。

舒城、合肥、庐江：一二等一般读 ən 类（梗摄开口二等帮组读 əŋ，匣、影读 in）；三四等开口一般读 in 类（但知系读 ən 类），三四等合口情况不一，臻摄合口三等一般读 ən 类（但精、见、影组读 yn/yin 类），梗摄合口三四等有的读 iəŋ、有的读 in 类。

3. 扬淮片

	跟见	等端	耕见	林来	进精	应影	命明	瓶並
	臻开一	曾开一	梗开二	深开三	臻开三	曾开三	梗开三	梗开四
扬州	kən31	tən42	kən31	lin35	tɕin55	in55	min55	phin35
涟水	kən31	tən212	kən31	nin35	tɕin55	in55	min55	phin35
淮安	kən42	tən212	kən42	lin24	tɕin55	in55	min55	phin24
盐城	kən31	tən53	kən31	lin213	tɕin35	in35	min35	phin213
连云港	kəŋ214	təŋ41	kəŋ214	liŋ35	tɕiŋ55	iŋ55	miŋ55	phiŋ35

扬州、涟水、淮安、盐城：一二等一般读 ən 类（但梗摄开口二等帮组读 oŋ，部分匣、影母读 in）；开口三四等较整齐，一般读 in 类（但知系读 ən 类）；合口三四等各摄情况不一，臻摄合口三等一般读 ən 类（但部分精、见、影组读 yn），梗摄合口三四等部分读 ioŋ、部分读 in。

连云港：一二等一般读 əŋ 类（但梗摄开口二等匣、影母读 iŋ）；开口三四等一般读 iŋ 类（但知系读 ən 类）；三四等合口各摄情况不一，臻摄合口三等一般读 oŋ 类（但非组、来母读 əŋ）；梗摄合口三四等部分读 ioŋ，部分读 iŋ。

4. 苏南片

	跟见	等端	耕见	林来	进精	应影	命明	瓶並
	臻开一	曾开一	梗开二	深开三	臻开三	曾开三	梗开三	梗开四
南京	kən31	tən212	kən31	lin24	tsin44	in44	min44	phin24
句容	kən31	tən213	kən31	nin24	tɕin55	in31	min55	phin24
镇江	kən21	tən313	kən21	lin35	tɕin55	in55	min55	phin35

南京：开口一二等一般读 ən 类（但梗摄开口二等匣、影母读 in）；开口三四等较整齐，一般读 in 类（但知系读 ən 类）；合口各摄情况不一，臻摄合口一等一般读 un 类（但帮组一般读 ən 类），合口三等一般读 yn（但知系、来母读 un，非组读 ən），梗摄合口三四等部分读 in、部分读 ioŋ。

句容、镇江：一二等一般读 ən 类（但梗摄开口二等匣、影母读 in）；三四等开口较整齐，一般读 in 类（但知系读 ən 类）；三四等合口各摄情况不一，臻摄合口三等一般读 ən 类，梗摄合口三四等部分读 ioŋ、部分读 in。

5. 泰如片

	根见	等端	耕见	林来	进精	应影	命明	瓶並
	臻开一	曾开一	梗开二	深开三	臻开三	曾开三	梗开三	梗开四
大丰	kəŋ21	təŋ213	kəŋ21	niŋ35	tɕiŋ45	iŋ45	miŋ21	phiŋ35
兴化	kən33	tən213	kən33	nĩ34	tɕin53	in53	mĩ21	phĩ34
泰州	kəŋ21	təŋ213	kəŋ21	niŋ45	tɕiŋ33	iŋ33	miŋ33①	phiŋ45
泰兴	kəŋ21	təŋ213	kəŋ21	liŋ45	tɕiŋ44	iŋ44	miŋ21	phiŋ45
如皋	kəŋ21	təŋ213	kəŋ21	liŋ35	tɕiŋ33	iŋ33	miŋ21	phiŋ35

大丰、泰州、泰兴、如皋：一二等读 əŋ（但帮组读 ɔŋ，匣、影母读 iŋ）；三四等开口一般读 iŋ（但知系读 əŋ）；三四等合口读一般读 əŋ 类（但部分梗摄合口三等读 iŋ）。

兴化：一二等读 ən（帮组读 ɔŋ，匣、影母读 in）；三四等开口一般读 ĩ（但知系读 ən，精、见组读 in）；三四等合口读一般读 ən 类（但部分梗摄合口三等读 in）。

3.8.2　入声韵的今读类型

1. 黄孝片

	德端	格见	立来	质章	逼帮	戚清	骨见	国见	域云
	曾开一	梗开二	深开三	臻开三	曾开三	梗开四	臻合一	曾合一	曾合三
孝感	tɛ13	kɛ13	ni13	tʂʅ13	pi13	tɕhi13	ku13	kuɛ13	ʮ13
黄冈	te24	ke24	ni24	tsʅ24	pi24	tɕhi24	ku24	kue24	y24
麻城	te24	ke24	ni24	tʂʅ24	pi24	tɕhi24	ku24	kue24	ʮ24
黄梅	tæ42	kæ42	li42	tsʅ42	pi42	tɕhi42	ku42	kuæ42	y42
英山	te313	ke313	ni313	tʂʅ313	pi313	tɕhi313	ku313	kue313	ʮ313

黄孝片：开口一二等读 e 类，开口三四等读 i 类（知系读 ʅ，部分庄组读 e）；合口一二等有的读 ue，有的读 u（有的端、精组进一步裂化读 əu）；合口三四等一般读 y 类（但非组读 u）。

2. 皖中片

德端	格见	立来	质章	逼帮	绩精	窟溪	国见	域云

① 泰州此为文读，还有白读 miŋ21。

	曾开一	梗开二	深开三	臻开三	曾开三	梗开四	臻合一	曾合一	曾合三
六安	tɐʔ23	kɐʔ23	liəʔ5	tʂəʔ5	piəʔ5	tɕiəʔ5	khuəʔ5	kuɐʔ23	yəʔ5
舒城	tɐʔ24	kɐʔ24	liəʔ5	tʂəʔ5	piəʔ5	tɕiəʔ5	khuəʔ5	kuɐʔ24	zɥ54
合肥	tɐʔ5	kɐʔ5	liəʔ5	tʂəʔ5	piəʔ5	tɕiəʔ5	khuəʔ5	kuɐʔ5	yəʔ5
滁州	təʔ4	kəʔ4	liʔ4	tʂəʔ4	piʔ4	tɕiʔ4	khuʔ4	kuəʔ4	ʒɥ55
庐江	təʔ5	kiʔ5	liəʔ5	tʂəʔ5	piəʔ5	tɕiəʔ5	khuəʔ5	kɤʔ5	yəʔ5

六安、舒城、合肥：开口一二等一般读 ɐʔ类，开口三四等读 əʔ类；合口一般读 əʔ类（但曾合一读 ɐʔ类）。

滁州：一二等一般读 əʔ类；三四等开口读 iʔ类（知系读 əʔ类），三等合口一般读 yʔ类（但知系读 uʔ类），还有一些发生了舒化。

庐江：绝大多数读 əʔ类，但曾摄开口一等部分字及梗摄开口二等读 iʔ，曾摄合一等读 ɤʔ类。

3. 扬淮片

	黑晓	格见	立来	虱生	逼帮	绩精	骨见	或匣	域云
	曾开一	梗开二	深开三	臻开三	曾开三	梗开四	臻合一	曾合一	曾合三
扬州	xəʔ5	kəʔ5	liʔ5	səʔ5	piʔ5	tɕiʔ5	kuəʔ5	xɔʔ5	yiʔ5
涟水	xəʔ34	kəʔ34	niʔ34	səʔ34	piʔ34	tɕiʔ34	kuəʔ34	xɔʔ34	iɔʔ34
盐城	xəʔ5	kəʔ5	lɪʔ5	səʔ5	pɪʔ5	tɕiɪʔ5	kuəʔ5	xɔʔ5	yoʔ5
连云港	xə24	kə24	liɪ24	ʂə24	piɪ24	tɕiɪ24	kuɷ24	xuɷ24	yɷ24
淮安	xəʔ4	kəʔ4	lieʔ4	səʔ4	pieʔ4	tɕieʔ4	kuəʔ4	xɔʔ4	iɔʔ4

扬州、涟水：一二等一般读 əʔ（但曾梗摄帮组、见组读 ɔʔ），三四等一般读 iʔ（知系、非组读 əʔ）。

连云港：一二等一般读 ə（但曾梗摄帮见组、臻摄合口一等精见组读 uɷ），三四等一般读 iɪ（但知系读 ə，还有臻摄部分字读 ɷ 类）。

淮安：开口一二等读 əʔ类（帮组读 oʔ或 ɔʔ），开口三四等读 ieʔ（知系读 əʔ），合口较乱，合口一二等有读 oʔ、ɔʔ、əʔ类，合口三四等知系、非组有的读 əʔ类，有的读 aʔ类，其他读 eʔ类。

盐城：开口一二等读 əʔ类（但帮组读 ɔʔ），开口三四等读 iɪʔ（但知系读 əʔ），合口一二等有的读 ɔʔ类，有的读 əʔ类，合口三四等读 oʔ类（但知系、非组读 əʔ类）。

4. 苏南片

	得端	格见	立来	虱生	逼帮	绩精	骨见	或匣	域云
	曾开一	梗开二	深开三	臻开三	曾开三	梗开四	臻合一	曾合一	曾合三
南京	təʔ5	kəʔ5	liʔ5	səʔ5	piʔ5	tsiʔ5	kuʔ5	xueʔ5	ʐuʔ5

镇江	təʔ5	kəʔ5	liɪʔ5	səʔ5	piɪʔ5	tɕiɪʔ5	kuəʔ5	xɔʔ5	yɪʔ5
句容	təʔ5	kəʔ5	niəʔ5	səʔ5	piəʔ5	tɕiəʔ5	kuoʔ5	xuoʔ5	yəʔ5

南京：开口一二等读 əʔ类（但帮组读 oʔ）；开口三四等读 iʔ（但知系读ʅʔ或əʔ）；合口一二等读 uʔ（但帮组读 oʔ，曾合一“或国”读 ueʔ）；合口三四等读 yʔ类（但知系、非组读 uʔ类）。

镇江：开口一二等读 əʔ类（但帮组读 ɔʔ），开口三四等读 iɪʔ（但知系读 əʔ）；合口一二等有的读 ɔʔ，有的读 əʔ，没有规律；合口三四等读 ɪʔ类（但知系、非组读 əʔ类）。

句容：基本全读 əʔ类，仅开口一二等帮组、合口一二等部分字、合口三四等知系、非组读 oʔ类。

5. 泰如片

	德端	隔见	粒来	质章	逼帮	绩精	骨见	国见	律来
	曾开一	梗开二	深开三	臻开三	曾开三	梗开四	臻合一	曾合一	臻合三
大丰	təʔ4	kəʔ4	niɪʔ4	tsəʔ4	piɪʔ4	tɕiɪʔ4	kuəʔ4	kɔʔ4	niɪʔ4
兴化	təʔ4	kəʔ4	liɪʔ5	tsəʔ4	piɪʔ4	tɕiəʔ4	kuəʔ4	kɔʔ4	liɪʔ5
泰州	təʔ4	kəʔ4	niɪʔ4	tsəʔ4	piɪʔ4	tɕiɪʔ4	kuəʔ4	kɔʔ4	niɪʔ4
泰兴	təʔ4	kəʔ4[①]	liɪʔ5	tsəʔ4	piɪʔ4	tɕiɪʔ4	kuəʔ4	kɔʔ4	liəʔ4
如皋	təʔ4	kəʔ4	liəʔ5	tsəʔ4	piəʔ4	tɕiəʔ4	kuəʔ4	kɔʔ4	liəʔ5

大丰、兴化、泰州、泰兴：开口一二等读 əʔ（但帮组读 ɔʔ）；开口三四等读 iɪʔ（但知系读 iəʔ）；合口一二等读 əʔ（但部分见组、匣母读 ɔʔ）；合口三四等读 iɪʔ类（但知系、非组读 əʔ类）。

如皋：基本全读 əʔ类，仅开口一二等帮组、合口一二等部分见组、匣母读 ɔʔ。

3.8.3　类型总结及历史演变分析

深臻曾梗四摄开口韵读音整齐，但是合口韵读音比较凌乱，除了主流的 i、ə 外，还有 u、y、o 等类型，这是由于合口介音 u、y 加上 ə 韵腹韵母后，ə 韵腹很容易脱落，变为以 u、y 为韵腹的韵母，而且在唇音、软腭音后还会变为 o/ɔ 元音，就使得局面比较凌乱。所以下面的归纳仅以开口韵为准。

1. 阳声韵

一二等主元音以 ə 为主，三四等主元音以 i 为主，加上不同的鼻音类型，总结见表 3-20。

① 泰兴“隔”在不同词中读音有别，在“隔壁”中读 kəʔ4，在“隔开”中读 khəʔ4。

表 3-20　深臻曾梗摄阳声韵的读音类型

韵母类型	方言点
前鼻音韵尾（ən、in）	孝感、黄冈、麻城、黄梅、英山、舒城、合肥、庐江、扬州、涟水、淮安、盐城、南京、句容、镇江
后鼻音韵尾（əŋ、iŋ）	连云港、大丰、泰州、泰兴、如皋
前鼻音韵尾+鼻化元音（ən+ĩ）	六安、兴化
后鼻音韵尾+鼻化元音（əŋ+ĩ）	滁州

可以发现，以读前鼻音韵尾的最多，也有一些全读后鼻音韵尾，还有一些是前鼻音尾加鼻化或者后鼻音尾加鼻化，但是无论哪种形式，都表明深臻曾梗四摄合并。

由于读前鼻音尾的占绝对多数，本书认为早期深臻曾梗都为前鼻音尾。但是需要说明的是，即使这些今读前鼻音尾的方言，也有一些读成后鼻音尾（oŋ/ɔŋ），一般都为曾梗摄字，声母一般限于帮组、见组，应是在钝音组后的变异。

2. 入声韵

入声韵韵尾绝大多数有喉塞尾ʔ，仅黄孝片和洪巢片的个别方言没有；入声韵的主元音除了较整体的 ə、i 类之外，扬淮片、苏南片、泰如片都还有少数见组、帮组读 oʔ类的情况。现在把主流的元音类型归纳见表 3-21。

表 3-21　深臻曾梗摄入声韵的主元音类型

主元音类型	方言点
ə、i 类	滁州、扬州、涟水、南京
ə、ɪ 类	镇江、大丰、兴化、泰州、泰兴、连云港、盐城
ə、e 类	淮安
e、i 类①	孝感、黄冈、麻城、黄梅、英山
ɐ、ə 类	六安、舒城、合肥
ə 类	庐江、句容、如皋

注：① 此类型还包括 e 的变体 ε、æ。

入声韵的元音一般是一二、三四等有别，前者是央元音、后者是前高元音，有少数演变为一高一低两个央元音或合并为一个央元音。笔者认为早期形式是*əʔ类（一二等）、*iʔ类（三四等），其他类型都可以由此变化而出：ə、ɪ 类、ə、e 类来自三四等的低化音变*iʔ>ɪʔ>eʔ；皖中片三四等先发生低化、央化音变*iʔ>əʔ，之后一二等降得更低*əʔ>ɐʔ，在庐江等方言两个央元音发生合并；黄孝片的 e、i 类，是入声舒化后一二等韵的前高化*əʔ>ə>e。

由此可见，入声韵的高元音一般发生低化、央化，是因为入声韵带塞音尾，发完前高元音后，舌位还要后缩、降低以便发喉塞尾，这会导致元音低化或产生央元音。江淮官话、吴语、晋语入声韵普遍央化，都是这个原因。

总结以上，可以把深臻曾梗四摄阳声韵的近代类型构拟为*ən、*in，把入声韵的近代韵母类型构拟为*əʔ、*iʔ，二者形成对应关系。

3.8.4　历史材料中的表现

明末《切韵声原》。中古深臻曾梗四摄分布在图 5、图 12、图 15 中。

关于阳声韵。图 5 所收多数为臻摄字，也有少数梗摄字，如“硬命令”；图 12 所收为曾、梗摄字（仅有“审”一字为深摄）；图 15 所收为深摄、咸摄一等字。这说明臻曾梗韵尾已经合并，但是不同于咸深摄韵尾。

关于入声韵。图 5 所收入声字有“不孛没骨窟兀忽咄突硉椊呃龁弗物日橘屈律卒”，除了“焠”为蟹摄外，其他都为臻摄入声韵；图 12 所收入声字有“北拍陌格客黑德忒态蜰勒则堿壁僻觅戟益隙的剔匿力绩昔支斥石虢域欻咠诎悉日”，主要为曾梗摄字，但也有“咠”为深摄字、“诎悉日”为臻摄字；图 15 有“急泣揖吸立集习汁十入涽涩鹞殗迨鸽纳”等，多数为深摄入声字，也有“鸽纳”为咸摄入声字。说明臻曾梗发生合并，而深摄可能独立。

从以上归并特点看，比较肯定的是曾梗摄已经合并，无论阳声韵还是入声韵，二者都混同；臻摄无论入声字还是阳声字都有部分与曾梗摄混同，因此可以认为臻曾梗三摄混同；深摄主体是独立的，只有少数入声字混入曾梗摄。因此中古深臻曾梗四摄在此书中实际上分为深、臻曾梗两类。

明末《韵通》。中古深臻曾梗四摄在图 1、图 3～图 12、图 32、图 34、图 35 中都有分布。韵图安排上无论是阳声韵还是入声韵都体现出四摄混同。其中图 8 体现的最突出，阳声韵字有“品浸审（深摄），温文粼认（臻摄），凝陵绳圣仍（曾摄），京景敬卿檠謦庆盈影映丁顶定汀亭挺听宁甯兵并丙柄砰平聘萌明茗命精井青情请倩星醒性征整正称成骋朕升形倖矕岭令（梗摄）”，入声韵字有“日（臻摄），匿力（曾摄），戟益的剔辟僻觅积昔隻石虢（梗摄）”。但是可以发现，此图梗摄为主体，深臻曾摄只占少数，但是足以显示四摄发生了混同。

清中期《五声反切正韵》。深臻曾梗四摄阳声韵合并，分开齐合撮四呼，列于四图之中，图 14 为开口呼，图 15 为齐齿呼，图 16 为合口呼，图 17 为撮口呼。耿振生（1992：192）认为《五声反切正韵》是较早记录江淮官话四摄合并的材料，实际上《韵通》的记录更早一些。

3.8.5　近代读音构拟

依据方言情况，把近代江淮官话深臻曾梗摄读音构拟见表 3-22。

表 3-22　近代江淮官话深臻曾梗摄读音构拟

近代江淮官话深臻曾梗摄读音	阳声韵	ən（uən）、in（yn）、oŋ（帮组、见组）
	入声韵	əʔ（uəʔ）、iʔ（yʔ）、oʔ（帮组）

3.9 宕 江 摄

3.9.1 阳声韵的今读类型

宕江摄读音非常一致，主元音一般只有 aŋ 一类读音；也有一些变式：有些方言点主元音为 ɑ，有些方言韵尾鼻化，有些方言的部分字鼻韵尾脱落。此处以韵尾的不同把它们分类。

1. 鼻尾型

	荡定	光见	祥邪	两来	狂群	王云	邦帮	项匣
	宕开一	宕合一	宕开三	宕开三	宕合三	宕合三	江开二	江开二
孝感	taŋ33	kuaŋ24	tɕiaŋ31	niaŋ53	khuaŋ31	uaŋ31	paŋ24	xaŋ33
黄冈	taŋ44	kuaŋ33	tɕhiaŋ313	niaŋ42	khuaŋ313	uaŋ313	paŋ33	xaŋ44
麻城	—	kuaŋ313	tɕhiaŋ42	niaŋ55	khuaŋ42	uaŋ42	paŋ313	xaŋ33
黄梅	taŋ33	kuaŋ11	tɕhiaŋ53	liaŋ35	khuaŋ53	uaŋ53	paŋ11	xaŋ33
英山	taŋ33	kuaŋ11	tɕhiaŋ31	niaŋ44	khuaŋ31	uaŋ31	paŋ11	xaŋ33
扬州	taŋ55	kuaŋ31	tɕhiaŋ35	liaŋ42	khuaŋ35	uaŋ35	paŋ31	ɕiaŋ55
涟水	tɑŋ55	kuɑŋ31	tɕhiɑŋ35	niɑŋ212	khuɑŋ35	uɑŋ35	pɑŋ31	ɕiɑŋ55
连云港	taŋ55	kuaŋ214	tɕhiaŋ35	liaŋ41	khuaŋ35	uaŋ35	paŋ214	ɕiaŋ55
南京	taŋ44	kuaŋ31	tshiaŋ24	liaŋ212	khuaŋ24	uaŋ24	paŋ31	ɕiaŋ44
镇江	tɑŋ55	kuɑŋ21	tɕhiɑŋ35	liɑŋ313	khuɑŋ35	uɑŋ35	pɑŋ21	ɕiɑŋ55
大丰	thɑŋ21	kuɑŋ21	tɕhiɑŋ35	niɑŋ213	khuɑŋ35	uɑŋ35	pɑŋ21	xɑŋ21
兴化	thɑŋ21	kuɑŋ33	tɕhiɑŋ34	liɑŋ213	khuɑŋ34	uɑŋ34	pɑŋ33	xɑŋ21
泰兴	thɑŋ21	kuɑŋ21	tɕhiɑŋ45	liɑŋ213	khuɑŋ45	uɑŋ45	pɑŋ21	xɑŋ21
泰州	tɑŋ33[①]	kuɑŋ21	tɕhiɑŋ45	niɑŋ213	khuɑŋ45	uɑŋ45	pɑŋ21	ɕiɑŋ44[②]

① 还有白读 thɑŋ21。
② 还有白读 xɑŋ21。

2. 鼻尾兼鼻化型

	堂定	光见	象邪	张知	狂群	王云	邦帮	项匣
	宕开一	宕合一	宕开三	宕开三	宕合三	宕合三	江开二	江开二
淮安	thɑŋ24	kuɑŋ42	ɕiã55	tsɑŋ42	khuɑŋ24	uɑŋ24	pɑŋ42	ɕiã55
句容	thɑŋ24	kuɑŋ31	ɕiã55	tsã31	khuɑŋ24	vɑŋ24	pɑŋ31	ɕiɑŋ55[①]

淮安有 ɑŋ、iã 两种类型，鼻化韵 iã 的出现条件是今读带 i 介音（主元音为 a），中古条件是开口二等见组部分字、开口三等（知系除外）。

句容有 ɑŋ、ã 两种类型，鼻化韵有无 i 介音都出现（主元音为 a），中古条件是开口二等见组的部分字、开口三等绝大多数（庄组都读合口呼除外，较特殊，下文研究）。

3. 鼻化型

	堂定	光见	象邪	良来	狂群	王云	绑帮	项匣
	宕开一	宕合一	宕开三	宕开三	宕合三	宕合三	江开二	江开二
六安	thã35	kuã313	ɕiã53	liã35	khuã35	uã35	pã24	ɕiã53
滁州	thã35	kuã42	ɕiã55	liã35	khuã35	vã35	pã21	ɕiã55
舒城	thã24	kuã21	ɕiã54	liã24	khuã24	uã24	pã213	ɕiã54
庐江	thã31	kuã55	ɕiã35	niã31	—	vã31	pã213	ɕiã35[②]
盐城	thã213	kuã31	ɕiã35	liã213	khuã213	uã213	pã31	ɕiã35[③]
如皋	thã35	kuã21	ɕiã33[④]	liã35	khuã35	vã35	pã213	xã21

4. 鼻化兼脱落型

	堂定	光见	象邪	涨知	狂群	放非	绑帮	项匣
	宕开一	宕合一	宕开三	宕开三	宕合三	宕合三	江开二	江开二
合肥	thɑ55	kuã21	ɕiã53	tʂɑ53	khuã55	fɑ53	pɑ34	ɕiã53

合肥有 ã、ɑ 两种类型；脱落型 ɑ 的条件是，韵母今读为开口呼，中古条件是：开口一等、开口三等知系、合口三等非组。

3.9.2 入声韵的今读类型

各点入声韵的元音存在差异，这里以主元音的差异进行分类。

① 还有白读 xɑŋ55。
② 还有白读 xã35。
③ 还有白读 khã31。
④ 这里的"象"是词"大象"中的读法；还有"象样"中读送气塞擦音声母 tɕhiã21，其他几点也一样。

1. 一分型

	作精	托透	郭见	脚见	约影	若日	学匣	桌知
	宕开一	宕开一	宕合一	宕开三	宕开三	宕开三	江开二	江开二
孝感	tso13	tho13	ko13	tɕio13	io13	ʐo13	ɕio13	tʂo13
黄冈	tso24	—	ko24	tɕio24	io24	io24	ɕio24	tso24
麻城	tso24	tho24	ko24	—	io24	io24	ɕio24	tso24
黄梅	tso42	tho42	ko42	tɕio42	io42	ə42	ɕio33	tso42
英山	tso313	—	ko313	—	io313	ʐo313	ɕio33	tso313
六安	tsuɐʔ23	thuɐʔ23	kuɐʔ23	tɕyɐʔ23	yɐʔ23	ʐuɐʔ23	ɕyɐʔ23	tʂuɐʔ23
舒城	tsɐʔ24	thɐʔ24	kuɐʔ24	tɕyɐʔ24	yɐʔ24	ʐuɐʔ24	ɕyɐʔ24	tʂuɐʔ24
合肥	tsuɐʔ5	thuɐʔ5	kuɐʔ5	tɕyɐʔ5	yɐʔ5	ʐuɐʔ5	ɕyɐʔ5	tʂuɐʔ5
扬州	tsaʔ5	thaʔ5	kuaʔ5	tɕiaʔ5	ɕiaʔ5	laʔ5	ɕiaʔ5	tsuaʔ5
涟水	tsɑʔ34	thɑʔ34	kuɑʔ34	tɕiɑʔ34	iɑʔ34	zɑʔ34	ɕiɑʔ34①	tsuɑʔ34
盐城	tsɑʔ5	thɑʔ5	kuɑʔ5	tɕiɑʔ5	iɑʔ5	lɑʔ5	ɕiɑʔ5	tsuɑʔ5
镇江	tsɑʔ5	thɑʔ5	kuɑʔ5	tɕiɑʔ5	iɑʔ5	lɑʔ5	ɕiɑʔ5	tsuɑʔ5
大丰	tsɑʔ4	thɑʔ4	kuɑʔ4	tɕiɑʔ4	iɑʔ4	zɑʔ4	ɕiɑʔ5②	tɕyɑʔ4
兴化	tsɑʔ4	thɑʔ4	kuɑʔ4	tɕiɑʔ4	iɑʔ4	lɑʔ5	ɕiɑʔ5	tsuɑʔ4
泰州	tsɑʔ4	thɑʔ4	kuɑʔ4	tɕiɑʔ4	iɑʔ4	zɑʔ4	ɕiɑʔ5	tsuɑʔ4
泰兴	tsɑʔ4	thɑʔ4	kuɑʔ4	tɕiɑʔ4	iɑʔ4	ʐɑʔ4	ɕiɑʔ5	tsuɑʔ4
如皋	tsɑʔ4	thɑʔ4	kuɑʔ4	tɕiɑʔ4	iɑʔ4	ʐɑʔ5	ɕiɑʔ5	tsuɑʔ4

2. 二分型

	作精	托透	郭见	脚见	约影	若日	学匣	桌知
	宕开一	宕开一	宕合一	宕开三	宕开三	宕开三	江开二	江开二
滁州	tsəʔ4	thuəʔ4	kuəʔ4	tɕyeʔ4	yeʔ4	ʐuəʔ4	ɕyeʔ4	tʂuəʔ4
连云港	tʂuə24	thuə24	kuɐ24	tɕyə24	yə24	zuə24	—	tʂuə24
淮安	tsɑʔ4	thɑʔ4	kuɑʔ4	tɕiaʔ4	iaʔ4	lɑʔ4	ɕiaʔ4③	tsuɑʔ4
南京	tsoʔ5	thoʔ5	kueʔ5	tɕioʔ5	ioʔ5	ʐoʔ5④	ɕioʔ5	tʂoʔ5

滁州分 əʔ和 eʔ两类，eʔ类出现于今读细音韵母中，即在 i 或 y 介音之后；中古条件是开口三等（知系字除外）、部分开口二等见组。

① 还有白读 xɑʔ34。
② 泰如片的大丰、兴化、泰州、泰兴、如皋“学”字都有文白读，此处为文读，都还有白读音 xɑʔ5。
③ 还有白读 xɑʔ4。
④ 还有一读 ioʔ5。

连云港大多数读 ə 类，仅一二等见组、帮组读 ɐ 类。

淮安分 ɑʔ和 aʔ两类，读 aʔ的条件是今读有 i 介音，中古条件是开口二等见组、开口三等（知系除外），其他都读 ɑʔ类。

南京绝大多数读 oʔ类，eʔ只见于部分见组字，一二三等都有。

3. 三分型

	作精	托透	郭见	鹊清	约影	若日	学匣	浊澄
	宕开一	宕开一	宕合一	宕开三	宕开三	宕开三	江开二	江开二
句容	tsəʔ5	thəʔ5	kuoʔ5	tɕhiaʔ5	iaʔ5	yəʔ5	çyəʔ5	tsuoʔ5
庐江	tsøʔ5	thøʔ5	kɤʔ5	tɕhiy35	iy35	ʐøʔ5	çiy31	tʂøʔ5

句容：一等一般读 əʔ（但帮组读 oʔ），二等见组一般读 əʔ类，其他读 oʔ类；三等一般读 aʔ类，也有部分读 əʔ类（如“略弱若削虐疟”），缺乏规则。

庐江：一二等见组读 ɤʔ，其他一二等读 øʔ；三等一般读 iy（但知系读 øʔ）。

3.9.3　类型总结及历史演变分析

1. 阳声韵总结

宕江摄阳声韵的读音类型总结见表 3-23。

表 3-23　宕江摄阳声韵读音类型

类型		方言点
鼻尾型	aŋ 类	黄冈、孝感、黄梅、麻城、英山、扬州
	ɑŋ 类	涟水、连云港、南京、镇江、大丰、兴化、泰兴、泰州
鼻化兼鼻尾型	ɑŋ、ã 类	淮安、句容
鼻化型	ã 类	六安、滁州、舒城、庐江、盐城
	ɑ̃ 类	如皋
鼻化兼脱落型	ɑ̃、ɑ 类	合肥

阳声韵的读音类型反应了鼻化的次序：鼻尾→鼻尾+鼻化→全鼻化→鼻化+脱落（参见 5.3.1 节鼻化专题）。

2. 入声韵总结

宕江摄入声韵的读音类型总结见表 3-24。

表 3-24　宕江摄入声韵读音类型

类型		方言点
一分型	o 类	黄冈、孝感、黄梅、麻城、英山
	ɐʔ类	六安、舒城、合肥
	aʔ类	扬州
	ɑʔ类	涟水、盐城、镇江、大丰、兴化、泰州、泰兴、如皋

续表

类型		方言点
二分型	əʔ、eʔ类	滁州
	ə、ɐ 类	连云港
	ɑʔ、iaʔ类	淮安
	oʔ、eʔ类	南京
三分型	əʔ、oʔ、aʔ类	句容
	øʔ、ɤʔ、iy 类	庐江

通过入声韵的读音类型，本书认为早期应该是一类，为 ɑʔ，在不同环境中分化为二分型或三分型。其中声母的音类、韵母的介音是造成分化的主要因素：ɑʔ在前高元音 i 的带动下前高化为 aʔ；ɑʔ在[+唇音特征]的环境中（帮组、合口介音）后高化为 oʔ；还有一些整体央化为 əʔ类，没有条件限制。

麦耘（2002）认为中古后期官话有宕江摄入声字舒化读同效摄的特点。江淮官话也有表现，除黄孝片入声韵普遍舒化读 o 类之外，其他方言也有部分字发生舒化，但是字数较少，如扬州宕江摄舒化读 o/ɔ 类的有“饺觉睡~错膜摸跃”，其音变过程应为：ɑʔ>oʔ>o/ɔ。

3. 中古开口韵的今读合、撮口呼

宕江摄中古开口韵今读合、撮口呼的现象举例见表 3-25。

表 3-25　宕江摄中古开口韵今读合、撮口呼的情况

方言点	宕开一	宕开三	江开二
六安	作 tsuɐʔ23（精） 托 thuɐʔ23（透）	床 tʂhuã35 状 tʂuã53 创 tʂhuã53 霜 ʂuã313（庄组） 勺 ʂuɐʔ23 弱 ʐuɐʔ23（章组） 嚼 tɕyɐʔ23 雀 tɕhyɐʔ23 鹊 tɕhyɐʔ23 削 ɕyɐʔ23（精组） 脚 tɕyɐʔ23 却 tɕhyɐʔ23（见组） 略 lyɐʔ23（来） 虐 lyɐʔ23（疑） 药 yɐʔ23（以） 约 yɐʔ23（影）	窗 tʂhuã313 双 ʂuã313 捉 tʂuɐʔ23（庄组） 戳 tʂhuɐʔ23 浊 tʂuɐʔ23 桌 tʂuɐʔ23 撞 tʂuã53（知组） 确 tɕhyɐʔ23 学 ɕyɐʔ23 觉 tɕyɐʔ23（见组） 岳 yɐʔ23（疑） 握 uəʔ5（影）
淮安		庄 tsuɑŋ42 装 tsuɑŋ42 状 tsuɑŋ55 床 tshuɑŋ24 创 tshuɑŋ55 闯 tshuɑŋ212 霜 suɑŋ42 爽 suɑŋ212（庄组）	窗 tshuɑŋ42 双 suɑŋ42 捉 tsuɑʔ4 镯 tsuɑʔ4（庄组） 撞 tsuɑŋ55 桩 tsuɑŋ42 戳 tshuɑʔ4 浊 tsuɑʔ4 桌 tsuɑʔ4（知组）
扬州		庄 tsuaŋ31 装 tsuaŋ31 状 tsuaŋ55 床 tshuaŋ35 创 tshuaŋ55 闯 tshuaŋ42 霜 suaŋ31 爽 suaŋ42（庄组）	窗 tshuaŋ31 双 suaŋ31 捉 tsuaʔ5（庄组） 撞 tsuaŋ55 桩 tsuaŋ31 戳 tshuaʔ5 浊 tsuaʔ5 桌 tsuaʔ5（知组）

这种现象有如下特点。分布存在方言差异：有的方言一二三等韵都有，有的仅

存在于二三等韵；有的方言知系、见系、精组、来母等都有，有的方言仅见于知、庄组。但是从韵母特点看，则有一些规律性，仅知、庄组有阳声韵字，其他声组都为入声字。

中古开口韵没有合口介音，那么这些合、撮口呼韵母的合口介音从何而来？淮安的音值或许给了一些启示，淮安宕江摄主元音是 ɑ，它是一个后低圆唇元音，带有合口特征，容易孳生出合口介音，这或许是宕江摄开口变合口的原因。高晓虹（2009：162-163）也有相同的观点，并且认为这一音变在官话方言中的完成时间为明末。

3.9.4　历史材料中的表现

1. 明末《切韵声原》

阳声韵：仅见于图 11，且此图阳声韵中都为宕江摄字，没有其他摄字。其中中古开口字“窗双（庄组），幢撞（知组）”列于第三栏合口呼之中，这说明明末江淮官话宕江摄知庄组开口韵已经变为合口呼。

入声韵：宕江摄入声字主要见于图 9，此图主体为阴声韵（果摄字），宕江摄入声字与之相配，有“剥拨抹郭豁夺脱诺落作错索阁溘霍箬乐雀削”，其中“豁拨抹夺脱”为山摄，“溘”为咸摄，其余均为宕江摄入声字。此外，图 6（主体为山摄）的“薄索”和图 11（主体为宕摄阳声韵）“略”也为宕摄字。

宕江摄入声字不配宕摄阳声韵（图 11），却与果摄字相配（图 9），这说明什么问题呢？《切韵声原》的原则是一图之内主元音相同，不配宕摄阳声韵说明其主元音不同于阳声韵，配果摄说明这些宕江摄入声字主元音与果摄相同，可能已经变为 o 类。这与今桐城方言宕江摄入声字的读音一致，如作 tso?、桌 tʂo?。

2. 清中期《五声反切正韵》

阳声韵有第 3、第 4、第 5 图，分别为开、齐、合口呼。宕江摄庄组开口字“庄壮窗床创霜爽”列于图 5 合口呼之中。

入声字：第 24 图主体为宕江摄，但也有一部分果、山摄字；第 25 图主体为果摄，也有“郭”为宕摄、“齷”为江摄字。宕摄、山摄入声字与果摄相混，说明元音相同，应该都为 o 类。但是全椒方言宕江摄入声字今读 ɐʔ类，吴烺也许不是依照全椒方言编排韵图，很可能是依照南京方言，今南京方言宕江摄多数读 oʔ类。

3.9.5　近代读音构拟

方言今读以一分型占优势，阳声韵多数为 aŋ/ɑŋ，入声韵多数为 ɑʔ。参照方言情况，把近代宕江摄音值构拟见表 3-26。

表 3-26　近代江淮官话宕江摄读音构拟

近代江淮官话宕江摄读音	阳声韵	aŋ（uaŋ、iaŋ）
	入声韵	aʔ（uaʔ、iaʔ）、ɔ（少数）

3.10 通　摄

3.10.1 今读类型

1. 黄孝片

	公见 通合一	总精 通合一	穷群 通合三	梦明 通合三	仆並 通合一	读定 通合一	服奉 通合三	玉疑 通合三	烛章 通合三
孝感	koŋ24	tsoŋ53	tɕhioŋ31	moŋ33	phu13	təu31	fu13	ʮ13[①]	tʂəu13
黄冈	koŋ33	tsoŋ42	tɕhioŋ313	moŋ44	phu24	təu24	fu24	y35	tsəu24
麻城	koŋ313	tsoŋ55	tɕhioŋ42	moŋ33	phu24	təu24	fu24	ʮ24	tʂəu24
黄梅	koŋ11	tsoŋ35	tɕhioŋ53	moŋ33	phu42	teu53	fu33	y42	tseu42
英山	koŋ11	tsoŋ44	tɕhioŋ31	moŋ33	phu313	təu33	fu313	ʮ33	tʂəu313

黄孝片：阳声韵都读 oŋ。入声韵有 u、əu、y 三种类型：合口一等帮、见、影组读 u、其他读 əu/eu 类；合口三等非组读 u，见组读 y/ʮ 类，其他读 əu 类。

2. 皖中片

	公见 通合一	总精 通合一	穷群 通合三	梦明 通合三	木明 通合一	毒定 通合一	服奉 通合三	欲以 通合三	烛章 通合三
六安	kəŋ313	tsəŋ24	tɕhiəŋ35	məŋ53	məʔ5	tuəʔ5	fəʔ5	zʮ53	tʂuəʔ5
舒城	kəŋ21	tsəŋ213	tɕhiəŋ24	məŋ54	məʔ5	təʔ5	fəʔ5	zʮ54	tʂuəʔ5
滁州	koŋ42	tsoŋ21	tɕhioŋ35	məŋ55	muʔ4	tuʔ4	fuʔ4	ʒʮ55	tʂuʔ4
合肥	kəŋ21	tsəŋ34	tɕhiŋ55	məŋ53	məʔ5	tuəʔ5	fəʔ5	yəʔ5	tʂuəʔ5
庐江	kəŋ55	tsəŋ213	tɕhiəŋ31	—	—	təʔ3	fəʔ5	yəʔ5	tʂuəʔ5

六安、舒城、庐江：阳声韵都读 əŋ 类；入声韵一般都读 əʔ类（六安、舒城部分影组读 ʮ 类）。

滁州：阳声韵一般读 oŋ 类，帮组、非组读 əŋ 类；入声韵一般都读 uʔ类（部

① 还有一读 iəu13。

分影组读 ɥ 类）。

合肥：阳声韵多数读 əŋ 类，但是合口三等影组、部分见组读 iŋ；入声韵一般都读 əʔ类。

3. 扬淮片

	公见	总精	穷群	梦明	木明	毒定	服奉	欲以	祝章
	通合一	通合一	通合三	通合三	通合一	通合一	通合三	通合三	通合三
扬州	koŋ31	tsoŋ42	tɕhioŋ35	moŋ55	mɔʔ5	tɔʔ5	fɔʔ5	iɔʔ5	tsɔʔ5
涟水	koŋ31	tsoŋ212	tɕhioŋ35	moŋ55	mɔʔ34	tɔʔ34	fɔʔ34	iɔʔ34	tsɔʔ34
淮安	koŋ42	tsoŋ212	tɕhioŋ24	moŋ55	mɔʔ4	tɔʔ4	tɔʔ4	iɔʔ4	tsɔʔ4
盐城	koŋ31	tsoŋ53	tɕhioŋ213	moŋ35	mɔʔ5	tɔʔ5	fɔʔ5	iɔʔ5	tsɔʔ5
连云港	koŋ214	tʂoŋ41	tɕhioŋ35	məŋ55	mə24	tuɷ24	fuɷ24	yɷ24	tʂuɷ24

扬州、涟水、淮安、盐城：阳声韵都读 oŋ 类；入声韵一般都读 ɔʔ类。

连云港：阳声韵一般读 oŋ 类，但帮组、非组读 əŋ 类；入声韵一般读 ɷ 类，但帮组读 ə。

4. 苏南片

	公见	总精	穷群	梦明	木明	毒定	服奉	欲以	祝章
	通合一	通合一	通合三	通合三	通合一	通合一	通合三	通合三	通合三
南京	koŋ31	tsoŋ212	tɕhioŋ24	mən44	muʔ5	tuʔ5	fuʔ5	ʐuʔ5	tʂuʔ5
句容	koŋ31	tsoŋ213	tɕhioŋ24	mən55	moʔ5	təʔ5	foʔ5	yəʔ5	tsuoʔ
镇江	koŋ21	tsoŋ313	tɕhioŋ35	moŋ55	mɔʔ5	tɔʔ5	fɔʔ5	iɔʔ5	tsɔʔ5

南京：阳声韵一般读 oŋ 类，但是帮组、非组读 ən 类；入声韵一般读 uʔ，合口三等见组读 yʔ。

句容：阳声韵一般读 oŋ 类，但是帮组、非组读 ən 类；入声韵合口一等帮组、见组、精组读 oʔ类，其他读 əʔ类；合口三等帮组、精组、知系、非组读 oʔ类，其他（包括见组）读 əʔ类。

镇江：阳声韵全读 oŋ 类，入声韵全读 ɔʔ类。

5. 泰如片

	公见	总精	穷群	梦明	木明	毒定	伏奉	欲以	祝章
	通合一	通合一	通合三	通合三	通合一	通合一	通合三	通合三	通合三
大丰	kɔŋ21	tsɔŋ213	tɕhiɔŋ35	mɔŋ21	mɔʔ5	thɔʔ5	fɔʔ5	iɔʔ5①	tsɔʔ4
兴化	kɔŋ33	tsɔŋ213	tɕhiɔŋ34	mɔŋ21	mɔʔ5	thɔʔ5	fɔʔ5	iɔʔ5	tsɔʔ4

① 还有文读阴入 iɔʔ4，其他 4 点也一样。

泰州	kɔŋ21	tsɔŋ213	tɕhiɔŋ45	mɔŋ21	mɔʔ5[1]	thɔʔ5[2]	fɔʔ5[3]	iɔʔ5	tsɔʔ4
泰兴	kɔŋ21	tsɔŋ213	tɕhiɔŋ45	mɔŋ21	mɔʔ5	thɔʔ5	fɔʔ5	iɔʔ5	tsɔʔ4
如皋	kɔŋ21	tsɔŋ213	tɕhiɔŋ35	mɔŋ21	mɔʔ5	thɔʔ5	fɔʔ5	iɔʔ5	tsɔʔ4

泰如片阳声韵都读 ɔŋ 类；入声韵都读 ɔʔ。

3.10.2 类型总结及历史演变分析

将上面的读音类型总结见表 3-27。

表 3-27 通摄阳声韵、入声韵读音类型

通摄韵母今读类型		方言点
阳声韵读音	oŋ	黄冈、孝感、英山、麻城、黄梅、镇江、扬州、涟水、淮安、盐城
	ɔŋ	大丰、兴化、泰州、泰兴、如皋
	oŋ、əŋ	滁州、连云港
	oŋ、ən	南京、句容
	əŋ	六安、舒城、庐江
	əŋ、iŋ	合肥
入声韵读音	ɔʔ	扬州、涟水、淮安、盐城、镇江、大丰、兴化、泰州、泰兴、如皋
	əʔ、oʔ	句容
	əʔ（ʮ）	六安、舒城、合肥、庐江
	uʔ（ʮ）	滁州、南京
	ɷ	连云港
	u、əu、y/ʮ	黄冈、孝感、英山、麻城、黄梅

笔者认为早期阳声韵是 oŋ，也发生了一些变化：泰如片今读高化为 ɔŋ；滁州、连云港有一部分央化为 əŋ，条件是帮组、非组声母后，这是唇音声母对圆唇元音 o 的异化；南京、句容 ən 的音变也相似，只是韵尾进一步发生变化，并入了深臻曾梗摄；六安、舒城、庐江是央化比较彻底的，都变为 əŋ；合肥 iŋ 出现在三等中，其前身应该是 iəŋ，后来 ə 韵腹脱落。

可将早期入声韵构拟为 oʔ，发生了两条不同的音变之路：一是央化为 əʔ，如六安、舒城、合肥、庐江、句容；一是高化为 uʔ，如滁州、南京。还有一些在高化的基础上舒化为 u/ɷ，如黄冈、孝感、英山、麻城、黄梅、连云港，黄孝片还进而

① 还有文读阴入 mɔʔ4。
② 还有文读阴入 thɔʔ4。
③ 还有文读阴入 fɔʔ4。

发生了 u>əu 的裂化。

此外，较重要的还有通摄三等韵 i 介音的失落问题值得研究。今江淮官话通摄三等 i 介音仅在见系声母后有少数保留，一般见于晓母、部分影组和见组入声字，且导致见组声母腭化，见表 3-28。

表 3-28　江淮官话通摄三等保留 i 介音的方言

方言点	凶晓	胸晓	熊云	菊见	曲溪	局群	岳疑	玉疑
	通合三	通合三	通合三	通合三	通合三	通合三	通合三	通合三
扬州	ɕioŋ31	ɕioŋ31	ɕioŋ35	tɕhiɔʔ5	tɕhiɔʔ5	tɕhiɔʔ5	iɔʔ5	iɔʔ5
合肥	ɕiŋ21	ɕiŋ21	ɕiŋ55	tɕyəʔ5	tɕhyəʔ5	tɕyəʔ5	yɐʔ5	zɥ53

《蒙古字韵》中通摄三等介音 i 全部保留，与一等韵对立。《中原音韵》部分牙喉音后三等 i 介音失落，如“弓恐供”并入一等，这说明元末北方话中开始失落。江淮官话系韵书中，《书文音义便考私编》的通摄三等介音 i 仅在唇音、知系字后丢失，其他声组（包括牙喉音）i 介音保持；《西儒耳目资》除牙喉音外全部丢失，但是牙喉音的平、上、去声也有丢失的，与今江淮官话情况类似。

3.10.3　历史材料中的表现

1. 明末《切韵声原》

通摄阳声韵仅分布在图 1 中，不与其他韵摄纠葛。

入声韵主要分布在图 1（如“扑木縠酷屋伏笃秃陆族镞速祝畜熟辱菊曲育旭福岣角足蹴”）、图 2（如“扑木谷哭屋斛复独秃朒六足促俗躅歜束辱玉倏恩粟粥熟”）、图 14（如“木复秃漉足促速宿”）。分布在图 1 的与通摄阳声韵相配，分布在图 2 的与遇摄相配，分布在图 14 的与流摄相配。还有少量分布在图 3 与蟹止摄相配（如“促木”）。

入声韵与遇摄相配说明此时通摄入声韵的主元音可能是 u，与流摄相配其韵母应该是 əu，说明此时已经发生了裂化音变。这些特点与黄孝片今读十分接近，桐城方言属黄孝片，桐城也有此特点，方以智作这种归类应该是依据当时方言的实际读音。但是这些特点与江淮官话的主流特点不一致，不应作为江淮官话早期语音构拟的依据。

2. 清中期《五声反切正韵》

通摄阳声韵分布在图 1、2 中，一般不与其他韵摄纠葛（仅“蚌”为梗摄）。

入声韵分布在图 9（所配阴声韵是遇摄）的有“曲玉恧蓄”；分布在图 10（所配阴声韵是遇摄）的有“叔畜福足秃促辱谷笃卜竹酷禄速木屋”。与遇摄相配，说明此时入声字韵母应该是 u，与南京话相同。

3.10.4　近代读音构拟

依照方言情况，近代阳声韵应该是 oŋ，虽然入声韵今读多数为 ɔʔ，但是为了与阳声韵对应，构拟为 oʔ，二者没有实质区别。近代江淮官话通摄读音构拟见表 3-29。

表 3-29　近代江淮官话通摄读音构拟

近代江淮官话通摄读音	阳声韵	oŋ（ioŋ）
	入声韵	oʔ（ioʔ）

第 4 章　江淮官话声调的历史演变

4.1　中古四声在各片的分化类型

4.1.1　黄孝片

中古四声在黄孝片分化情况及今读调值总结见表 4-1。

表 4-1　中古四声在黄孝片分化情况及今读调值

中古四声及声母类型	中古平声		中古上声		中古去声		中古入声	
	清	浊	清、次浊	全浊	浊	清	清	浊
今读调类	阴平	阳平	上声	阳去		阴去	入声	
孝感	24	31	53	33		35	13	
黄冈	33	313	42	44		35	24	
麻城	313	42	55	33		35	24	
黄梅	11	53	35	33		15	42	
英山	11	31	44	33		35	313	

中古平声：中古清声母今读阴平，全浊、次浊声母今读阳平。
中古上声：中古清、次浊声母今读上声，全浊声母今读阳去。
中古去声：中古清声母今读阴去，全浊、次浊声母今读阳去。
中古入声：今读一个入声调，不带塞尾，不短促。
有一些中古入声字并入其他三声之中，具体情况见表 4-2。

表 4-2　黄孝片中古入声并入其他声调的情况

方言点	入声转入其他声调的例字
孝感	阴平：拉 阳平：植石十殖直值舌读活滑 阴去：饰式
黄冈	阴平：拉挖只 上声：白给 阴去：式饰玉忆 阳去：十石蚀食杂穴获席沃

续表

方言点	入声转入其他声调的例字
麻城	阴平：拉 阳平：殖植直值 上声：撒 阴去：彻饰式 阳去：十石食舌蚀滑获席
黄梅	阴平：拉 阳平：读 阴去：式育忆 阳去：拔石十植殖熟择值直蚀舌实食绝集嚼特笛服合秃滑鹤穴学活或获习席握
英山	阴平：拉挖 上声：瘪 阴去：彻 阳去：白拔植石十熟殖直值宅食蚀舌实绝族笛读达合杰活或滑鹤穴学席玉

可见，各点入声归并的去向并不一致：黄梅、英山绝大多数归入阳去，且一般是中古全浊声母字；孝感多数并入阳平，且一般是中古全浊声母；黄冈、麻城比较凌乱，但归入阴去、阳去的比例加起来占主流。

4.1.2　皖中片

中古四声在皖中片分化情况及今读调值总结见表 4-3。

表 4-3　中古四声在皖中片分化情况及今读调值

中古四声及声母类型	中古平声		中古上声		中古去声		中古入声	
	清	浊	清、次浊	全浊	浊	清	清	浊
今读调类	阴平	阳平	上声	去声			阴入	阳入
庐江	55	31	213	35			5	3
六安	313	35	24	53			5（ə）23（ɐ）	
舒城	21	24	213	54			5（ə）24（ɐ）	
滁州	42	35	21	55			4	
合肥	21	55	34	53			5	

中古平声：中古清声母今读阴平，全浊、次浊声母今读阳平。

中古上声：中古清、次浊声母今读上声，全浊声母今读去声。

中古去声：不论声母清浊，合并为去声。

中古入声：有一至两个入声调，都带喉塞尾。庐江有两个入声调：中古清、次浊声母、半数全浊声母今读阴入，半数全浊声母今读阳入。六安、舒城依元音高低分化为两个入声调：主元音为 ə 的字（分布在曾梗摄三四等及深臻通摄）调值为 5，主元音为 ɐ 的字调值为 23/24。滁州、合肥无论声母清浊，合并为一个入声调。

有一些中古入声字并入其他三声之中，庐江、合肥较多，见表 4-4。

表 4-4　庐江、合肥中古入声并入其他声调的情况

方言点	入声转入其他声调的例字
庐江	阴平：搭摸摔扒叭摸挖砟削掐划没蜇炙拉 阳平：骨学贼划~船扒~手膜匹 上声：咯卡嘎撒喇饺歹捋抹蹼给擗 去声：错忆觉雹率拽仄跃龌轧~棉花幕抹玉续剧式亿别雀乐音~岳钥药约确嚼鹊日角丑~觉~得虐掠略肉划计~却
合肥	阴平：捋摸摔挖拉焗 阳平：昨贼核结~划~船扒匹~配 上声：物饺给卡~子卡~车捋 去声：曝忆翼瘾恶可~剧玉萨划计~拽亿没促雹撂觉睡~嚼跃肉宿星~幕错兀率~领

4.1.3　扬淮片

中古四声在扬淮片分化情况及今读调值总结见表 4-5。

表 4-5　中古四声在扬淮片分化情况及今读调值

中古四声及声母类型	中古平声		中古上声		中古去声		中古入声	
	清	浊	清、次浊	全浊	浊	清	清	浊
今读调类	阴平	阳平	上声	去声			入声	
连云港	214	35	41	55			24	
涟水	31	35	212	55			34	
淮安	42	24	212	55			4	
扬州	31	35	42	55			5	
盐城	31	213	53	35			5	

中古平声：中古清声母今读阴平，全浊、次浊声母今读阳平。

中古上声：中古清、次浊声母今读上声，全浊声母今读去声。

中古去声：不论声母清浊，合并为去声。

中古入声：一般有一个入声调，带喉塞尾。连云港不带喉塞尾，调值为 24，与阳平 35 类似，但是入声略短。

有一些中古入声字并入其他三声之中，连云港、涟水、扬州较多，情况见表 4-6。

表 4-6　扬淮片中古入声并入其他声调的情况

方言点	入声转入其他声调的例字
连云港	阴平：劁屐戟捋扒耷拉垃踏匹刮率划~船摔雹摸索魄摔律 阳平：贼白昨蛤秫 上声：餍瘪撮捋抹歹卡眨喇族鄂秫 去声：划计~北给~养亿忆翼镬恶可~剧续轧六拽率~领络觉睡~跃错嗑没肉卡
涟水	阴平：蜡膊幅豁摔掐垃拉屐殖 阳平：贼木划~船蛤眨昨昵 上声：抹饺歹卡嘎撒喇唠唬擗 去声：峪炙亿忆吃臆洑戮夙戌恶可~剧窒玉肉鬻聿划计~拽率蟀瀑曝觉睡~梏撂错戌

续表

方言点	入声转入其他声调的例字
扬州	阴平：摸挖叭垃拉 阳平：贼膜划 上声：给饺歹卡撒喇必 去声：跃忆翼恶剧玉蚱划亿觉撤脱错褥肉乏石拽

4.1.4　苏南片

中古四声在苏南片分化情况及今读调值总结见表 4-7。

表 4-7　中古四声在苏南片分化情况及今读调值

中古四声及声母类型	中古平声		中古上声		中古去声		中古入声	
	清	浊	清、次浊	全浊	浊	清	清	浊
今读调类	阴平	阳平	上声	去声			入声	
南京	31	24	212	44			5	
镇江	21	35	313	55			5	
句容	31	24	213	55			5	

中古平声：中古清声母今读阴平，全浊、次浊声母今读阳平。

中古上声：中古清、次浊声母今读上声[①]，全浊声母今读去声。

中古去声：不论声母清浊，合并为去声。

中古入声：一般有一个入声调，带喉塞尾。

有一些中古入声字并入其他三声之中，南京较多，情况见表 4-8。

表 4-8　南京方言中古入声并入其他声调的情况

方言点	入声转入其他声调的例字
南京	阴平：掰硅摔拽掰斡蚱垃拉扒屐击汲圾 阳平：朴姓贼没缩昨潔没~有划~船扒~手 上声：咱邈歹捋抹卡撒喇蛐给 去声：剧饬轼拭式辟~邪沫昵历沥沏臆瘪亿炙骆攥肉摺雹忆错屹幕卜萝~泄划计~玉缉拽

4.1.5　泰如片

中古四声在泰如片分化情况及今读调值总结见表 4-9。

顾黔（2001）把泰如片方言声调分为七调区和六调区两种类型，本书沿用这一分类，其特点是：七调区中古平声分阴阳；中古清、次浊上声今读上声，全浊上声

① 句容有少部分次浊上声读阳平“鲁拢秒努染允苇”。

归阳去；中古去声分阴阳，浊（全、次浊）声母读阳去，清声母读阴去；中古入声分阴阳，但是有部分中古浊入字读为阴入。六调区中古平声分阴阳；中古清、次浊上声今读上声，全浊上声今读有阴平、去声两读；中古清声母去声今读去声，浊（全、次浊）声母去声今有阴平、去声两读；中古入声分阴阳，但是有部分中古浊入字读为阴入。

表 4-9　中古四声在苏南片分化情况及今读调值

中古四声及声母类型	中古平声		中古上声		中古去声		中古入声	
	清	浊	清、次浊	全浊	浊	清	清	浊
今读调类	阴平	阳平	上声	阴平/去声		去声（阴去）	阴入	阳入
兴化	33	34	213	21（阳去）		53（阴去）	4	5
大丰	21	35	213	21/45		45	4	5
泰州	21	45	213	21/33		33	4	5
泰兴	21	45	213	21/44		44	4	5
如皋	21	35	213	21/33		33	4	5

泰如片声调的特点有两点比较特殊：一是入声调值阴低阳高，与一般阴高阳低情况不同；二是六调区的全浊上、浊去有阴平和去声两读，比较特殊。

下面以实例列举六调区全浊上、浊去两读的情况。

（1）中古全浊上今阴平、去声两读的情况见表 4-10。

表 4-10　中古全浊上今阴平、去声两读的情况

方言点	坐从	妇奉	赵澄	跪群	限匣	断定	象邪（~样）	奉奉
	果合一	流开三	晓开三	止合三	山开二	山合一	宕开三	通合三
大丰	tsho21	fu45	tshɔ21	khuei21	ɕiɛ̃45 xɛ̃21	tũ45 thũ21	ɕiaŋ45 tɕhiaŋ21	fɔŋ45
泰兴	tshɤɯ21	fu21	tshɔ21	khuəi21	ɕiɛ̃21 xɛ̃21	tũ44 thũ21	tɕhiaŋ21	fɔŋ21
如皋	tshɤɯ21	fu21	tshɔ21	khuei21	ɕiɛ̃21 xɛ̃21	tũ33 thũ21	tɕhiã21	fɔŋ21
泰州	tsu33 tshu21	fu33	tsɔ33 tshɔ21	kuəi33 khuəi21	ɕiɛ̃33 ɕiɛ̃21	tũ33 thũ21	ɕiaŋ33 tɕhiaŋ21	fɔŋ33

（2）中古浊去字今阴平、去声两读的情况见表 4-11。

表 4-11　中古浊去字今阴平、去声两读的情况

方言点	夜云	就从	掉定	蛋定	现匣	共群	净从	定定
	假开三	流开三	效开四	山开一	山开四	通合三	梗开三	梗开四
大丰	iɑ21	tɕiɤɯ45 tɕhiɤɯ21	tiɔ45 thiɔ21	tɛ̃45 thɛ̃21	ɕiĩ45	kɔŋ45 khɔŋ21	tɕiŋ45 tɕhiŋ21	tiŋ45
泰兴	iɑ21	tɕhiɤɯ21	tiɔ44 thiɔ21	tɛ̃44 thɛ̃21	ɕiĩ44 ɕiĩ21	kɔŋ44 khɔŋ21	tɕiŋ44 tɕhiŋ21	tiŋ44 thiŋ21
如皋	iɑ21	tɕhiɤɯ21	tiɔ33 thiɔ21	tɛ̃33 thɛ̃21	ɕiĩ33 ɕiĩ21	kɔŋ33 khɔŋ21	tɕiŋ33 tɕhiŋ21	tiŋ33 thiŋ21
泰州	ɛ33 iɑ21	tɕiɤɯ33 tɕhiɤɯ21	tiɔ33 thiɔ21	tɛ̃33 thɛ̃21	ɕiĩ33 ɕiĩ21	kɔŋ33	tɕiŋ33 tɕhiŋ21	tiŋ33

那么六调区中古全浊上声、浊去有阴平、去声两读现象是怎么产生的呢？笔者发现六调区和七调区的一个关键区别是去声是否分阴阳，七调区（兴化）去声分阴阳，全浊上和浊去合并归阳去，清声母去声归阴去；六调区只有一个去声，全浊上声、浊去要么归去声，要么归阴平，若归去声就与多数官话的规则相同，是“阴阳去合并，浊上归去”，若归阴平则需要另做考量。当六调区全浊上、浊去读阴平时，其调值刚好与七调区的阳去调值相同，都为 21。假设六调区原来也是去分阴阳，且阳去调值为*21，那么六调区和七调区的分化规则就变得完全相同，而导致六调区全浊上、浊去读为阴平的原因可能是阳去与阴平调值接近而合并。

这就又引出一个问题——六调区阳去、阴平合并的具体过程是怎样的呢？是阳去向阴平靠拢，还是阴平向阳去靠拢？从调类分合看，二者没有本质区别，但是从调值分合来看，这是必须要考虑的问题。认为是阴平向阳去靠拢更合适：一是因为阴平内部的成分比较单一，变化更加统一灵活；二是已经假设泰如片六调区早期阳去的调值为*21，这保证了整个泰如片阳去调值的一致性，那么就得重新构拟六调区早期阴平的调值。泰如片靠近扬淮片，多数扬淮片方言的阴平调值都为 31（如扬州），因此可以把六调区早期阴平调值构拟为*31，由于*31、*21 非常接近，因此阴平逐渐向阴去靠拢，变为 21，二者合并。

总结以上分析，此处把六调区中古全浊上声、浊去读成阴平、去声两读的演变过程演绎如下：初始状态是去声分阴阳，后来发生全浊上归阳去，这是第一步；但是由于阳去调值*21 与阴平*31 非常接近，阴平向阳去靠拢，形成阴平、阳去都读 21 的局面，这是第二步；后来权威方言的“浊上归去（阴去）”规则对泰如片施加影响，于是原来属于全浊上声的字又有了阴去的读法，由于全浊上、浊去合并日久，已成整体（即阳去），所以在全浊上带动下，浊去字也有了阴去读法。这样就造成全浊上、浊去都有阴平、去声（阴去）两读，这是第三步。

因此全浊上、浊去读阴平是泰如片方言自身因调值相近发生的调整，读去声是受权威方言的影响。读去声是来自权威方言影响的结论也能得到声母特点的支持，从泰如片文白两读的实例可知，中古全浊上声、浊去声字的声母也有两种读法：白读送气，文读不送气。这是因为“平仄都送气”的规则正受到“平送仄不送”规则的影响，仄声字声母也有了不送气读法。特殊之处在于，笔者发现如果一个字有两读，送气声母一般配阴平调，不送气声母一般配去声调，如：大丰“断”（定母上声）文读为 tʊ̃45，声母不送气，声调为去声；白读为 thʊ̃21，声母送气，声调为阴平。这说明声母、声调的匹配是成系统的，文读声母配文读调，白读声母配白读调[①]。从

① 也有些字文白读发生了叠置。如表中“限”，通过分析能够离析出白读音“xɛ̃21”及文读模式为“ɕiɛ̃+去声”。但是仅大丰能够明确区分文白读，其他方言都发生了文白叠置。泰兴、如皋文读音为 ɕiɛ̃21，声、韵母为文读类型，声调为白读类型；泰州白读音为 ɕiɛ̃21，声、韵母为文读类型，声调为白读类型。当然有叠置的情况只占少数，不影响对文白层次的区分。

文白叠置问题有待深入研究，擦音声母似乎更容易发生文白叠置，通过文白叠置的类型也许能够总结出文白竞争的一般模式。

这个角度看声调问题，也能够说明去声是来自外源层次的文读。

关于通泰方言六调区中古全浊上、浊去的阴平、去声两读现象，顾黔（2001：500）认为可分三个阶段：第一阶段同七调区去分阴阳，第二阶段是阳去归阴平形成六调，第三阶段是普通话的影响阴平中来自全浊上、浊去的字再读去声。本书观点与之基本一致，只是本书认为是阴平向阳去靠拢，而不是阳去归入阴平，“全浊上+浊去”作为一个“位”继续存在，这才使得后来在权威方言影响下“浊上归去（阴去）”规则能够继续发挥作用。

此外，若放眼其他方言的情况，可以发现通泰方言与关中方言、晋南、客赣方言在全浊声母分化、全浊上和浊去的声调归并、入声调值的阳高阴低等问题上存在一些相似之处，一般认为它们具有同源关系（鲁国尧，2003a；李如龙和辛世彪，1999；顾黔，2001）。但也有不同意见，侍建国（2011）认为“全浊声母分化平仄都送气”是同源关系而“全浊上归阴平”是接触关系，这些问题有待学界继续探讨。

4.2 中古四声在江淮官话的演变

4.2.1 江淮官话四声的分化模式

可将前述各方言中古四声分化的格局总结见表 4-12。

表 4-12 江淮官话四声分化类型总结

<table>
<tr><th>四声的分化类型</th><th>清</th><th>次浊</th><th>全浊</th><th>覆盖的范围</th></tr>
<tr><td>平声分化类型</td><td>阴平</td><td colspan="2">阳平</td><td>所有江淮官话</td></tr>
<tr><td>上声分化类型</td><td colspan="2">上声</td><td>去声/阴平</td><td>多数/泰如片部分</td></tr>
<tr><td>去声分化类型 1</td><td>阴去</td><td colspan="2">阳去/阴平</td><td>黄孝片/泰如片部分</td></tr>
<tr><td>去声分化类型 2</td><td colspan="3">去声</td><td>皖中、扬淮、苏南</td></tr>
<tr><td rowspan="2">入声分化类型 1</td><td rowspan="2">阴入</td><td colspan="2">阴入</td><td rowspan="2">泰如片</td></tr>
<tr><td colspan="2">阳入</td></tr>
<tr><td>入声分化类型 2</td><td>阴入</td><td colspan="2">阳入</td><td>庐江（皖中片）</td></tr>
<tr><td>入声分化类型 3</td><td colspan="3">入声</td><td>皖中、扬淮、苏南</td></tr>
<tr><td rowspan="2">入声分化类型 4</td><td colspan="3">高入（ə）</td><td rowspan="2">六安、舒城（皖中片）</td></tr>
<tr><td colspan="3">低入（ɐ）</td></tr>
</table>

中古时期汉语有四声是公认的，此时可能四声各自产生了区别性的声调（调值），那么四声内部是怎么依据声母类型的不同而分化的呢？其机制是什么？

本书认为机制可以有两种：一是在四声内部依声母的类型分化为不同的声调（一般是以声母清浊分化为高、低两个调），这种声调早期只是羡余成分，后来渐渐固定为区别性的声调，导致四声的分化。二是跨类合并导致的分化，声调系统形成以后或者在声调系统形成过程中，如果两个声调的调值接近，就会自然地发生合并，当这种合并是跨类进行的时候，也造成四声的分化。本书认为这两种机制发生作用的时间阶段是不同的，前者是早期的机制，后者是较晚期的机制。当然这只是声调分化的理想过程，还会发生很多变数，如浊音清化。如果在浊音清化时区别性的声调还没有形成，那么随着浊音的消失，原来作为羡余成分的声调高低差别也就会慢慢消失，可能合并为一个声调。如果在浊音清化之前区别性的声调已经形成，那么浊音清化就不会对声调分化产生影响。

基于上面的分析，本书认为江淮官话平声的分化应该是很早的，因为浊音清化似乎没有对它造成影响，可能在浊音清化之前平声就已经分化，且所有方言都如此，很稳固。上声内部的分化应该也非常早，浊音清化似乎没有对它造成影响，且所有方言都如此。关于去声，前文已经推断出其最早是按声母清浊分化的，但是大部分方言后来又发生了合并，这可能是由于浊音消失之后，由于阴阳去的调值高低比较接近而逐渐合并。因此去声分化的时间是较晚的，大致在浊音清化前后，有的方言甚至还来不及分化，浊声母就消失了。入声早期是按声母清浊分化的，入声类型 1 可以提示这个阶段；但是后来发生了合并，入声类型 2 和入声类型 3 显示了合并的过程；甚至有些方言在合并后又发生了分化，入声类型 4 就是依据元音高低分化为两个调。因此入声的分化时间也是很晚的。

4.2.2　上声分化次浊上随清的年代问题

从江淮官话今读所能逆推到的上声的早期分化格局是清和次浊一道，全浊一道，这和另外三声的分化格局不同。上声这种分化格局的形成可能有两个途径：一是先经过清、浊分化的阶段（次浊和全浊一道），后来次浊又分化出来，转而随清声母；二是次浊一开始就是随清声母，此后一直没变。

第一个途径清浊分化若要成立，需要能够在历史文献中找到次浊和全浊一道的例子，此外还要解释次浊声母后来从浊声母中分化出来的原因。罗常培（1933：126）发现《开蒙要训》中有以浊上注去、以去注浊上的例子，认为“全浊跟次浊的上声在这种方音里已竟显然的变成去声了”。但是他没有完全统计，杨耐思（1958：73）发现在上去互注的例子中，浊上跟去声相逢的次数远不及清上跟去声，因此《开蒙要训》的注音不能证明浊上变去。看来尚不能确认历史文献中有次浊上随全浊的例证。

相反却有比较确凿的次浊上随清声母的证据，北宋邵雍（1011～1077）的《皇极经世天声地音图》中次浊声母被分为分阴阳两类，但是归清类的次浊声母字都是上声字，归浊类的次浊声母字都是非上声，没有例外（冯蒸，1987）。这说明当时次浊声母上声字的声母和清声母是归为一类的。

因此，上声早期的分化应该就是次浊随清声母走，全浊单独分化出去。全浊上和去声纠葛的例子较多，甚至可以追溯到唐代，唐古体诗中有全浊上和去声押韵的现象，如白居易的《琵琶行》，但是这只能说明古体诗是“上去通押”，不能确认为“浊上变去”。真正确凿的浊上变去的证据见于晚唐李涪《刊误》：“吴音乖舛，不亦甚乎！上声为去，去声为上……怨恨之恨则在去声，很戾之很则在上声。又言辩之辩则在上声，冠弁之弁则在去声。又舅甥之舅则在上声，故旧之旧则在去声。又皓白之皓则在上声，号令之号则在去声。”（王力，1985：259）李涪批评《切韵》把“很辩舅皓”等全浊上声字列为上声，认为这是吴音，不合于当时正统的东都（洛阳）之音，说明当时这些字的正统读音应该是归去声的。

4.2.3　江淮官话入声的舒化和归派现象

1. 入声舒化

入声舒化指入声字塞尾丢失的现象，在汉语方言中很常见，有的塞尾丢失但保存短促特点，有的已经长化仅保留入声调，有的入声调消失派入三声（冯法强，2011）。

江淮官话发生入声舒化的方言主要分布在边缘地带，如黄孝片、扬淮片的连云港。黄孝片在江淮官话的西部，与西南官话和中原官话相邻；连云港地处江淮官话北部边缘，与中原官话相邻。由于入声的消失，江淮官话的北部边界线近些年发生了南移，如淮南 50 年前还有入声调，但是现在入声已经消失（贡贵训，2011），那么从方言划分上，它也由江淮官话转变为中原官话，因为有入声是江淮官话最重要的分区依据，尽管有些江淮官话方言发生入声舒化，但是都还保留入声调。

那么入声字的舒化与哪些因素有关呢？

一般认为入声舒化和声母清浊有一定的关系，江淮官话是否如此呢？本书对舒化字统计见表 4-13。

表 4-13　江淮官话入声舒化字的统计

方言点及舒化数目	不同声母类型的数量及比例			备注
	全浊（比例）	次浊（比例）	清（比例）	
孝感 253	58 （23%）	55 （22%）	140 （55%）	所有入声字都舒化
黄冈 238	56 （24%）	48 （20%）	134 （56%）	
麻城 236	56 （24%）	48 （20%）	132 （56%）	
黄梅 230	55 （24%）	50 （22%）	125 （54%）	
英山 218	48 （22%）	47 （22%）	123 （56%）	
连云港 609	155 （25%）	125 （21%）	329 （54%）	
庐江 71	13 （18%）	25 （35%）	33 （46%）	少数入声字舒化
合肥 42	11 （26%）	15 （36%）	16 （38%）	
涟水 57	13 （23%）	18 （32%）	26 （46%）	
扬州 33	7 （21%）	12 （36%）	14 （42%）	

续表

方言点及舒化数目	不同声母类型的数量及比例			备注
	全浊（比例）	次浊（比例）	清（比例）	
京 63	12　（19%）	22　（35%）	29　（46%）	少数入声字舒化

孝感、黄冈、麻城、黄梅、英山、连云港是所有入声字都舒化，对于我们观察入声舒化的动向没有帮助。庐江、合肥、涟水、扬州、南京只有少部分发生了舒化，这对于观察入声舒化是有用的，但是看不出舒化字有集中在某一声母类型的趋势，清浊声母的舒化比例相当，而且各声母类型的比例同所有入声字都舒化方言的比例没有太大差别。看来声母清浊对江淮官话入声舒化没有影响。

此外本书还统计了舒化字声母的发音方法，发现塞音、塞擦音、擦音、鼻边音之间的比例差别不大；也统计了舒化字的主元音类型，同样没有发现规律性的东西。因此认为江淮官话入声舒化是各种音类齐头并进的。

上文讨论了入声舒化问题，江淮官话还有相反的音变——舒声促化，列举如下：

兴化：阿~飞 æʔ4 鼻 phiɪʔ5（这两字在整个泰如片都促化）；

合肥：爷 iəʔ5 瘸 tɕhyɐʔ5 癞 lɐʔ5；

涟水：姥 tɕiɪʔ34 荔 niʔ34 钠 naʔ34；

南京：弥 miʔ5 赂 luʔ5 葫 xuʔ5 毋 uʔ5 蚂 mɑʔ5 拇 mɑʔ5 枇 piʔ5 钠 lɑʔ5 乍 tʂɑʔ5 茬 tʂhɑʔ5 这 tsəʔ5/tɕieʔ5 瀣 ɕieʔ5 谟 moʔ5 祚 tsoʔ5 那 lɑʔ5；

扬州：枇 phiʔ5 匍 fɔʔ5 杷 phaʔ5 缀 tsoʔ5。

2. 入声归派

入声归派是指入声字读成平、上、去三声的现象。从逻辑上讲，入声韵应该先发生舒化，之后才是入声归派。尽管江淮官话都有入声调且大部分有入声韵（喉塞尾ʔ），但是有些方言已经存在入声归派的现象。

入声派归另外三声的数据统计见表 4-14。

表 4-14　江淮官话入声派归其他三声的数据统计

方言点及归派数目	入声派归其他声调的字数及比例				
	阳去（比例）	阴去（比例）	阳平（比例）	阴平（比例）	上声（比例）
孝感 13	0　（0）	2（15%）	10（77%）	1　（8%）	0　（0）
黄冈 18	9（50%）	4（22%）	0　（0）	3（17%）	2（11%）
麻城 17	8（47%）	3（17%）	4（24%）	1　（6%）	1　（6%）
黄梅 36	31（86%）	3　（8%）	1　（3%）	1　（3%）	0　（0）
英山 33	29（88%）	1　（3%）	2　（6%）	0　（0）	1　（3%）
庐江 71	36　（5%）		7（10%）	16（23%）	12（17%）
合肥 42	24（58%）		6（14%）	6（14%）	6（14%）
连云港 60	23（39%）		5　（8%）	20（33%）	12（20%）
涟水 55	28（51%）		7（13%）	10（18%）	10（18%）

续表

方言点及归派数目	入声派归其他声调的字数及比例				
	阳去（比例）	阴去（比例）	阳平（比例）	阴平（比例）	上声（比例）
扬州 33	18 （55%）		3 （9%）	5 （15%）	7 （21%）
南京 63	30 （48%）		9 （14%）	14（22%）	10（16%）

可以发现，各方言点都是归入去声的占多数，去声分阴阳的方言归入阳去的占多数（孝感例外，归阳平占多数，可能是受西南官话影响）。那么是什么因素导致这种分化呢？

首先，应该考虑调值因素，即入声和去声的调值相似。下面通过调值的对比检验这种假设的可能性，挑选归入去声的比例在 50 %以上的几个点，列出其入声、去声的调值，并同时列出各个方言系统内部与入声调值最接近的调类的调值，见表 4-15。

表 4-15　入声、去声调值对比

方言点	入声调值	去声调值	最接近入声的调类调值及比例
黄冈	24→	44（阳去）	阴去 35：（22%）
黄梅	42→	33（阳去）	阳平 53：（3%）
英山	313→	33（阳去）	阳平 31：（6%）
庐江	5（多数）→ 3（少数）	35	阴平 55：（23%）
合肥	5→	53	阳平 55：（14%）
扬州	5→	55	去声 55：（55%）

表 4-15 方言都是入声派归去声占多数的，找不出去声和入声调值之间的联系：黄冈、黄梅、英山的入声调已经长化，入声调型有升、有降、有曲折，但是它们的去声都相似，为平调；庐江、合肥、扬州入声调值都接近，为短高调（庐江阴入 5 占多数），但是去声有升、有降、有高平。再看调值与入声相近的声调的情况：黄冈的阴去（35）与入声（24）最接近，但是仅有 22%的入声字并入阴去，大多数却归入不相似的阳去（44）。其他几点的情况也类似。表 4-15 中符合前述假设的方言是扬州，去声（55）与入声（5）调值相近，有 55%的入声字归入去声。

看来假定去声和入声的调值相近致使入声较多并入去声的设想不能获得所有方言的支持。但是从理论上来讲这种设想却是最合理的，本书认为可能是由于方言的调值在归并之后又发生了变化，使去声和入声的联系变得无迹可寻。但是这种设想不符合江淮官话的实际情况。江淮官话一般都还保留入声调，舒化只是少数，说明入声舒化是晚近的事情，这么短的时间内去声调值发生如此千差万别的变化是不可能的。

其次，可以考虑接触因素，即受到某个（或某一区域）强势方言的影响。那么哪个方言堪当此任呢？本书认为是扬州或南京。扬州去声为 55、入声为 5，南京入声为 5、去声为 44，去声和入声的调值非常接近，入声塞尾丢失，音节拉长就变成了去声。此外，把扬州或南京作为权威方言，还有两点原因：一是符合史实，历史上扬州话、南京话都是权威方言，特别是后者在近代官话中的地位更重要一些。二是符合方言实际，去声读高平调（55 或 44）的区域就集中在扬淮片、苏南片，如连云港、涟水、淮安、扬州、南京、镇江、句容，地理上分布在今江苏省的长江南北，它们实际上形成一个方言区域，应该有着广泛的影响力。

对于入声较多地归去声的原因，本书认为方言接触说更有说服力，因为它建立在调值相似规则之上，理论上能够成立，而且又能解释更多的方言现象。

最后，对江淮官话入声舒化和入声归派做个总结：江淮官话入声舒化的方式是各个音类齐头并进；发生入声归派的方言，入声较多地归入去声，这是受到“扬州-南京”权威方言的影响，而“扬州-南京”方言入声较多地归入去声，是因为二者调值相近。

4.3 历史材料中四声的表现

《切韵声原》每图分四栏，每栏再分五行，五行从上到下依次是阴平、阳平、上声、去声、入声。其声调特点是：平分阴阳，全浊上归去①，去声、入声没有阴阳分化。

《五声反切正韵》有 32 韵图，每图都按阴、阳、上、去、入排列。声调特点：平分阴阳，全浊上归去，去声、入声没有阴阳分化。有三个入声字“彻列秃”归入去声。

《等韵学》有 12“韵母”图和 38“音母”图，每图都按阴平、阳平、上声、去声、入声排列。声调特点为：平分阴阳，全浊上归去，去声、入声不分阴阳。

上述三种材料的声调分化格局一致，都只能显示出平分阴阳、全浊上归去的特点，没有显示去声和入声各自的分化，应是当时语言实际情况的反映。

4.4 早期江淮官话声调格局构拟

4.4.1 调类的演变

本书认为江淮官话声调的演变可以分为两个阶段，把它的演变过程构拟见

① 但是并非所有全浊上都归去，归入去声的中古全浊上声有：父（图 2）弟是（图 3）笨近（图 5）旱（图 6）泫（图 8）惰坐（图 9）罢（图 10）丈象（图 11）后受纣（图 14）甚（图 15）渐（图 16），仍然读上声的有：尰（图 1）辅杼（图 2）痞（图 3）獬蟹拐（图 4）沌狠窘（图 5）缓（图 6）限（图 7）祸（图 9）奘强（图 11）迥（图 12）窕（图 13）槛（图 16）。

表 4-16。

表 4-16　江淮官话声调调类的分化与合并

中古四声及声母类型	平声		上声		去声		入声	
	清	浊	清、次浊	全浊	浊	清	清	浊
早期江淮官话	阴平	阳平	上	阳去		阴去	阴入	阳入
近代江淮官话	阴平	阳平	上	去			入	

早期江淮官话有 7 个调类，对中古四声的分化规则是：平分阴阳，这也是官话的普遍特点；去分阴阳，黄孝片和泰如片的部分方言保留了这一历史层次；浊上归去，这也是官话的普遍特点，但是江淮官话有更早期的表现，是全浊上归阳去，黄孝片和泰如片的部分方言反映了这一历史层次；入分阴阳，今泰如片和皖中片的部分方言保留了这一历史层次。

近代江淮官话有 5 个调类，对早期调类进行了合并，具体是阴阳去合并、阴阳入合并。这是处于江淮官话主体区域的皖中片、扬淮片、苏南片共有的特点。

4.4.2　调值的构拟

关于江淮官话调值的构拟，本书认为必须在方言比较的基础上进行。由于早期江淮官话时间过于久远，且调值易变，这里不再构拟。根据江淮官话主体区域的今读调值把近代调值构拟见表 4-17。

表 4-17　近代江淮官话调值构拟

近代江淮官话调类	阴平	阳平	上	去声	入声
近代江淮官话调值	31	35	313	55	5

阴平在黄孝片多数是中平或低平；在皖中片类型多样，但也有一些是低降或低折调；在扬淮片多是低降或低折调；苏南一般都是低降调；泰如片低降占绝对优势。各片的共同特点是低降调，因此把近代阴平调值构拟为 31，与扬州、南京的阴平调值相同。

阳平在黄孝片多是高降；在皖中片多是升调；在扬淮片、苏南片、泰如片升调都占绝对优势。共同特点是升调，调值较高，因此把阳平构拟为 35。

上声在黄孝片为高平或高降；在皖中有低折或低升调，低升可以看成低折的一部分；在扬淮片为低折或高降；苏南片、泰如片都是低折调。共同特点是低折调，因此把上声调值构拟为 313。

去声在分阴阳的黄孝片阳去为中平调、阴去为高升调，二者若合并，都可变为高平调；皖中多为高降调或高平调；扬淮片、苏南片多为高平调；本书认为泰如片早期去分阴阳，阳去为低降，阴去今读多数为中平或高平。共同特点是高平，因此把去声调值构拟为55。

入声在黄孝片已经舒化，今多读低升或低折调，没有参照意义；在有一个入声调的方言，以短高调5占优；在有两个入声调的方言，皖中片是阴高阳低，一般分别为5、3，泰如片阴低阳高，分别为4、5。参照皖中片构拟江淮官话中古后期的音值，本书认为到近代入声调合并为一个，调值为短高调5。

平山久雄（1984）把江淮官话的祖调值分别构拟为：阴平42、阳平11、上声435、去声35、入声x。比较起来，本书阴平31、上声313与之接近；他没有构拟入声，以x代替，本书依据方言中入声的特点，把入声调构拟为短的高调5；本书阳平35、去声55分别与他的11、35不同，但是依据他的变调规则①，11可变化为24或35（低平易带升尾、低音调易变中音调），35可变化为44或55（高升易变高平），变化之后本书构拟就与之接近。但是这需要确认本书构拟的调值在时间上在他之后，可惜平山久雄没有交代所构拟的江淮官话祖调值的时间，后文他以唐代历史文献印证北方方言祖调值初案，并认为江淮官话祖调值可以导出北方方言调值，因此他构拟的江淮官话祖调值的时间很早。本书意在构拟近代江淮官话声调，时间上在平山久雄的构拟之后，存在演变关系。

曾晓渝（1992，2004）依据《西儒耳目资》里有关声调的描写，把《西儒耳目资》调值构拟为：阴平33、阳平21、上声42、去声35、入声34。《西儒耳目资》对声调的描写详尽而生动，个别声调的音高特点呼之欲出，所做的构拟十分贴切，又有其他材料的佐证，十分可信。本书的构拟与之差异较大，笔者认为这与《西儒耳目资》的语音基础问题有关，尽管这个问题尚存争论，但是可以肯定的是它与江淮官话关系密切，且或多或少带有综合性质。但是其声调（调值）是否带有综合性质则是需要进一步考虑的，《西儒耳目资》为实用而编，在调值上应该不能综合，因为即使在同一个方言区之内，各地调值也会有较大差别，若综合起来就会失去辨义作用。因此如果它是依照某个具体方言确定调值，那就与本书调值的性质不同，本书意在构拟，调值是综合性质的。

① 据该文第一部分，可总结出如下变调规则：高升易变高平、高平易变高降、高降易变低降、低降易产生升尾、低平易带升尾、低音调（低平、低升）易变中音调（中平、中升）、中音调易变高音调（高平、高升）。可以发现，若把上述各规则连结起来，则会形成变调循环圈。

第 5 章 专 题 研 究

5.1 江淮官话的擦化音变

擦化是江淮官话特别是皖中江淮官话的鲜明特点，很多音变都与它相关，本专题对此进行研究。声母擦化分为端组、泥来母、见组、精组、晓匣母，零声母 6 类，其中见组、精组在腭化为 Tɕ 类之后，进一步演变为 Ts 类，本书认为 Tɕ 类>Ts 类也属于擦化音变，是因为从听感上后者摩擦特征更强一些；晓匣母中古为擦音，后来合并为 x，在有些方言中发生 x>f 音变，本书认为也属于擦化音变，也是因为后者摩擦特征较强；舌尖化音变 i、y>ɿ、ʮ 也暂归擦化，有些擦音声母是零声母 ɿ、ʮ 前增生的音，也归入擦化音变。

5.1.1 声母的擦化

1. 端组读 Ts/Tɕ 类

皖中片普遍存在端组读 Ts 类的情况，韵母限于蟹摄开口四等、止摄个别字，发生此音变的方言点有六安、舒城、合肥、庐江、全椒、含山、无为等，举例见表 5-1。

表 5-1 皖中片端组读 Ts 类的情况

方言点	低端	底端	帝端	弟定	第定	题定	体透	替透	地定
	蟹开四	蟹开四	蟹开四	蟹开四	蟹开四	蟹开四	蟹开四	蟹开四	止开三
六安	tsɿ313	tsɿ24	tsɿ53	tsɿ53	tsɿ53	tshɿ35	tshɿ24	tshɿ53	tsɿ53
舒城	tsɿ21	tsɿ213	tsɿ54	tsɿ54	tsɿ54	tshɿ24	tshɿ213	tshɿ54	tsɿ54
合肥	tsɿ21	tsɿ34	tsɿ53	tsɿ53	tsɿ53	tshɿ55	tshɿ34	tshɿ53	tsɿ53
庐江	tsɿ55	tsɿ213	—	—	tsɿ35	tshɿ31	tshɿ213	tshɿ35	tsɿ35

泰如片端组擦化一般读 Tɕ 类声母，也有读少数读 Ts 类声母，韵母一般限于蟹摄开口四等、止摄个别字，方言点有大丰、泰兴、如东、海安、东台、姜堰等，举例见表 5-2。

表 5-2　泰如片端组读 Tɕ 类的情况

方言点	低端	底端	帝端	弟定	第定	题定	体透	替透	地定
	蟹开四	蟹开四	蟹开四	蟹开四	蟹开四	蟹开四	蟹开四	蟹开四	止开三
大丰	tɕi21	tɕi213	tɕi45	tɕhi21	tɕhi21	tɕhi35	tɕhi213	tɕhi45	tɕhi21
泰兴	tɕi21	tɕi213	tɕi44	tɕhi21	tɕhi21	tɕhi45	tɕhi213	tɕhi44	tɕhi21
姜堰	tsɿ21	tsɿ213	tsɿ44	tsɿ44①	tsɿ44	tshɿ45	tshɿ213	tshɿ44	tshɿ21

皖中片、姜堰的蟹开四、止开三韵母还有一个特点，不仅在端组声母之后读 ɿ，在于帮组、泥来母之后也读 ɿ，如批 phɿ、米 mɿ、泥 mɿ。

笔者认为皖中片、泰如片擦化音变的动因和路径不同（参见 2.2.2 节）。皖中片端组擦化的动因来自于韵母，是韵母擦化带动声母擦化，因为皖中片的当涂、滁州、定远、天长等方言点“低底帝体替题提弟第”等字读 tɿ/thɿ 类，声母没有擦化，但是韵母已经擦化，说明擦化的动力来源于韵母，因此皖中片端组擦化所走的道路应该是 ti＞tɿ＞tsɿ，泰如片的姜堰也选择了这条道路。泰如片的大丰、泰兴端组擦化之后读 tɕi/tɕhi，声母发生擦化，韵母没有擦化，说明动力来自声母，因此其擦化的道路为 ti＞tɕi。

2. 泥来母读 z/ʐ

这种类型见于皖中片，韵摄限于蟹止摄开口三四等、遇摄合口三等，有合肥、舒城、庐江等方言点，列举见表 5-3。

表 5-3　皖中片泥来母读 z/ʐ 的情况

方言点	例来	礼来	犁来	厘来	尼泥	离来	吕来	虑来	女泥
	蟹开三	蟹开四	蟹开四	止开三	止开三	止开三	遇合三	遇合三	遇合三
合肥	zɿ53	zɿ34	zɿ55	zɿ55		zɿ55	zʮ34	zʮ53	zʮ34
舒城	zɿ54	zɿ213	zɿ24	zɿ24	zɿ24	zɿ24	zʮ213	zʮ54	zʮ213
庐江②	mɿ35	mɿ213	mɿ31	mɿ31	mɿ31	mɿ35	ʐu213	ʐu35	ʐu213

笔者认为皖中片泥来母擦化的过程为：ni>nɿ>nᶻɿ>zɿ 及 ny>nʮ>nᶻʮ>zʮ。音变的动因来自韵母的擦化，蟹止摄、遇摄韵母擦化是成系统的，带动端组、泥来、精组、见组等声组擦化。

3. 见组读 Tʂ/Ts 类

黄孝片见组读 Tʂ 类，韵母限于合口三四等韵，见表 5-4。

---

① 还有白读音 tshɿ21。

② 庐江这里的 n 实际读音是 nᶻ-，周元琳（2011）认为泥来母在不同的语音环境中有 4 种不同的音值：在蟹、止摄开口韵前是 nᶻ-，如“泥尼梨”等；在遇摄三等鱼韵前读 ʐ-，如“女庐旅”等；在既有-i-介音又有鼻辅音韵尾或韵化元音的韵母前读 n-，如“连年娘”等；此外读 l-。

表 5-4　黄孝片见组读 Tʂ 类的情况

方言点	句见	均见	倦群	琼群	区溪	靴晓	许晓	玄匣
	遇合三	臻合三	山合三	梗合三	遇合三	果合三	遇合三	山合四
孝感	tʂʮ35	tʂʮən24	tʂʮan33	tʂhʮən31	tʂhʮ24	ʂʮe24	ʂʮ53	ʂʮan31
麻城	tʂʮ35	tʂʮən313	tʂʮan33	tʂhʮən42	tʂhʮ313	ʂʮe313	ʂʮ55	ʂʮan42
英山	tʂʮ35	tʂʮən11	tʂʮan33	tʂhʮən31	tʂhʮ11	ʂʮe11	ʂʮ44	ʂʮan31

清末《等韵学》的“音母”图中，第 31、32、33 图中古见组合口三四等与知庄章组合口三四等混杂，说明此时见组或许已经读为 Tʂ 类。

皖中片见组读 Ts 类，限于遇摄合口三等、蟹止摄开口三四等，见表 5-5。

表 5-5　皖中片见组读 Ts 类的情况

方言点	居见	具群	去溪	虚晓	契溪	鸡见	几见	戏晓
	遇合三	遇合三	遇合三	遇合三	蟹开四	蟹开四	止开三	止开三
六安	tsʮ313	tsʮ53	tshʮ53	sʮ313	tshɿ53	tsɿ313	tsɿ24	sɿ53
舒城	tsʮ21	tsʮ54	tshʮ54	sʮ21	tshɿ54	tsɿ21	tsɿ213	sɿ54
滁州	tʃʮ42	tʃʮ55	khi55	ʃʮ42	tʃhɿ55	tʃhɿ21	tʃɿ21	ʃɿ55
合肥	tsʮ21	tsʮ53	tshʮ53	sʮ21	tshɿ53	tsɿ21	tsɿ34	sɿ53
庐江	tʂu55	tʂu35	tʂhu35 tshɿ35	ʂu55	tshɿ35	tsɿ55	tsɿ213	sɿ35

总结黄孝片、皖中片见组读 Tʂ/Ts 类的情况，韵母都限于三四等，笔者认为它们都是在腭化基础上的进一步音变，即经过了 k>Tɕ>Tʂ/Ts 的演变，声母舌尖化的原因是由于韵母元音 i、y 的擦化。具体来看，黄孝片和皖中片也有不同，黄孝片见组读翘舌音，韵母限于合口三四等韵，没有开口韵；而皖中片见组一般读平舌音，开合口韵都有，但合口韵仅限遇摄三等。黄孝片见组读 Tʂ 类是在 Ts 类基础上的进一步演变，演变过程为 tsʮ>tʃʮ>tʂʮ，皖中片的滁州显示了中间阶段，庐江是这种分化的变体，韵母变成了 u，这一音变仅限于合口韵，应该是韵母的合口特征促使音变发生。

4. 精组细音读 Ts/Tʂ 类

官话精组细音前一般发生腭化，但是皖中片精组细音前读 Ts 类，韵母限于遇摄合口三等、蟹摄开口三四等，见表 5-6。

表 5-6　皖中片精组细音读 Ts 类的情况

方言点	取清	聚从	须心	徐邪	祭精	妻清	齐从	细心
	遇合三	遇合三	遇合三	遇合三	蟹开三	蟹开四	蟹开四	蟹开四
六安	tshʮ24	tsʮ53	sʮ313	sʮ35	tsɿ53	tshɿ313	tshɿ35	sɿ53

续表

方言点	取清	聚从	须心	徐邪	祭精	妻清	齐从	细心
	遇合三	遇合三	遇合三	遇合三	蟹开三	蟹开四	蟹开四	蟹开四
舒城	tshɥ213	tsɥ54	sɥ21	sɥ24	tsɿ54	tshɿ21	tshɿ24	sɿ54
合肥	tshɥ34	tsɥ53	sɥ21	sɥ55	tsɿ53	tshɿ21	tshɿ55	sɿ53
滁州	tʃhɥ21	tʃɥ55	ʃɥ42	tʃhɥ35	tʃɿ55	tʃhɿ42	tʃhɿ35	tʂʅ55
庐江	tʂhu213	tʂu35	ʂu55	ʂu31	tsɿ35	tshɿ55	tshɿ31	sɿ35

南京精组基本全读 Ts 类（包括细音韵母前），举例见表 5-7。

表 5-7　南京方言精组细音读 Ts 类情况

南京	坐 tso44 搓 tsho31 琐 so212 早 tsɔo212 草 tshɔo212 嫂 sɔo212 增 tsən31 层 tshən24 总 tsoŋ212 从 tshoŋ24 松 soŋ31 字 tsɿ44 词 tshɿ24 思 sɿ31 际 tsi44 齐 tshi24 细 si44 借 tsie44 且 tshie212 写 sie212 酒 tsiəɯ212 秋 tshiəɯ31 修 siəɯ31 尖 tsien31 签 tshien31 贱 tsien44 仙 sien31 酱 tsiaŋ44 枪 tshiaŋ31 箱 siaŋ31 尽 tsin44 信 sin44 井 tsin212 情 tshin24 星 sin31 迅 syn44 全 tshyen24 聚 tsy44 取 tshy212 序 sy44 息 siʔ5 漆 tshiʔ5 俗 suʔ5

精组细音今读 Ts 可能有两个来源：一是早期 Ts 的遗留，二是在 Tɕ 类基础上的创新音变。二者应该区别开，但是如何区别呢？本书判断的依据是系统性，是整体细音都读 Ts 类，还是部分细音读成 Ts 类。

南京精组应该是对早期精组读音的保留，整个精组读音一致，在细音前也没有腭化。而皖中片精组细音前读 Ts 类的限于遇摄、蟹摄，而遇摄、蟹摄韵母都擦化，应是韵母带动声母擦化，因此皖中片精组是在腭化基础上的创新音变，整体走过了 Ts>Tɕ>Ts 的音变。其中庐江遇摄精组读翘舌音 Tʂ 又是比较特殊的，它应该来源于 Ts>Tɕ>Tʃ>Tʂ 的变化，滁州的 Tʃ 反映了这一音变的过渡形式。

5. 晓匣母读 f

晓匣母中古拟音分别为 h、ɦ（潘悟云，2000），后来合并为 x。今有些方言读 f，发生了 x>f 的音变，本书认为也属于擦化，因为后者摩擦特征更强。分布在黄孝片的麻城和泰如片的大丰、泰州、泰兴、如皋等地。举例见表 5-8。

表 5-8　麻城、大丰晓匣母读 f 的情况

麻城	黄 faŋ42 获 fe33 横 fən42 化 fa35 华 fa42 欢 fan313 唤 fan35 缓 fan55 换 fan33 滑 fa33 会 fei33 回 fei42 灰 fei313 画 fa33 怀 fai42 话 fa33 惠 fei35 乎 fu42 户 fu33 胡 fu42 狐 fu42 虎 fu55 或 fe24 昏 fən313 讳 fei35
大丰	呼 fu21 虎 fu213 戽 fu213 胡 fu35 湖 fu35 户 fu45 护 fu21 互 fu21

麻城晓匣母读 f 限于中古合口一二等韵。泰如片的大丰、泰州、泰兴、如皋晓匣母读 f 限于今读 u 韵母前（遇摄合口一二等韵），但是以 u 为介音的韵母前

不变。

6. 零声母读擦音

江淮官话中古影、云、以、疑、微母后来逐渐演变为零声母，今读以零声母为主流，因此这里以“零声母”概括。但是这些声母在少数方言中读为擦音，列举见表5-9（表中环境分两种：今读有特定语音环境的，写出今读环境；今读没有特定语音环境的，写出中古环境，以便历史比较）。

表5-9 江淮官话中古影、云、以、疑、微母今读擦音的情况

方言点	例证	环境
麻城	荣 ʐoŋ42（云）；欲 ʐəu24 育 ʐəu24 用 ʐoŋ33 融 ʐoŋ42（以）；狱 ʐəu24（疑）	ʐ：合三
六安	爱 ɣɛ53 矮 ɣɛ24 暗 ɣɛ̃53 按 ɣɛ̃53 欧 ɣəɯ313 恩 ɣən313 翁 ɣəŋ313 袄 ɣɔ24 恶 ɣɐʔ23 迂 zʮ313 于 zʮ35 亿 zɿ53 衣 zɿ313 医 zɿ313 椅 zɿ24（影）；盂 zʮ35 雨 zʮ24 芋 zʮ53（云）；移 zɿ35 姨 zɿ35 野 zɿ24 爷 zɿ35 愉 zʮ35 余 zʮ35 融 ʐəŋ35 容 ʐəŋ35 锐 ʐui53（以）；鹅 ɣɯ35 岸 ɣɛ̃53 碍 ɣɛ53 傲 ɣɔ53 硬 ɣən53 昂 ɣã35 额 ɣɐʔ23 语 zʮ24 玉 zʮ53 宜 zɿ35 艺 zɿ53 误 vʉ53（疑）	ɣ：开口呼 z：ɿ/ʮ 韵母 ʐ：合三 v：合一二
滁州	医 ʒɿ42 亿 ʒɿ55 于 ʒʮ35 翁 voŋ42（影）；雨 ʒʮ21 芋 ʒʮ55（云）；移 ʒɿ35 愉 ʒʮ35 容 ʐoŋ35 锐 ʐue55（以）；艺 tʃɿ55 语 ʒʮ21 宜 ʒɿ35 玉 ʒʮ55 误 vu55（疑）	ʒ：ɿ/ʮ 韵母 ʐ：合三 v：合一二
庐江	慰 vei35 呜 vu55 喂 vɛ55 挖 va55 娃 va31 煨 vei55 威 vei55 乌 vu55 挖 vɛʔ5 弯 vɛ̃55 湾 vɛ̃55 汪 vã55 枉 vã213 温 vən55 稳 vən213 握 vəʔ5 屋 vəʔ5 亿 zɿ35 意 zɿ35 椅 zɿ213 医 zɿ55 于 ʐu31 淤 ʐu55（影）；卫 vei35 围 vei31 为 vei31 胃 vei35 污 vu55 旺 vã35 王 vã31 往 vã213 芋 ʐu35 羽 ʐu213 雨 ʐu213（云）；异 zɿ35 易 zɿ35 夜 zɿ35 冶 zɿ213 野 zɿ213 爷 zɿ31 浴 ʐuəʔ5 预 ʐu35 榆 ʐu31 维 vei31（以）；外 vɛ35 吴 vu31 五 vu213 顽 vɛ̃31 玩 vɛ̃31 瓦 va31 瓦 va35 危 vei31 毅 zɿ35 义 zɿ35 疑 zɿ31 玉 ʐu35 遇 ʐu35 愚 ʐu31 鱼 ʐu31（疑）；亡 vã31 武 vu213 舞 vu213 微 vei31 味 vei35 晚 vɛ̃213 巫 vu55 万 vɛ̃35 袜 vɛʔ5 忘 vã31 网 vã213 蚊 vən31 闻 vən31 问 vən35 物 vəʔ5 挽 vɛ̃213（微）	z：ɿ 韵母 ʐ：合三 v：合一二
舒城	矮 ʐɛ213 暗 ʐæ̃54 按 ʐæ̃54 恩 ʐən21 欧 ʐəɯ21 恶 ʐɐʔ24 袄 ʐɔ213 亿 zɿ54 医 zɿ21 于 zʮ213（影）；雨 zʮ213 芋 zʮ54（云）；野 zɿ213 移 zɿ24 愉 zʮ24 锐 ʐuei54（以）；艺 zɿ54 宜 zɿ24 硬 ʐən54 昂 ʐã24 额 ʐɐʔ24 傲 ʐɔ34 玉 zʮ34 语 zʮ213 误 vʉ54（疑）	ʐ：开口呼 z：ɿ/ʮ 韵母 v：合一二
合肥	瘀 zʮ21 淤 zʮ21 忆 zɿ53 意 zɿ53 椅 zɿ34 恶 ʐɐʔ5 恩 ʐən21 案 ʐæ̃53 按 ʐæ̃53 怄 ʐɯ53 欧 ʐɯ21 奥 ʐɔ53 袄 ʐɔ34（影）；羽 zʮ34 雨 zʮ34 迂 zʮ21（云）；姨 zɿ55 以 zɿ34 移 zɿ55 夜 zɿ53 愉 zʮ55 与 zʮ53 予 zʮ34 誉 zʮ53 裕 zʮ53 余 zʮ55 锐 ʐue53（以）；仪 zɿ55 疑 zɿ55 霓 zɿ55 拟 zɿ55 义 zɿ53 遇 zʮ53 鱼 zʮ55 玉 zʮ53 腭 ʐɐʔ5 额 ʐɐʔ5 硬 ʐən53 岸 ʐæ̃53 昂 ʐɑ55 偶 ʐɯ34 藕 ʐɯ34 傲 ʐɔ53 熬 ʐɔ55（疑）	ʐ：开口呼 z：ɿ/ʮ 韵母
句容	屋 voʔ5 挖 vaʔ5 稳 vən213 温 vən31 怨 viĩ55 委 vəi213（影）；为 vəi24 围 vəi24 往 vɑŋ213 王 vɑŋ24 圆 viĩ24 远 viĩ213（云）；惟 vəi24 缘 viĩ24（以）；原 viĩ24 元 viĩ24 顽 vã24 危 vəi24 外 vɛ55（疑）；亡 vɑŋ24 物 voʔ5 袜 vaʔ5 万 vã55 问 vən55 未 vəi55（微）	v：合口韵
如皋	欧 ŋei21 袄 ŋɔ213 哑 ŋɑ213 爱 ŋɛ33 恩 ŋəŋ21 鸭 ŋɛʔ4 稳 vəŋ213 煨 vei21 乌 vu21 委 vei213 挖 vɛʔ4 握 vɑʔ4 屋 vɔʔ4（影）；为 vei35 旺 vɑ̃33（云）；鹅 ŋɤɯ35 藕 ŋei213 咬 ŋɔ213 碍 ŋɛ21 眼 ŋɛ̃213 额 ŋəʔ5 五 vu213 外 vɛ21 危 vei35（疑）；武 vu213 微 vei35 晚 vɛ̃213 袜 vɛʔ5 网 vɑ̃213 文 vəŋ35（微）	ŋ：开口韵 v：合口韵
泰兴	欧 ŋei21 袄 ŋɔ213 哑 ŋɑ213 爱 ŋɛ33 鸭 ŋɛʔ4 恩 ŋəŋ21 乌 vu21 煨 vəi21 委 vəi213 挖 væʔ4 稳 vəŋ213（影）；为 vəi45（云）；鹅 ŋɤɯ45 藕 ŋei213 咬 ŋɔ213 碍 ŋɛ21 眼 ŋɛ̃213 额 ŋəʔ5 外 vɛ21 危 vəi45 五 vu213（疑）；武 vu213 微 vəi45 晚 vɛ̃213 文 vəŋ45 袜 væʔ5（微）	ŋ：开口韵 v：合口韵
泰州	煨 vəi21 委 vəi213 稳 vəŋ213 挖 væʔ4（影）；为 vəi45（云）；外 vɛ33 危 vəi45（疑）；微 vəi45 晚 vɛ̃213 文 vəŋ45 袜 væʔ5（微）	v：合口韵
大丰	煨 vei21 委 vei213 稳 vəŋ213 挖 væʔ4（影）；为 vei35（云）；外 vɛ21 危 vei35（疑）；微 vei35 晚 vɛ̃213 文 vəŋ35 袜 væʔ5（微）	v：合口韵

黄孝片的麻城影、云、以、疑、微母今读擦化声母的，只有 ʐ 一个，此声母后的韵母都来自中古合口三等韵，中古三等有 i 介音，本书认为今读 ʐ 来源于 i 介音的擦化：i>ʐ。

皖中片比较复杂，有 ɣ、ʐ、z、ʒ、v 5 种形式。先看 ɣ，见于六安，只出现于开口呼韵母前，本书认为它来自ʔ>ɣ 的音变，ʔ是开口呼零声母音节前的附带音，在擦化趋势带动下擦化为 ɣ，成为显性特征。再看 ʐ，六安、滁州、庐江、舒城、合肥都有，但是出现的条件不同：六安、滁州、庐江出现在中古合口三等韵之前；舒城、合肥出现于开口呼韵母之前（“锐”除外），与六安的 ɣ 环境相同。本书认为二者的来源不同，前者来自 i>ʐ 的音变，与麻城同；后者来自ʔ>ɣ>ʐ 的音变，是在 ɣ 基础上的进一步擦化。再看 z、ʒ，见于皖中片，仅出现于 ɿ/ʮ 韵母之前，本书认为其来源是 Ø>z/ʒ，由于 ɿ/ʮ 韵母带有摩擦特征，其前容易增生擦化声母。最后看 v，多数方言点都有这个声母，它出现于中古合口韵之前，中古合口韵带 u 介音或韵母为 u，v 来自 u 介音的擦化或 u 韵母前的增生。

从上面分析可以发现，皖中片的 ɣ 或 ʐ 出现于中古开口一二等韵，z/ʒ 出现于中古开口三四等韵（蟹、止、假摄，ɿ 韵母的来源）或遇摄合口三等韵（ʮ 韵母的来源），v 出现于中古合口一二等韵。这说明皖中片的擦化分化为三条道路进行：开口一二等、开口三四等+合口三等、合口一二等。

苏南片和泰如片的句容、如皋、泰兴、泰州、大丰相似，都是以中古开合口为条件分化，合口擦化为 v，开口都不擦化，但是有的开口之前读鼻音 ŋ，其来源应是ʔ>ŋ，但这不属于擦化音变范畴，不做讨论。

可把上述擦化音变总结如下（略去音变条件）：i>ʐ，ʔ>ɣ>ʐ，Ø>z/ʒ，u>v。

5.1.2　韵母的擦化

1. i>ɿ

此类擦化主要集中在皖中片，其他片很少（泰如片的姜堰与皖中片类似，从略），这里集中讨论皖中片的情况。皖中片擦化各点程度不一，但是集中在假摄，及蟹、止摄开口三四等韵。以六安、庐江、合肥为代表列举，见表 5-10。

表 5-10　发生 i>ɿ 擦化的方言

假摄开口三等	
六安	爷 zɿ35 野 zɿ24 夜 zɿ53（以）
庐江	夜 zɿ35 冶 zɿ213 野 zɿ213 爷 zɿ31（以）借 tsɿ35 姐 tsɿ213（精）且 tshɿ213（清）卸 sɿ35 写 sɿ213 些 sɿ55（心）谢 sɿ35 斜 sɿ31 邪 sɿ31（邪）爹 tsɿ55（知）
蟹、止摄开口三四等	
六安	蟹摄：闭 pɿ53 批 phɿ313 迷 mɿ35（帮组）低 tsɿ313 体 tshɿ24 题 tshɿ35（端组）泥 mɿ35 例 nɿ53（泥来）鸡 tsɿ313 启 tshɿ24（见组）济 tsɿ53 妻 tshɿ313 齐 tshɿ35 西 sɿ313（精组四等） 止摄：皮 phɿ35 披 phɿ313（帮组）地 tsɿ53（端组）尼 nɿ35 利 nɿ53（泥来）基 tsɿ313 旗 tshɿ35 起 tshɿ24 喜 sɿ24（见组）衣 zɿ313 移 zɿ35 谊 zɿ53（影以疑）

续表

蟹、止摄开口三四等	
合肥	蟹摄：闭 pɿ53 批 phɿ21 弊 pɿ53 迷 mɿ55（帮组）底 tsɿ34 梯 tshɿ21 蹄 tshɿ55（端组）泥 mɿ55 例 zɿ53（泥来）计 tsɿ53 启 tshɿ34 系 sɿ53（见组）妻 tshɿ21 砌 tshɿ53 齐 tshɿ55 西 sɿ21（精组四等） 止摄：比 pɿ34 披 phɿ21 脾 phɿ55 弥 mɿ55（帮组）地 tsɿ53（端组）尼 zɿ55 理 zɿ34（泥来）季 tsɿ53 欺 tshɿ21 忌 tsɿ53 喜 sɿ34（见组）衣 zɿ21 移 zɿ55 义 zɿ53（影以疑）

早期蟹止摄开口三等的*i 在知系、精组后分别擦化为ʅ、ɿ（如“制市、资”），是大部分官话共同的音变，不再赘述。皖中片的独特之处在于擦化音变在韵母范围和声母范围上都有扩展：不仅存在于蟹止摄三等韵，四等韵也有；不仅存在于知系、精组之后，帮组、端组、泥来、见组等声母后也擦化。这导致皖中片蟹止摄没有 i 韵母（有些点仅剩“你”一字为 i 韵母）。

关于这些音变的来源。前文已经论述，假开三今读 ɿ 的来源是：ie>iɪ>i>ɿ，参见 3.2.1 节，不再赘述。本书认为蟹止摄在帮组等声组后今读 ɿ 的来源是 i>ɿ，与近代官话知系、精组后普遍发生的 i>ʅ/ɿ 音变相同，只是音变范围进一步扩展。

2. y>ɥ（ʯ）

ɥ（ʯ）韵类主要分布在黄孝片、皖中片，列举见表 5-11（黄冈、黄梅用以对比）。

表 5-11 发生 y>ɥ（ʯ）音变的方言

方言点	靴晓	女泥	锐以	追知	玄匣	春昌	域云	玉疑
	果合三	遇合三	蟹合三	止合三	山合四	臻合三	曾合三	通合三
黄冈	ɕye33	ny42	yei35	tɕyei33	ɕyan313	tɕhyən33	y24	y35
黄梅	ɕye11①	ny35	yei15	tɕyei11	ɕyɛn53	tɕhyən11	y42	y42
孝感	ʂɥɛ24	nɥ53	ɥei35	tʂɥei24	ʂɥan31	tʂhɥən24	ɥ13	ɥ13
麻城	ʂɥe313	nɥ55	ɥei35	tʂɥei313	ʂɥan42	tʂhɥən313	ɥ24	ɥ24
英山	ʂɥe11	ɥ44	ɥei33	tʂɥei11	ʂɥan31	tʂhɥən11	ɥ313	ɥ33
合肥	sɥ21	zɥ34	ʐue53	tʂue21	ɕyĩ55	tʂhuən21	yəʔ5	zɥ53
六安	—	nɥ24	ʐui53	tʂui313	ɕy35	tʂhun313	yəʔ5	zɥ53

但是黄孝片、皖中片的分布情况不同：皖中片的 ɥ/ʯ 只作韵母，不作介音，仅见于遇摄合口三等、果摄只有“靴”，以及少数舒化入声字（常见的有“捋剧欲玉”）；黄孝片的 ɥ/ʯ 作韵母、介音都可以，广泛分布在果、遇、蟹、止、山、臻、梗摄和曾、通摄入声字，且一般分布在合口三四等韵。声母条件上，两片都没有特别限制，精组、见组、知系、泥来、影组都可以。

① 还有一读 ɕya11。

关于 ʮ 韵类的来源，目前有两种观点：周扬（2007）认为是 iu>ⁱu>u>ʮ；郭丽（2009）认为是 iu>y>ɥ（ʮ），朱晓农（2006：99）也持相似观点。二者的关键区别在于有没有经历过 y 的阶段。

本书赞同后一种观点，认为 ɥ（ʮ）韵类是在 y 的基础上产生的，原因有三点：其一，第一种观点的关键一环在于 i 介音失落，应该承认这种音变是存在的，但是声母一般限于舌齿音范围之内，而江淮官话 ɥ（ʮ）韵类的产生似乎没有声母条件限制，甚至零声母音节中也发生。其二，黄孝片有些方言没有 ɥ（ʮ）韵类，而对应的却是 y 韵类，如黄冈、黄梅，可以把它们看成早期形式。其三，y>ɥ/ʮ 的音变是擦化音变，这符合江淮官话擦化的总体趋势，因为已经有 i>ɿ 的音变，对应的应该有 y>ɥ/ʮ 的音变，符合音变的平行规则（徐通锵，1994：5）。

5.1.3　擦化音变总结

擦化音变总结见表 5-12。

表 5-12　擦化音变类型总结

擦化类型	涉及的方言点
端组：T>Ts，T>Tɕ	合肥、六安、舒城、庐江；大丰、泰兴
泥来母：n>nᶻ>z	合肥、舒城、庐江
见组：k>Tɕ>Tʂ/Ts	合肥、六安、舒城、庐江、滁州；麻城、孝感、英山
精组：Ts>Tɕ>Ts/Tʂ	合肥、六安、舒城、庐江、滁州
晓匣母：x>f/__u	麻城；大丰
零声母：i>ʐ，ʔ>ɣ>ʐ，ø>z/ʒ，u>v	合肥、六安、舒城、庐江、滁州；大丰、泰兴、如皋、泰州；句容
假蟹止摄：ie>iɪ>i>ɿ，i>ɿ	合肥、六安、舒城、庐江
y 的擦化：iu>y>ɥ（ʮ）	合肥、六安；麻城、孝感、英山、黄冈、黄梅

以上 8 种擦化类型中，皖中片涉及的种类最多，合肥占了 7 种，六安、舒城、庐江都占了 6 种，滁州占了三种；黄孝片、泰如片擦化较少，都在三种以下；扬淮片、苏南片一般没有擦化音变。

从区别性来看，端组读 Ts 类、泥来母读 z 类是皖中片的特色现象，泰如片虽然也有端组的擦化，但是端组擦化后一般读 Tɕ 类。

擦化音变似乎存在一定的系统性：如果泥来母擦化，那么精组、见组、端组也擦化；如果精组擦化，那么见组也擦化。

5.2 江淮官话的开口化音变

开口化音变，是指中古合口韵今读开口韵的音变。这里的“开口韵”是相对合口韵而言的，本书定义的“合口韵”是指以圆唇元音（如 u/ʮ/y/ɔ/o/ʊ）为介音或主元音的韵母，合口韵之外的韵类都属开口韵。开口化音变在江淮官话的分布很普遍，各个方言片都有。它是一种非常重要的音变，江淮官话的很多音变都与这一音变有着密切联系。

我们把中古声母类型分成 8 类：非组、帮组、端组、泥组（泥来）、精组、见组、知系、影组（影云以疑微），分别考察蟹摄、止摄、咸山摄、臻摄、通摄韵母在这些声组后的读音情况。当然中古音系有合口韵的还有果摄、假摄、遇摄、曾梗摄，但是这些韵摄的开口化音变很少且不成系统，这里从略。

5.2.1 开口化音变在各韵摄的表现

下文每类声组选择 1～2 个字作为代表，如果声组内有个别字与代表字开合类型不一致，本书从略，如果是成系统的不一致，将特别交代。

1. 蟹摄

	废非	倍並	对端	内泥	最精	岁心	怪见	缀知	卫云
	蟹合三	蟹合一	蟹合一	蟹合一	蟹合一	蟹合三	蟹合二	蟹合三	蟹合三
孝感	fei35	pi33	ti35	ni33	tɕi35	ɕi35	kuai35	tʂʮɐ13	uɐi33
黄冈	fei35	pi44	ti35	ni44	tɕi35	ɕi35	kuai35	tɕye24	uei44
麻城[①]	fei35	pi33	ti35	ȵi33	tɕi35	ɕi35	kuai35	tʂʮe24	uei33
黄梅	fei15	pi33	ti15	ȵi33	tɕi15	ɕi15	kuai15	tɕyæ42[②]	uei33
英山	fei35	pi33	ti35	ni33	*tɕi33*[③]	ɕi35	kuai35	tʂʮe313	uei33
六安	fei53	pei53	tei53	lei53	tɕei53	sei53	kuɛ53	tʂui53	ui53
舒城	fei54	pei54	tei54	lei54	tsei54	sei54	kuɛ54	tʂuei54	uei54
滁州	fe55	pe55	te55	le55	tse55	se55	kuɛ55	tʂue55	ve55
合肥	fe53	pe53	e53	le53	tse53	se53	kuᴇ53	tʂue53	ue53
连云港	fei55	pei55	tei55	lei55	tʂei55	ʂei55	kuɛ55	tʂuei55	uei55

① 麻城见组的晓、匣母在中古合口一二等韵之前读同非组，声母为 f，韵母为开口呼，应是发生了 xu>f 的音变，但见组其他声母都读合口，本书忽略这种特殊情况，以见组的主流类型为准。

② 黄梅“缀”还有 tɕyei15 一读。

③ 英山材料未见“最”，此处为“罪”（蟹合一从母上声）读音。用斜体标注，下同。

涟水	fei55	pei55	tei55	nei55	tsei55	sei55	kuɛ55	tsuei55	—
庐江	fei35	pei35	tei35	lei35	tsei35	sei35	kuɛ35	*tʂhuei35*[1]	vei35
淮安	fei55	pei55	tei55	lei55	tsei55	sei55	kuɛ55	*suei55*	uei55
句容	fəi55	pəi55	təi55	nəi55	tsəi55	səi55	kuɛ55	*suəi55*	vəi55
盐城	fĩ35	pĩ35	tĩ35	nĩ35	tsuei53	suei35	kuɛ35	*suei35*	uei35
兴化	*fəi53*[2]	pəi53	təi53	ləi21	tsuəi53	suəi53	kuɛ53	*suəi53*	uəi21
泰兴	*fəi44*	pəi44	təi44	nəi21	tsuəi44	suəi44	kuɛ44	*suəi44*	uəi21
如皋[3]	*fei33*	pei33	tuei33	nuei21	tsuei33	suei33	kuɛ33	*suei33*	vei21
泰州[4]	*fəi33*	pĩ33	tuəi33	nuəi33	tsuəi33	suəi33	kuɛ33	*suəi33*	vəi33
大丰[5]	*fei45*	pei45	tuei45	nuei21	tɕyei45	suei45	kuɛ45	*suei45*	vei45
扬州	fəi55	pəi55	tuəi55	luəi55	tsuəi55	suəi55	kuɛ55	tsoʔ5	uəi55
南京	fəi44	pəi44	tuəi44	luəi44	tsuəi44	suəi44	kuæ44[6]	tʂuəi44	uəi44
镇江[7]	fɪ55	pɪ55	tuɪ55	lɪ55	tsuɪ55	suɪ55	kuɛ55	tsuɪ55	uɪ55

2. 止摄

止摄帮组、端组无字，其他 6 类声母的读音情况如下：

	飞非	累来	醉精	随邪	龟见	追知	帅生	位云
	止合三	止合三	止合三	止合三	止合三	止合三	止合三	止合三
孝感	fei24	ni33	tɕi35	ɕi31	kuei24	tʂʮei24	ʂʮai35	uei33
黄冈	fei33	ni44	*tɕhi35*[8]	ɕi313	kuei33	tɕyei33	ɕyai35	uei44
麻城	fei313	ni33	*tɕhi35*	ɕi42	kuei313	tʂʮei313	sai35	uei33
黄梅	fei11	li33	*tɕhi15*	ɕi53	kuei11	tɕyei11	sai15	uei33
英山	fei11	ni33	tɕi35	ɕi31	kuei11	tʂʮei11	ʂʮai35	uei33
六安	fei313	*lei53*[9]	tsei53	*sei313*[10]	kui313	tʂui313	ʂuɛ53	ui53
舒城	fei21	*lei54*	tsei54	*sei21*	kuei21	tʂuei21	ʂuɛ54	uei54
滁州	fe42	*le55*	tse55	*se42*	kue42	tʂue42	ʂuɛ55	ve55
合肥	fe21	le53	tse53	se55	kue21	tʂue21	ʂuᴇ53	ue53

① 庐江（含）以下 9 点材料未见“缀”，斜体音标为“税”（蟹合三书母去声）的字音。
② 兴化、泰兴、如皋、泰州、大丰材料未见“废”，此处为“肺”（蟹合三敷母去声）。
③ 如皋“对”“内”“岁”分别还有 ty33、ny21、ɕy33 白读。
④ 泰州“对”“岁”“卫”分别还有 ty33、ɕy33、vəi21 白读。
⑤ 大丰端组也有读开口的，但仅限“堆兑”两字；“对”“最”“岁”“税”分别有白读音 tɕy45、tɕy45、ɕy45、ɕy45。
⑥ 南京“怪”还有 kuæ212 白读。
⑦ 镇江泥来母的“内累”两字读开口，但“儡雷擂”读合口；“缀”还有白读音 tsoʔ5。
⑧ 黄冈、麻城、黄梅材料没有“醉”，斜体是“粹”（止合三心母去声）的字音。
⑨ 六安、舒城、滁州材料没有“累”，斜体是“类”（止合三来母去声）的字音。
⑩ 六安、舒城、滁州材料没有“随”，斜体是“虽”（止合三心母平声）的字音。

连云港	fei214	lei55	tʂei55	ʂei35[1]	kuei214	tʂuei214	*ʂuɛ214*[2]	uei55
庐江	fei55	lei35	tsei35	sei31	kuei55	tʂuei55	ʂuɛ35	vei35
涟水	fei31	nei55	tsei55	sei35	kuei31	tsuei31	suɛ55	uei55
淮安	fei42	lei55	tsei55	sei24	kuei42	tsuei42	ɕyɛ55	uei55
句容	fəi31	nəi55	tsəi55	səi24	kuəi31	tsuəi31	suɛ55	vəi55
盐城	fĩ31	lĩ35	tsuei35	suei213	kuei31	tsuei31	suɛ35	uei35
兴化	fəi33	ləi21	tsuəi53	suəi34	kuəi33	tsuəi33	suɛ53	uəi21
泰兴	fəi21	ləi21	tsuəi44	tshuəi45	kuəi21	tsuəi21	ɕyɛ44	vəi21
如皋[3]	fei21	luei21	tsuei33	suei35	kuei21	tsuei21	suɛ33	vei21
泰州[4]	fəi21	nuəi33	tsuəi33	suəi45	kuəi21	tɕy21	suɛ33	vəi33
大丰[5]	fei21	nuei21	tsuei45	suei35	kuei21	tsuei21	ɕyɛ45	vei21
扬州	fəi31	luəi55	tsuəi55	suəi35	kuəi31	tsuəi31	suɛ55	uəi55
南京	fəi31	luəi44	tsuəi44	suəi24	kuəi31	tʂuəi31	ʂuae44	uəi44
镇江	fɪ21	luɪ55	tsuɪ55	suɪ35	kuɪ21	tsuɪ21	suɛ55	uɪ55

麻城、黄梅的“帅”韵母为开口，不合整体规则，但是材料所见知系止摄仅此字读开口，不成系统，从略。

3. 咸山摄阳声韵

咸摄合口只有三等韵，都为非组字，如“犯泛范凡帆乏法”等，它们读开口呼，不再列举。把山摄情况列举如下：

	反非	半帮	短端	乱来	算心	宣心	惯见	专章	远云
	山合三	山合一	山合一	山合一	山合一	山合三	山合二	山合三	山合三
孝感	fan53	pan35	tan53	nan33	san35	ɕien24	kuan35	tʂɥan24	ɥan53
黄冈	fan42	pan35	tan42	nan44	san35	ɕien33	kuan35	tɕyan33	yan42
麻城	fan55	pan35	tan55	nan33	san35	ɕian313	kuan35	tʂɥan313	ɥan55
英山	fan44	pan35	tan44	nan33	san35	ɕian11	kuan35	tʂɥan11	ɥan44
舒城	fæ̃213	pəŋ54	təŋ213	ləŋ54	səŋ54	*ɕỹ213*[6]	*kuæ̃21*[7]	*tʂuəŋ21*[8]	ỹ213
六安	fɛ̃24	pɛ̃53	tuɔ̃24	luɔ̃53	suɔ̃53	*ɕy24*	*kuɔ̃313*	*tʂuɔ̃313*	y24

① 连云港、庐江、涟水、兴化、如皋、泰州、南京、镇江的“随”字都还有送气塞擦声母读法，分别为 tʂhei35、tshei35、tshei31、tshuɪ35、tshuəi24、tshuəi34、tshuei35、tshuəi45。

② 连云港材料没有“帅”，斜体是“衰”（止合三生母平声）的字音。

③ 如皋“累”“醉”“随”还有 y 类白读，分别为 ly21、tɕy33、tɕy35。

④ 泰州“醉”“位”还有 y 类白读，分别为 tɕy33、vəi21。

⑤ 大丰“醉”“随”“追”还有 y 类白读，分别为 tɕy45、ɕy35、tɕy21。

⑥ 六安、舒城、滁州材料没有“宣”，斜体是“选”（山摄合口三等心母上声）的字音。

⑦ 六安、舒城、滁州材料没有“惯”，斜体是“关”（山摄合口二等见母平声）的字音。

⑧ 六安、舒城、滁州材料没有“专”，斜体是“砖”（山摄合口三等章母平声）的字音。

滁州	fɛ̃21	pɛ̃55	tuɛ̃21	luɛ̃55	suɛ̃55	*ɕyẽ21*	*kuɛ̃42*	*tʂuɛ̃42*	yẽ21
黄梅	fan35	pən15	ton35	lon33	son15	ɕiɛn11	kuan15	tɕyɛn11	yɛn35
句容[①]	fã213	pã55	tuã213	nuã55	suã55	syĩ31	kuã55	tsuã31	viĩ213
南京	faŋ212	paŋ44	tuaŋ212	luaŋ44	suaŋ44	syen31	kuaŋ44	tʂuaŋ31	yen212
合肥	fæ̃34	pʊ53	tʊ34	lʊ53	sʊ53	ɕyĩ21	kʊ53	tʂʊ21	yĩ34
庐江	fɛ̃213	põ35	tõ213	lõ35	sõ35	ɕỹi55	kuɛ̃31	tʂõ55	ỹi213
连云港	fã41	põ55	tõ41	lõ55	ʂõ55	ɕyõ214	kuã55	tʂõ214	yõ41
涟水	fã212	põ55	—	nõ55	sõ55	ɕyĩ31	kuã55	tsõ31	uĩ212
淮安	fã212	põ55	tõ212	lõ55	sõ55	ɕyĩ42	kuã55	tsõ42	yĩ212
扬州	fæ̃42	põ55	tõ42	lõ55	sõ55	ɕyĩ31	kuæ̃55	tsõ31	yĩ42
镇江	fɛ̃313	põ55	tõ313	lõ55	sõ55	ɕyĩ21	kuɛ̃55	—	yĩ313
盐城	fæ̃53	põ35	tõ53	lõ35	sõ35	ɕyõ31	kuæ̃35	tsõ31	yõ53
兴化[②]	fɛ̃213	pʊ̃53	tʊ̃213	lʊ̃21	sʊ̃53	ɕyʊ̃33	kuɛ̃53	tsʊ̃33	yʊ̃213
泰兴	fɛ̃213	pʊ̃44	tʊ̃213	lʊ̃21	sʊ̃44	ɕyʊ̃21	kuɛ̃44	tsʊ̃21	yʊ̃213
如皋	fɛ̃213	pʊ̃33	tʊ̃213	lʊ̃21	sʊ̃33	ɕyʊ̃21	kuɛ̃33	tsʊ̃21	yʊ̃213
泰州	fɛ̃213	pʊ̃33	tʊ̃213	nʊ̃33[③]	sʊ̃33	ɕyʊ̃21	kuɛ̃33	tsʊ̃21	yʊ̃213
大丰	fɛ̃213	pʊ̃45	tʊ̃213	nʊ̃21	sʊ̃45	ɕyʊ̃21	kuɛ̃45	tsʊ̃21	yʊ̃213

舒城山摄一三等精组读音有分化：一等今读开口韵 əŋ，三等今读合口韵 ỹ。这种分化类型符合精组的一般规则的，下文臻摄精组的分化都是一等读开口，三等读合口。黄梅山摄一三等精组读音也有分化：一等今读合口韵 on，三等今读开口韵 iɛn。黄梅的分化不合一般规则，而且这种分化并不是孤立的，精组三等除“宣”外，还有“绝全”也读齐齿呼，可能存在不同的层次。

4. 臻摄阳声韵

	粉非	门明	顿端	伦来	存从	旬邪	均见	春昌	运云
	臻合三	臻合一	臻合一	臻合三	臻合一	臻合三	臻合三	臻合三	臻合三
孝感	fən53	mən31	tən35	nən31	tshən31	ɕin31	tʂʮən24	tʂhʮən24	ʮən33
黄冈	*fən33*[④]	mən313	tən35	nən313	tshən313	ɕin313	tɕyən33	tɕhyən33	yən44
麻城	*fən313*	mən42	tən35	nən42	tshən42	ɕin42	tʂʮən313	tʂhʮən313	ʮən33
黄梅	*fən11*	mən53	tən15	lən53	tshən53	ɕin53	tɕyən11	tɕhyən11	ən33

① 句容“短”“乱”“算”“惯”“专”分别还有白读音 tʊ213、nʊ55、sʊ55、kʊ55、tsʊ31。
② 泰如片兴化等地的主元音 ʊ 实际上是 u 的松音，功能与 u 相同，本书把它处理为合口韵。
③ 泰州“乱”还有白读音 nʊ̃21。
④ 黄冈、麻城、黄梅材料没有“粉”，斜体为“分”（臻摄合口三等非母平声）的字音。

英山	—	mən31	tən35	nən31	tshən31	ɕin31	tʂʮən11	tʂhʮən11	ʮən33
六安	fən24	mən35	tən53	*lən35*[1]	tshən35	*ɕỹ53*[2]	tɕỹ313	tʂhun313	*ỹ35*[3]
舒城	fən213	mən24	tən54	*lən24*	tshən24	*ɕyn54*	tɕyn21	tʂhuən21	*yn24*
滁州	fəŋ21	məŋ35	təŋ55	*ləŋ35*	tshəŋ35	*ɕỹ55*	tɕỹ42	tʂhuəŋ42	*ỹ35*
合肥	fən34	mən55	tən53	lən55	tshən55	ɕyn55	tɕyn21	tʂhuən21	yn53
庐江	fən213	mən31	tən35	lən31	tshən31	ɕyin31	tɕyin55	tʂhuən55	yin35
连云港	fəŋ41	məŋ35	təŋ55	ləŋ35	tʂhəŋ35	ɕioŋ35	tɕioŋ214	tʂhoŋ214	ioŋ55
句容	fən213	mən24	tən55	nən24	tshən24	ɕyən24	tɕyən31	tshuən31	yən55
涟水	fən212	mən35	tən55	nən35	tshən35	ɕyn35	tɕyn31	tshuən31	un55
淮安	fən212	mən24	tən55	lən24	tshən24	ɕyən24	tɕyən42	tshuən42	yən55
扬州	fən42	mən35	tən55	lən35	tshuən35	ɕyn35[4]	tɕyn31	tshuən31[5]	yn55
盐城	fən53	mən213	tən35	lən213	tshuən213	ɕyn213	tɕyn31	tshuən31	yn35
镇江	fən313	mən35	tən55	lən35[6]	tshuən35	suən35[7]	tɕyn21	tshuən21	yn55
兴化	fən213	mən34	tən53	lən34	tshuən34	suən34	tsuən33	tshuən33	yən21
泰兴	fəŋ213	məŋ45	təŋ44	ləŋ45	tshuəŋ45	ɕyəŋ45	tɕyəŋ21	tshuəŋ21	yəŋ21
如皋	fəŋ213	məŋ35	təŋ33	ləŋ35	tshuəŋ35	ɕyəŋ35	tɕyəŋ21	tshuəŋ21	yəŋ21
泰州	fəŋ213	məŋ45	təŋ33	nəŋ45	tɕhyəŋ45	suəŋ45	tɕyəŋ21	tɕhyəŋ21	yəŋ33[8]
大丰	fəŋ213	məŋ35	təŋ45	nəŋ35	tɕhyəŋ35	ɕyəŋ35	tɕyəŋ21	tɕhyəŋ21	yəŋ45
南京	fən212	mən24	tun44	lun24	tshun24	syn24	tɕyn31	tʂhun31	yn44

六安、舒城、滁州、合肥、庐江、句容、连云港、涟水、淮安精组一三等有分化，一等读开口，三等读合口，规则一致，例外较少。

黄梅“运”字读开口，比较特殊，其影组有分化：一等读合口，如稳 uən35 温 uən11；三等读开口，如运 ən33 云、ən53 允、ən35、尹 ən35，三等这种读音的来源有待进一步研究。

5. 通摄阳声韵

	风非	梦明	东端	农泥	松心	公见	钟章	用以
	通合三	通合三	通合一	通合一	通合三	通合一	通合三	通合三

① 六安、舒城、滁州材料没有“伦”，斜体为“轮”（臻合三来母平声）的字音。
② 六安、舒城、滁州材料没有“旬”，斜体为“讯”（臻合三心母去声）的字音。
③ 六安、舒城、滁州材料没有“运”，斜体为“云”（臻合三云母平声）的字音。
④ 扬州“旬”还有一读 suən35。
⑤ 扬州“春”还有一读 tshoŋ31。
⑥ 镇江“伦”还有一读 luən35。
⑦ 镇江“旬”还有一读 ɕyn35。
⑧ 泰州“运”还有白读 yəŋ21。

六安	*fəŋ53*①	məŋ53	təŋ313	ləŋ35	*səŋ313*②	kəŋ313	tʂəŋ313	iəŋ53
舒城	*fəŋ54*	məŋ54	təŋ21	ləŋ24	*səŋ21*	kəŋ21	tʂəŋ21	iəŋ54
庐江	fəŋ55	*məŋ55*③	təŋ55	*ləŋ31*④	səŋ55	kəŋ55	tʂəŋ55	iəŋ35
合肥	fəŋ21	məŋ53	təŋ21	ləŋ55	səŋ21	kəŋ21	tʂəŋ21	iŋ53
滁州	*fəŋ55*	məŋ55	toŋ42	loŋ35	*soŋ42*	koŋ42	tʂoŋ42	ioŋ55
连云港	fəŋ214	məŋ55	toŋ214	loŋ214	ʂoŋ214	koŋ214	tʂoŋ214	ioŋ55
南京	fən31	mən44	toŋ31	loŋ24	soŋ31	koŋ31	tʂoŋ31	ioŋ44
句容	fən31	mən55	toŋ31	noŋ24	soŋ31	koŋ31	tsoŋ31	ioŋ55
涟水	foŋ31	moŋ55	toŋ31	noŋ35	soŋ31	koŋ31	tsoŋ31	ioŋ55
淮安	foŋ42	moŋ55	toŋ42	loŋ24	soŋ42	koŋ42	tsoŋ42	ioŋ55
扬州	foŋ31	moŋ55	toŋ31	loŋ35	soŋ31	koŋ31	tsoŋ31	ioŋ55
盐城	foŋ31	moŋ35	toŋ31	noŋ213	soŋ31	koŋ31	tsoŋ31	ioŋ35⑤
镇江	foŋ21	moŋ55	toŋ21	loŋ35	soŋ21	koŋ21	tsoŋ21	ioŋ55
兴化	fɔŋ33	mɔŋ21	tɔŋ33	lɔŋ34	sɔŋ33	kɔŋ33	tsɔŋ33	iɔŋ21
泰兴	fɔŋ21	mɔŋ21	tɔŋ21	nɔŋ45	sɔŋ21	kɔŋ21	tsɔŋ21	iɔŋ21
如皋	fɔŋ21	mɔŋ21	tɔŋ21	nɔŋ35	sɔŋ21	kɔŋ21	tsɔŋ21	iɔŋ21
泰州	fɔŋ21	mɔŋ21	tɔŋ21	nɔŋ45	sɔŋ21	kɔŋ21	tsɔŋ21	iɔŋ33⑥
大丰	fɔŋ21	mɔŋ21	tɔŋ21	nɔŋ35	sɔŋ21	kɔŋ21	tsɔŋ21	iɔŋ21
孝感	foŋ24	moŋ33	toŋ24	noŋ31	soŋ24	koŋ24	tʂoŋ24	ioŋ33
黄冈	foŋ33	moŋ44	toŋ33	noŋ313	soŋ33	koŋ33	tsoŋ33	ioŋ44
麻城	foŋ313	moŋ33	toŋ313	noŋ42	soŋ313	koŋ313	tʂoŋ313	ʐoŋ33
黄梅	foŋ11	moŋ33	toŋ11	noŋ53	soŋ11	koŋ11	tsoŋ11	ioŋ33
英山	foŋ11	moŋ33	toŋ11	noŋ31	soŋ11	koŋ11	tʂoŋ11	ioŋ33

六安、舒城、庐江全读 əŋ；合肥大部分读 əŋ，读 iŋ 的仅限于影组合口三等、少部分晓匣母；滁州、连云港、南京、句容的帮组、非组声母读 əŋ/ən。

5.2.2　类型总结及分析

各组声母读开合的情况总结见表 5-13（端泥组合并为一类；精组一三等开合不同的，以一等为准；“＋”表示今读开口类，“－”表示今读合口类，“＊”表

① 六安、舒城、滁州材料没有“风”，斜体是“凤”（通摄合口三等奉母去声）的字音。
② 六安、舒城、滁州材料没有“松”，斜体是“嵩”（通摄合口三等心母去声）的字音。
③ 庐江材料没有“梦”，斜体是“蒙”（通摄合口一等明母平声）的字音。
④ 庐江材料没有“农”，斜体是“脓”（通摄合口一等泥母平声）的字音。
⑤ 盐城还有白读 ioŋ31。
⑥ 泰州还有白读 iɔŋ21。

示无字）。

表5-13 开口化音变在不同声组的推进情况总结

方言点	非组	帮组	端泥	精组	见组	知系	影组	方言点
蟹摄	+	+	−	−	−	−	−	如皋、泰州、大丰、扬州、南京、镇江
	+	+	+	−	−	−	−	盐城、兴化、泰兴
	+	+	+	+	−	−	−	孝感、黄冈、麻城、黄梅、英山、六安、舒城、滁州、合肥、庐江、连云港、涟水、淮安、句容
止摄	+	*	−	−	−	−	−	如皋、泰州、大丰、扬州、南京、镇江
	+	*	+	−	−	−	−	盐城、兴化、泰兴
	+	*	+	+	−	−	−	孝感、黄冈、麻城、黄梅、英山、六安、舒城、滁州、合肥、庐江、连云港、涟水、淮安、句容
咸山摄	+	−	−	−	−	−	−	合肥、庐江、连云港、涟水、淮安、扬州、镇江、盐城、兴化、泰兴、如皋、泰州、大丰
	+	+	−	−	−	−	−	六安、滁州、黄梅、句容、南京
	+	+	+	+	−	−	−	孝感、黄冈、麻城、英山、舒城
臻摄	+	+	−	−	−	−	−	南京
	+	+	+	−	−	−	−	扬州、盐城、镇江、兴化、泰兴、如皋、泰州、大丰
	+	+	+	+	−	−	−	孝感、黄冈、麻城、黄梅、英山、六安、舒城、滁州、合肥、庐江、连云港、涟水、淮安、句容
通摄	−	−	−	−	−	−	−	涟水、淮安、扬州、盐城、镇江、兴化、泰兴、如皋、泰州、大丰、孝感、黄冈、麻城、黄梅、英山
	+	+	−	−	−	−	−	滁州、连云港、南京、句容
	+	+	+	+	+	+	−	合肥
	+	+	+	+	+	+	+	六安、舒城、庐江

1. 蕴含关系序列及其解释

通过表5-13可以得到如下蕴含关系：影组 ⊃ 见组和知系 ⊃ 精组 ⊃ 端泥组 ⊃ 帮组 ⊃ 非组。

这一序列中，前面的蕴含后面的，即：如果影组读开口，那么见组、知系必然读开口；如果见组、知系读开口，那么精组必然读开口；依次类推，非组是最后被蕴含的。

从蕴含关系可以得出合口特征消失的难易程度，从易到难为：非组>帮组>端泥组>精组>见组、知系>影组。这两个序列说明合口介音的消失大致以发音部位为准，从前往后逐渐进行的。本书认为开口化音变的难易程度主要取决于声母与合口特征是否协调。合口韵母以u为例进行说明，u发音时双唇收紧，双唇往前伸，使其变圆，但是往前伸导致双唇之间的距离变大，二者不接触。而非组、帮组都要么下唇跟上齿接触，要么双唇闭塞，都无法实现圆唇，因此容易使u失落，而非组发音为了便于上齿和下唇的靠拢，下唇还要往后收，这跟u发音双唇往前伸的动作相冲突，因此在使u失落方面又优于帮组。可把非组和帮组导致合口特征消失称为唇音干扰。

其他声组和合口特征的不协调和舌位有关，称之为舌位干扰。合口韵母仍然以 u 为例进行说明，u 发音时舌根抬高，舌体中前部伸直，舌尖下垂，直抵下齿齿根。端泥组是舌尖-齿龈音，舌尖向上翘，这跟 u 舌尖下垂的要求不合。精组虽叫舌尖音，但是实际发音时舌尖抵住下齿背，舌尖后部与齿龈接触。见组的发音和 u 最相似，舌尖抵住下齿齿根，舌根抬高。有此可见端泥组、精组、见组发音时舌尖是逐渐往下移的，同时舌根逐渐抬高，就与 u 的舌位越来越协调，因此越来越难失去合口特征。知系为翘舌音，发音时舌体要往后缩，便于翘舌，导致舌根抬高，也与 u 的发音相似，不易失去合口特征。零声母组由于其前没有声母，不受任何干扰，所以最没有理由失去合口特征。

张光宇（2006）认为“决定合口介音去留的关键在声母发音时舌体后部是否隆起，以及隆起的程度：隆起程度越高合口介音越能获得保存”“成阻部位越前，舌体距离舌根发音越远，也越不利于保存合口介音”。这跟本书的舌位干扰分析相似，但是本书认为非组和帮组与舌体无关，它们是唇音干扰，唇音干扰使合口特征消失的力度强于舌位干扰，在音变中先进行。

2. 蕴含关系的微观分析

前述蕴含关系是以声组为单位，多数声组内部是统一的，少数不成系统的例外，本书从略。但是也有几个声组内部有成系统的分化，下面分别研究。

1）腭化音的分化

有些方言精组一三等开合不同，见 5.2.1 节中数据，其关键在于精组三等的开合情况。这实际上是颚化音造成的分化，江淮官话历史上发生过腭化音变，精、见组在细音韵母前产生了 Tɕ 类声母（有些方言也来自中古知系），但是中古合口韵的今读在 Tɕ 类声母后有两种不同的分化模式，见表 5-14（细音韵母以三等韵为代表）。

表 5-14　中古合口韵在 Tɕ 类声母后的两种分化模式

类型	Tɕ 类的中古来源			例证
	精组三等	见组三等	知系三等	
类型 A	开口	合口	合口	黄孝片蟹止摄、咸山摄、臻摄
类型 B	合口	合口	合口	黄孝片之外方言的止摄、咸山摄、臻摄

类型 A 的中古合口韵在 Tɕ 类声母后的开合情况按中古声类分化，在来自精组的 Tɕ 类声母后今读开口韵，在来自见组、知系的 Tɕ 类声母后今读合口韵。类型 B 的中古合口韵在 Tɕ 类声母后，不管其是来自精组、见组还是知系，韵母都为合口韵。

那么这两种分化模式是怎么产生的呢？从 Tɕ 类的发音部位来看，它发音部位靠后，不易发生开口化音变，因此大部分江淮官话方言在其后都读合口（类型 B），这是容易理解的。让人费解的是黄孝片（类型 A）在来自精组的 Tɕ 类后读开口，而在来自见组、知系的 Tɕ 类后读合口。本书认为这与开口化音变和腭化音变的相对时间有关：如果先发生腭化音变，后有开口化音变，则腭化音都读合口类，因为颚化音不在开口化音变的范围内；如果先发生开口化音变，后有腭化音变，则精见组的情况不同，精组读开口，见组读合口，因为开口化音变不包括未腭化的见组（K类）。黄孝片应该是较早发生开口化音变的方言，在精组还没有变为腭化音的时候就已经完成开口化音变，使蟹止等韵摄合口介音丢失，后来精组腭化为 Tɕ 类再拼这些韵摄就为开口韵。

2）精组与知系的不同表现

江淮官话精组与知系存在纠葛，但是大体可以分成三种类型：都读 Ts 类，都读 Tʂ 类，Ts 类和 Tʂ 类各半。但是无论今读何种形式，蕴含关系都还遵循中古声母分类，即使精组、知系合并的方言也如此。例如，涟水、淮安、句容的精组、知系今读合并为 Ts 类，但是精组后的蟹摄、止摄、臻摄的读开口，知系后的蟹摄、止摄、臻摄的读合口；连云港精组、知系今读合并为 Tʂ 类，但是精组后的蟹摄、止摄、臻摄的读开口，知系后的蟹摄、止摄、臻摄的读合口（4.2.1 节）。

这说明开口化音变发生在精组、知系合并之前，且当时知系不在开口化音变的范围之内。

3）开口化音变的韵母条件

开口化音变在不同韵摄的推进程度也不同。通摄可以发生开口化音变的声组最多，有的方言甚至所有声组都发生，但是这种类型的方言数量少。蟹摄、止摄、臻摄发生开口化音变的一般限于非组、帮组、端泥组、精组声母，但是方言数量多，大部分江淮官话都是这种类型，这似乎可以作为江淮官话的一个语音特征。

5.2.3 与开口化音变有关的现象

黄孝片的中古合口韵有很多今读 i 韵母或以 i 为介音的韵母。以孝感为例，列举见表 5-15。

表 5-15 孝感中古合口韵今读齐齿呼的情况

遇合三（*iu）	趣 tɕhi35 娶 tɕhi35 序 ɕi33 徐 ɕi31 须 ɕi24 聚 tɕi33（精组）
山合三（*iuen）	劣 niɛ13 恋 nien33（泥组）、全 tɕhien31 绝 tɕiɛ13 宣 ɕien24（精组）
臻合三（*iun/iut）	旬 ɕin31 戌 ɕi13 恤 ɕi13（精组）
蟹合一（*uei）	背 pi35 佩 pi33 倍 pi33 梅 mi31 配 phi35（帮组）、兑 ti35 对 ti35 内 ni33（端泥）、罪 tɕi33 最 tɕi35（精组）
合三（*uei）	脆 tɕi35 岁 ɕi35（精组）
止合三（*uei）	累 ni33 类 ni33（泥组）、醉 tɕi35 遂 ɕi33 随 ɕi31 粹 tɕi35（精组）

郭丽（2009）认为黄孝方言遇摄三等今读 i 韵母是对“鱼虞有别”语音层次的遗留。

什么是“鱼虞有别”？鱼虞之别是什么？今读 i 又是怎么产生的？这些问题，前人已经做了可贵的研究。潘悟云（2000：202-204；2002：39-51）梳理了中古鱼虞韵的演变历史和方言分布情况：中古鱼虞有别，鱼韵为*a，虞韵为 iʊ（来自上古侯部*o 和鱼部合口字*wa）。但是后来鱼韵的演变有地域之别：在洛阳一带发生了*ã>iɐ>iɔ>io 的演变，与虞韵（iʊ）合流，因此《切韵序》说“北人以庶为戍，以如为儒”；在包括长安在内的西北地区和长江以南地区，鱼韵走过了 a>ɑ>ʌ>ɤ>ɯ>ɨ>i 的道路，这造成“鱼虞有别”，现在很多方言中“去”白读[tɕhi]、“锯”白读[ke]（e 是 ɯ 在舌根音后的变异）就反映了这个层次。“鱼虞有别”还在其他方言中系统地存在，梅祖麟（2001）、陈忠敏（2003）、谢留文（2003）分别论证了鱼虞之别在闽语、吴语、客赣语中的表现。

但是不能简单地把黄孝片鱼虞韵今读 i 韵都看成是“鱼虞有别”的遗留。认为黄孝片鱼虞韵读 i 韵母是“鱼虞有别”的遗留存在如下缺陷：第一，“鱼虞有别”应该是鱼韵 i 不同于虞韵 y，但是黄孝片今读 i 韵母的字不限于鱼韵，“序徐”属鱼韵，“聚趣娶须”属虞韵。第二，为什么遇摄今读 i 韵母的都为精泥组字，其他声组却不留存鱼虞之别？而吴、闽、客赣方言中鱼虞有别在精、见、影组、知系都有分布。第三，今读 i 韵母的字不限于遇摄，蟹止摄合口韵也大量存在，它们是否有相同的音变机制？这些都是需要解释的。

本书认为黄孝片上述各摄的读音来源于开口化音变。遇摄三等早期为*iu，后来应该发生了 iu>y>i 的音变，才导致今天读 i 韵母；对山臻摄而言，仅介音 iu 发生音变，音变过程与遇摄相似，于是韵母今读带 i 介音韵母（入声字读 i 韵母）；蟹止摄在方言今读中发生了合并，可以把稍早时期读音构拟为*uei，后来发生 uei>ui>i 的音变，今读 i 韵母。

上述音变的相同点是都发生了合口特征丢失的音变，声母类型一般集中在帮组、精组、端组、泥组，符合黄孝片开口化音变涉及的声组范围，因此本书认为黄孝片这些韵摄今读 i 韵类是发生了开口化音变。

张光宇（2006）对相关问题也做了深入的研究，本书参考了该文，与之不同之处在于：其一，该文只关注合口介音问题，对于像淮安 o 韵类这样没有合口介音而元音是合口性质的韵母，处理时就会陷入两难境地，本书把它归入合口韵则不会出现这种情况。其二，该文把端泥组细分成 t/th、l、n 三类，认为三类依次存在“蕴含关系”。由于其材料源自整个汉语方言，因此蕴含关系存在一些例外（如乐山方言），但是没有解释例外的原因，因此蕴含关系存在瑕疵。本书认为，在归纳蕴含关系时不应分类过细，过小的单位会分割蕴含共性，难以得出恰当的蕴含关系（冯法强，2014a）。端泥组本为同类声母，本书把它们合为一类，只要其中有读开口类的就算发生了开口化音变，只是变化未尽。江淮官话的实际情况是端泥组一般行动一致，都读开口或合口，例外很少。其三，该文声母分类没有把零声母组包括在内，也未对腭化声母组的复杂情况进行分类，本书囊括全部8类声组，更加全面。

5.3 江淮官话的元音鼻化

江淮官话元音鼻化有两种模式：第一种是阳声韵的鼻化，阳声韵由鼻音尾变为鼻化韵；第二种是阴声韵的鼻化，纯元音带上鼻音特征，成为鼻化元音。

5.3.1 阳声韵的鼻化

中古阳声韵有咸、深、山、臻、宕、江、曾、梗、通九摄，江淮官话今读一般合并为4个韵类：咸山、深臻曾梗、宕江、通。其中通摄不鼻化，其他韵摄都有不同程度的鼻化现象，在此分类研究。

1. 咸山摄韵尾的读音类型

咸山摄在江淮官话一般都鼻化，但也有特殊类型，以韵尾类型为准，分为如下类型。

1）全读前鼻音尾

这种类型只见于黄孝片，列举如下。

	敢见	板帮	渐精	演以	念泥	观见	鳏见	船船
	咸开一	山开二	咸开三	山开三	咸开四	山合一	山合二	山合三
孝感	kan53	pan53	tɕien33	ien53	nien33	kuan24	kuan24	tʂhʯan31
黄冈	kan42	pan42	tɕien44	ien42	ȵien44	kuan33	kuan33	tɕhyan313
麻城	kan55	pan55	tɕian33	ian55	ȵian33	kuan313	kuan313	tʂhʯan42
黄梅	kan35	pan35	tɕien33	iɛn35	ȵiɛn33	kuan11	kuan11	tɕhyɛn53
英山	kan44	pan44	tɕian33	ian44	nian33	kuan11	—	tʂhʯan31

2）前、后鼻音尾共现

这种类型，搜集到的材料只有南京。

	甘见	衫生	班帮	官见	关见	盐以	典端	选心
	咸开一	咸开二	山开二	山合一	山合二	咸开三	山开四	山合三
南京	kaŋ31	ʂaŋ31	paŋ31	kuaŋ31	kuaŋ31	ien24	tien212	syen212[①]

南京话咸山摄读 ŋ 尾的限于主元音 a 之后，读 n 尾的限于高元音 e 之后。中

① 南京这是文读，还有白读 tshien24。

古以后咸山摄韵尾曾经合并为-n，且一二、三四等的元音也分化为高、低两类，这一点无需赘述。在此基础上南京话又发生了变化，-n 尾在低元音之后变为-ŋ 尾，公式为：-n>-ŋ/a__。

3）后鼻音尾、鼻化共现

这种类型，搜集到的材料只有舒城。

	甘见	衫生	班帮	关见	盐以	典端	选心	官见
	咸开一	咸开二	山开二	山合二	咸开三	山开四	山合三	山合一
舒城	kæ̃21	sæ̃21	pæ̃21	kuæ̃21	ɪ̃24	tɪ̃213	ɕỹ213	kuəŋ21

舒城的这种类型似乎说明鼻化韵由-ŋ 变来，但是这就得承认咸山摄都先发生过-n>-ŋ 的音变。可是，今读-ŋ 尾限于 ə 元音之后，中古条件限于山摄合口一等、合口二三等知系。本书认为-ŋ 尾来自-n 尾在合口介音-u-之后的同化，因为-ŋ、-u-在[+后]、[+响音]特征上存在共性。

舒城还有一点独特之处，三四等韵母的主元音和鼻音尾都脱落，而把鼻化特征附在了介音 i、y 身上。

4）全部鼻化

这样的方言数量最多，如合肥、庐江、滁州、句容、连云港、扬州、涟水、淮安、镇江、盐城、大丰、兴化、泰州、泰兴、如皋，选取几点列举如下。

	甘见	衫生	班帮	关见	官见	盐以	典端	选心
	咸开一	咸开二	山开二	山合二	山合一	咸开三	山开四	山合三
滁州	kɛ̃42	ʂɛ̃42	pɛ̃42	kuɛ̃42	kuɛ̃42	iẽ35	tiẽ21	ɕyẽ21
扬州	kæ̃31	sæ̃31	pæ̃31	kuæ̃31	kõ31	ɪ̃24	tɪ̃42	ɕyɪ̃42
淮安	kã42	sã42	pã42	kuã42	kõ42	iɪ̃24	tiɪ̃212	ɕyɪ̃212
镇江	kɛ̃21	sɛ̃21	pɛ̃21	kuɛ̃21	kõ21	iɪ̃35	tiɪ̃313	ɕyɪ̃313
盐城	kæ̃31	sæ̃31	pæ̃31	kuæ̃31	kõ31	ɪ̃213	tɪ̃53	ɕyõ53
泰州	kɛ̃21①	sɛ̃21	pɛ̃21	kuɛ̃21	kʊ̃21	iɪ̃45	tiɪ̃213	ɕyʊ̃213
兴化	kɛ̃33②	sɛ̃33	pɛ̃33	kuɛ̃33	kʊ̃33	iɪ̃34	tiɪ̃213	ɕyʊ̃213

5）鼻化、单元音共现

这种类型，搜集到的材料有六安、合肥。

	甘见	衫生	班帮	官见	关见	盐以	典端	选心
	咸开一	咸开二	山开二	山合一	山合二	咸开三	山开四	山合三
六安	kɛ̃313	ʂɛ̃313	pɛ̃313	kuə̃313	kuə̃313	i35	ti24	ɕy24

① 还有白读 kʊ̃21。
② 还有白读 kʊ̃33。

合肥①	kæ̃21	ʂæ̃21	pæ̃21	kʊ21	kuæ̃21	ĩi55	tĩi34	ɕyĩ34

六安咸山摄今读单元音的有 i、y 韵母，i 韵母的中古条件是开口三四等（知系除外），y 韵母的中古条件为合口三四等（知系、非组除外）。它们实际上是介音，应该来源于鼻化主元音的脱落，又似乎是上文舒城类型鼻化特征的进一步脱落。

合肥咸山摄今读单元音的只有 ʊ 韵母，中古条件限于山摄合口一等、合口二三等知系。

总结以上，剔除特殊的条件音变，把咸山摄主流的鼻化过程概括为（v 代表元音）：vn>ṽ>v。

2. 宕江摄韵尾的读音类型

宕江摄鼻化也是很普遍的，依照韵尾类型分为如下几种类型。

1）全读后鼻音尾

这种类型分布广泛，多见于黄孝片、扬淮片、泰如片。

	荡定	邦帮	项匣	光见	狂群	王云	祥邪	两来
	宕开一	江开二	江开二	宕合一	宕合三	宕合三	宕开三	宕开三
孝感	taŋ33	paŋ24	xaŋ33	kuaŋ24	khuaŋ31	uaŋ31	tɕiaŋ31	niaŋ53
黄冈	taŋ44	paŋ33	xaŋ44	kuaŋ33	khuaŋ313	uaŋ313	tɕhiaŋ313	niaŋ42
扬州	taŋ55	paŋ31	ɕiaŋ55	kuaŋ31	khuaŋ35	uaŋ35	tɕhiaŋ35	liaŋ42
涟水	tɑŋ55	pɑŋ31	ɕiɑŋ55	kuɑŋ31	khuɑŋ35	uɑŋ35	tɕhiɑŋ35	niɑŋ212
南京	taŋ44	paŋ31	ɕiaŋ44	kuaŋ31	khuaŋ24	uaŋ24	tshiaŋ24	liaŋ212
泰兴	thɑŋ21	pɑŋ21	xɑŋ21	kuɑŋ21	khuɑŋ45	uɑŋ45	tɕhiɑŋ45	liɑŋ213
泰州	tɑŋ33②	pɑŋ21	ɕiɑŋ44③	kuɑŋ21	khuɑŋ45	uɑŋ45	tɕhiɑŋ45	niɑŋ213

2）后鼻音尾、鼻化共现

	堂定	邦帮	张知	光见	狂群	王云	象邪	项匣
	宕开一	江开二	宕开三	宕合一	宕合三	宕合三	宕开三	江开二
淮安	thɑŋ24	pɑŋ42	tsɑŋ42	kuɑŋ42	khuɑŋ24	uɑŋ24	ɕiã55	ɕiã55
句容	thɑŋ24	pɑŋ31	tsã31	kuɑŋ31	khuɑŋ24	vɑŋ24	ɕiã55	ɕiɑŋ55④

淮安有 ɑŋ、ã 两种类型，鼻化韵 ã 仅见于 iã 韵母中，中古条件是开口二等见组部分字、开口三等（知系除外）。句容也有 ɑŋ、ã 两种类型，鼻化韵既见于 ã 韵母，也见于 iã 韵母，中古条件是开口二等见组部分字、开口三等（庄组除外，庄组都为合口呼）。

---

① 合肥咸山摄开口三等章组还有少数白读为 ən，如“闪染扇战然”。

② 还有白读 thɑŋ21。

③ 还有白读 xɑŋ21。

④ 还有白读 xɑŋ55。

二者的共同之处是鼻化韵母的主元音都是 a，本书认为不是元音 a 造成鼻化，而是别的因素造成元音由 ɑ 变为 a，因为宕江摄早期韵尾为-ŋ，与之相配的最自然的元音是 ɑ 而不 a，a 是后来的演变。造成这种变化的因素就是三等介音 i，上述鼻化韵的中古条件是开口二等见组部分字、开口三等（庄组除外），近代官话见组二等带 i 介音，开口三等带 i 介音自不待言。因此这些字的鼻化过程应该是 iɑŋ>iaŋ>iã。

3）全部鼻化

	堂定	绑帮	光见	狂群	王云	象邪	良来	项匣
	宕开一	江开二	宕合一	宕合三	宕合三	宕开三	宕开三	江开二
六安[①]	thã35	pã24	kuã313	khuã35	uã35	ɕiã53	liã35	ɕiã53
滁州	thã35	pã21	kuã42	khuã35	vã35	ɕiã55	liã35	ɕiã55
舒城	thã24	pã213	kuã21	khuã24	uã24	ɕiã54	liã24	ɕiã54
庐江	thã31	pã213	kuã55	—	vã31	ɕiã35	niã31	ɕiã35[②]
盐城	thã213	pã31	kuã31	khuã213	uã213	ɕiã35	liã213	ɕiã35[③]
如皋	thɑ̃35	pɑ̃213	kuɑ̃21	khuɑ̃35	vɑ̃35	ɕiɑ̃33[④]	liɑ̃35	xɑ̃21

4）鼻化、单元音共现

	堂定	涨知	放非	绑帮	光见	狂群	象邪	项匣
	宕开一	宕开三	宕合三	江开二	宕合一	宕合三	宕开三	江开二
合肥	thɑ55	tʂɑ53	fɑ53	pɑ34	kuã21	khuã55	ɕiã53	ɕiã53

合肥有 ã、ɑ 两种类型，脱落型 ɑ 的条件是韵母今读为开口呼，中古条件是开口一等、开口三等知系、合口三等非组。

总结以上，可把上述类型排列为：vŋ>vŋ+ṽ>ṽ>ṽ+v，简化为：vŋ>ṽ>v。

3. 深臻曾梗摄韵尾的读音类型

1）前鼻音韵尾

这种类型最多，黄孝片、皖中片、扬淮片、苏南片都有。

	跟见	等端	耕见	林来	应影	顷溪	瓶並	均见
	臻开一	曾开一	梗开二	深开三	曾开三	梗合三	梗开四	臻合三
孝感	kən24	tən53	kən24	nin31	in35	tɕhin53	phin31	tʂɥən24
黄梅	kən11	tən35	kən11	lin53	in15	tɕhyən35	phin53	tɕyən11
舒城	kən21	tən213	kən21	lin24	in21	tɕhin213	phin24	tɕyn21

① 六安、滁州、舒城宕江摄鼻化韵母的元音其实是 ɑ，音系中处理为 a。

② 还有白读 xã35。

③ 还有白读 khã31。

④ 这里的“象”是词“大象”中的读法；还有“象样”中读送气塞擦音声母 tɕhiɑ̃21。

合肥	kən21	tən34	kən21	lin55	in21	tɕhin34	phin55	tɕyn21
扬州	kən31	tən42	kən31	lin35	in55	tɕhin42	phin35	tɕyn31
淮安	kən42	tən212	kən42	lin24	in55	tɕhin212	phin24	tɕyən42
南京	kən31	tən212	kən31	lin24	in44	tɕhin212	phin24	tɕyn31
镇江	kən21	tən313	kən21	lin35	in55	tɕhin313	phin35	tɕyn21

中古拟音曾梗摄阳声韵韵尾是-ŋ，今读-n 应该是发生了-ŋ＞-n 音变，曾梗摄韵母主元音一般为央高元音，使韵尾前化为-n。

2）后鼻音韵尾

	跟见	等端	耕见	林来	应影	顷溪	瓶並	均见
	臻开一	曾开一	梗开二	深开三	曾开三	梗合三	梗开四	臻合三
连云港	kəŋ214	təŋ41	kəŋ214	liŋ35	iŋ55	tɕhioŋ41	phiŋ35	tɕioŋ214
泰州	kəŋ21	təŋ213	kəŋ21	niŋ45	iŋ33	tɕhiŋ213	phiŋ45	tɕyəŋ21
泰兴	kəŋ21	təŋ213	kəŋ21	liŋ45	iŋ44	tɕhiŋ213	phiŋ45	tɕyəŋ21

中古拟音曾梗摄阳声韵韵尾是-ŋ，深臻摄阳声韵韵尾是-n，这三点方言都读-ŋ尾，其演变情况值得思考，有两种可能：一是曾梗摄韵尾保留中古形式-ŋ，深臻摄韵尾发生-n>-ŋ 音变，二者合并；二是曾梗摄韵尾发生-ŋ>-n 音变，与深臻摄合并都读-n 尾，然后再一同发生-n>-ŋ 音变。本书倾向于认同前者，因为前者更简洁，符合奥卡姆剃刀原则。但是-n>-ŋ 音变与上文-ŋ>-n 音变相反，而环境相同，其动力是什么？不好解释，这里存疑。

3）后鼻音尾、鼻化共现

	跟见	等端	耕见	林来	应影	顷溪	瓶並	均见
	臻开一	曾开一	梗开二	深开三	曾开三	梗合三	梗开四	臻合三
滁州	kəŋ42	təŋ21	kəŋ42	lĩ35	ĩ42	tɕhĩ21	phĩ35	tɕỹ42

滁州今读鼻化韵有 ĩ、ỹ，都为高元音韵母，其前身应该是 iŋ、yŋ，与 əŋ 对应，粗略来看鼻化过程应该是（以 iŋ 为例）：iŋ>ĩ，中间是否经历过 in 的过渡不得而知，但是可能性较大，因为 i、y 都为前元音，-ŋ 尾的前化很常见。

4）前鼻音尾、鼻化共现

	根见	等端	耕见	林来	应影	顷溪	瓶並	均见
	臻开一	曾开一	梗开二	深开三	曾开三	梗合三	梗开四	臻合三
六安	kən313	tən24	kən313	lĩ35	ĩ313	tɕhĩ24	phĩ35	tɕỹ313
兴化	kən33	tən213	kən33	niĩ34	in53	tɕhin213	phiĩ34	tsuən

六安鼻化出现于高元音韵母，粗略来看鼻化过程是（以 in 为例）：in>ĩ，这就给上文 iŋ>ĩ 音变增加了中间阶段。深臻曾梗摄发生鼻化的前高元音，前高元音容

易使-ŋ 尾前化，因此可以归为：vŋ>vn>ṽ。

兴化鼻化出现于高元音韵母，仅在 tɕ、tɕh、ɕ 和 Ø 声母后不鼻化。鼻化韵母只有 iĩ，其前身应该是 in，因为还有些字保持了这种类型，这说明其音变过程为 in > iĩ，这种类型的独特之处在于韵尾-n 不是直接转变为鼻化特征附于前面的元音之上，而是先变为鼻化形式 ĩ。

总结以上，深臻曾梗摄有两种鼻化类型：vŋ > vn > ṽ, vn > vĩ。

那么，上述两种类型是否存在联系呢？若把后一类型看成前一类型 vn > ṽ 阶段的过渡形式，则存在合并的可能，即今方言中的 ĩ 可能经历了 iĩ 的过渡阶段。把二者合并起来就成了：vŋ > vn > vĩ > ṽ。

丁邦新（1998：231-232）列举云南的西南官话材料展示了这种鼻化过程，并指出这种音变发生在偏前的元音之后。本书也认为这一过程有较强的解释力，不仅能够解释江淮官话两种鼻化韵母的来源，也能够解释其他方言中相关的现象：中原官话的洛宁方言（赖仙仙，2009：75-77），深臻曾梗摄阳声韵韵母变为 ei，而咸山摄鼻音尾脱落为 a，深臻曾梗摄应是发生了 en > eĩ > ei 的音变。但是就江淮官话的情况而言，这种音变还应加上韵摄的限制，它只适用于深臻曾梗摄，江淮官话咸山摄三四等韵早期也是前高元音（近代拟音*e），但是它却发生了 ien > iẽ > iĩ 的音变，滁州的 iẽ 保持了中间阶段（5.3.1 节），iĩ 再往后有两种变化：合并为鼻化单元音 ĩ，或者脱落为单元音 i。

4. 阳声韵鼻化总结

阳声韵的鼻化情况总结见表 5-16。

表 5-16　阳声韵的鼻化类型

韵摄	鼻化过程	说明
咸山	vn>ṽ>v	v 类型多样，前低、前高、后、央元音都有
宕江	vŋ> ṽ>v	v 都为低元音
深臻曾梗	vŋ > vn > vĩ > ṽ	v 为前高元音

从鼻化的范围看，咸山摄的鼻化最普遍，方言数量多且韵尾类型丰富，其次是宕江摄，深臻曾梗摄鼻化较少，通摄一般不鼻化；从韵母元音看，咸山摄发生鼻化的元音最丰富，高低前后元音都有，宕江都为低元音，深臻曾梗摄都为高元音。咸山宕江摄的鼻化都有低元音参与，且鼻化较普遍，符合低元音容易鼻化的类型学规律[①]。

① 张光宇（2012）以北京话为窗口，透视包括江淮官话扬州、南京在内的几种方言，把咸山摄字都处理为 an 类，认为这是底层形式。这样看来，咸山摄无论元音高低前后普遍鼻化，是因为其底层形式是低元音，就更符合低元音鼻化较普遍的类型学规律，也能够解释上文咸山摄三四等早期虽为高元音*e，但是不按照 en>eĩ>ei 规则鼻化，也是因为其底层是低元音。

5.3.2　阴声韵的鼻化

鼻化不仅存在于阳声韵，阴声韵也有，本书搜集的材料见于盐城、句容、泰州，统计见表 5-17。

表 5-17　盐城阴声韵的鼻化

盐城	果开一：多 tõ31 拖 thõ31 驮 thõ213（端组）箩 lõ213（来）左 tsõ53 搓 tshõ31（精组）歌 kõ31 可 khõ53 鹅 õ213 河 xõ213（见组） 果合一：播 põ53 破 phõ35 婆 phõ213 魔 mõ213（帮组）朵 tõ53 妥 thõ53 惰 tõ35（端组）糯 nõ31 骡 lõ213（泥来）坐 tsõ35 锁 sõ53（精组）锅 kõ31 棵 khõ31 卧 õ35 火 xõ53 祸 xõ35（见组） 假开三：借 tɕiɪ̃35[①]且 ɕiɪ̃35 卸 ɕiɪ̃35 谢 ɕiɪ̃35（精组）爹 tɪ̃31（知组）者 tsɪ̃53 车 tshɪ̃31 蛇 sɪ̃213 赦 sɪ̃53 惹 lɪ̃53（章组） 遇合一：做 tsõ35 错 tshõ35（精组）暮 mõ35 模 mõ213 募 mõ35 墓 mõ35 慕 mõ35（明母） 蟹合一：杯 pɪ̃31 配 phɪ̃35 陪 phɪ̃213 妹 mɪ̃35（帮组）堆 tɪ̃31 推 thɪ̃31 队 tɪ̃35（端组）内 nɪ̃35 雷 lɪ̃213（泥来） 蟹合三：废 fɪ̃35 肺 fɪ̃35（非组） 蟹开三：蔽 pɪ̃35 敝 pɪ̃35 币 pɪ̃35 弊 pɪ̃35（帮组） 止合三：飞 fɪ̃31 费 fɪ̃35 肥 fɪ̃213（非组）类 lɪ̃35 累积~lɪ̃35（来母） 止开三：碑 pɪ̃31 备 pɪ̃35 避 pɪ̃35 眉 mɪ̃213（帮组） 流开一：母 mõ53 贸 mõ35 某 mõ53 亩 mõ53 茂 mõ35（明母）
句容	果合三：靴 syɪ̃31 茄 tshyɪ̃24[②]（见组） 假开三[③]：泻 siɪ̃55 谢 siɪ̃55 写 siɪ̃213 姐 tsiɪ̃213 邪 siɪ̃24 爹 tiɪ̃31 卸 siɪ̃55 夜 iɪ̃55 野 iɪ̃213 且 tshiɪ̃213（精组）
泰州	蟹合一[④]：杯 piɪ̃21 辈 piɪ̃33 背脊~piɪ̃33 背~书 piɪ̃ 倍 piɪ̃33 陪 phiɪ̃45 梅 miɪ̃45 每 miɪ̃213 妹 miɪ̃33（帮组） 止开三[⑤]：碑 piɪ̃21 被 piɪ̃33 悲 piɪ̃21 眉 miɪ̃45 美 miɪ̃213（帮组）

盐城阴声韵的鼻化最丰富，三种材料都对此有描写：最早的是《江苏省和上海市方言概况》（1960 年），本书据此；稍晚的是苏晓青（1993），音值及音系结构与前者相同，顾黔（1993b）就阴声韵与咸山摄合并情况所做的描写和研究，似乎是据此。最新的材料，蔡华祥（2011：24）在做盐城（步凤）方言的音系描写时，将上文相应鼻化元音标写为的 o、ɪ，没有鼻化符号，但是在后文的说明文字指出它们有时带较弱的鼻化色彩（55 页）。

笔者 2013 年暑假对此进行了核实。发音人 55 岁，男性，亭湖区，发音时鼻化很弱，其中假摄三等的“借且卸谢野夜爹”、蟹摄开口三等帮组的“蔽敝币弊”、止摄三等帮组的“彼卑”韵母为 i，听不出鼻化；假摄章组和其他蟹止摄字的韵母听感上是复合元音，与 ei 接近，但动感不明显，韵尾为 i，但主元音比 e 高，较松，我们认为可记为 ɪi。果遇流摄字听不出鼻化，韵母元音开口度小，比 o 高，但是比 u 低，可记为 ɷ。鉴于上述情况，本书认为盐城阴声韵的鼻化在不久以前是存在的，

① 此为文读，白读为 tɕiɑ35。
② 此为文读，白读为 tɕhiɑ24。
③ 句容假开三的“写”“邪”“夜”都为文读，白读分别为 ɕiɑ213、ɕiɑ24、iɑ55。
④ 泰州蟹合一的“背脊~”“背~书”“陪”“妹”都为文读，白读分别为 pi33、phi21、phi45、mi21。
⑤ 泰州止开三的“被”“眉”“美”都为文读，白读分别为 phi21、mi45、mi213。

但是这一特征正在逐渐步减弱。

句容和泰州阴声韵的鼻化很少，句容鼻化只见于果摄和假摄，果摄限于合口三等见组，假摄限于开口三等精组。泰州鼻化只见于蟹摄合口一等、止摄开三等帮组。

总结以上三个方言点阴声韵的鼻化情况，可以发现阴声韵的鼻化一般限于高元音 ɪ、o（实际应该是 ɷ），其中原因目前还没有很好的解释，本书认为或许与这两个音的发音有关。发音时这两个音较松，不像顶点元音 i、u 那样收紧，听感也不响亮，比较含混，容易造成鼻腔共鸣，带来鼻化听感。

5.4 江淮官话的元音链移

通过江淮官话方言间的比较，可以发现江淮官话元音的一系列音变，这些音变组成了江淮官话的元音链移。

5.4.1 高化

通过方言对比可见，高化主要发生在果摄一等，江淮官话果摄一等各方言点的读音类型列举见表 5-18。

表 5-18 江淮官话果摄一等的高化

例字	韵基类型	方言点
多歌坐窝	o	孝感、黄冈、英山、麻城、黄梅、庐江、扬州、连云港、涟水、淮安、盐城、南京、镇江、大丰、兴化
	ɷ	六安、滁州
	u/ʊ	舒城、泰州/合肥、句容
	ɤɯ	泰兴、如皋

江淮官话果摄的主流类型是 o，可把果摄近代读音拟为*o，六安、滁州高化为 ɷ，舒城、泰州、合肥、句容则高化为 u/ʊ，高化音变可以概括为：*o>ɷ>u。

泰兴、如皋的 ɤɯ 属于裂化，下文讨论。

5.4.2 裂化

1. 果摄的裂化

果摄裂化仅见于泰如片，限于一等韵，如下（不裂化的也列出，以资比较）。

多端	歌见	鹅疑	坐从	果见	破滂
果开一	果开一	果开一	果合一	果合一	果合一

大丰	to21	ko21	o35	tsho21	ko213	pho45
兴化	to33	ko33	o34	tsho21	ko213	pho53
泰州	tu21	kɤɯ21 ku21	u45	tsu33 tshu21	ku213	phu33
泰兴	tɤɯ21	kɤɯ21	ŋɤɯ45	tshɤɯ21	kɤɯ213	phɤɯ44
如皋	tɤɯ21	kɤɯ21	ŋɤɯ35	tshɤɯ21	kɤɯ213	phɤɯ33

大丰、兴化方言中不发生裂化的方言果摄一等的音值一般是o（泰州高化为u除外），近代果摄的拟音也是*o。因此泰兴、如皋果摄的裂化方式是：*o＞ɤɯ，果摄一等的裂化没有声母条件的限制。

2. 遇摄的裂化

遇摄的裂化多见于黄孝片、泰如片，皖中片也有少数，裂化字整理见表5-19。

表5-19 江淮官话遇摄的裂化

孝感	合一：都 təu24 肚赌 təu53 土 thəu53（端组）；路 nəu33 奴 nəu31 努 nəu53 怒 nəu33（泥来）；组 tsəu53 做 tsəu35 粗 tshəu24 素 səu35（精组）
	合三：助 tsəu33 锄 tshəu31 初 tshəu24 楚 tshəu53 数 səu35（庄组）
黄冈	合一：杜 təu44 都 təu33 赌肚 təu42 图 thəu313（端组）；路 nəu44 奴 nəu313 努 nəu42（泥来）；做 tsəu35 素 səu35（精组）
	合三：助 tsəu44 锄 tshəu313 初 tshəu33 楚 tshəu42 数 səu35（庄组）
麻城	合一：杜 təu33 都 təu313 赌肚 təu55 涂 thəu42 土 thəu55（端组）；路 nəu33 奴 nəu42（泥来）；组 tsəu55 做 tsəu35 素 səu35（精组）
	合三：助 tsəu33 锄 tshəu42 初 tshəu313 楚 tshəu55 数 səu35（庄组）
黄梅	合一：杜 teu33 赌肚 tou35（端组）；奴 neu53 努 neu35（泥来）；做 tseu15 素 seu15（精组）
	合三：助 tseu33 锄 tsheu53 初 tsheu11 楚 tsheu35（庄组）
英山	合一：都 təu11 赌肚 təu44 土 thəu44（端组）；路 nəu33 奴 nəu31 努 nəu44（泥来）；做 tsəu35 素 səu35（精组）
	合三：助 tsəu33 锄 tshəu31 初 tshəu11 楚 tshəu44 数 səu35（庄组）
庐江	合一：肚桌~度镀渡杜 təy35 都 təy55 肚~子疼赌堵 təy213 图涂途徒 thəy31 吐~痰土 thəy213 兔吐呕~thəy35（端组）；卢芦炉 ləy31 露路 ləy35 卤橹鲁 ləy213（泥来）；组祖 tsəy213 租 tsəy55 醋 tshəy35 粗 tshəy55 酥苏 səy55 素嗉 səy35（精组）
	合三：数~字 səy35 疏 səy55 楚 tshəy213 初 tshəy55 助 tsəy35 阻 tsəy213（庄组）
如皋	合一：模摹 mɤɯ35 墓 mɤɯ21（明）；奴 nɤɯ35 努 nɤɯ213 怒 nɤɯ33 虏 nɤɯ213（泥来）；做 tsɤɯ33 错 tshɤɯ33（精组）
	合三：所 sɤɯ213（庄组）
泰兴	合一：模摹 mɤɯ45 墓 mɤɯ21（明）；奴 nɤɯ45 努 nɤɯ213 怒 nɤɯ44 虏 nɤɯ213（泥来）；做 tsɤɯ44 错 tshɤɯ44（精组）
	合三：所 sɤɯ213（庄组）

本书认为黄孝片、皖中片的遇摄裂化和泰如片的遇摄裂化不同。

先说泰如片，本书认为泰兴、如皋的“模摹墓奴努怒虏做错，所”在近代与果摄发生了合并，只是不同方言参差不齐（参见 3.3.1 节遇摄），它们近代韵母是*o。因此随着泰兴、如皋果摄一等的裂化，它们也一同发生了裂化音变，音变轨迹为：*o＞ɤɯ。实际上这些方言的遇摄主体并不裂化，如“卢鲁路祖粗醋苏素；助锄初楚梳数”等字仍然读 u 韵母。

再说黄孝片、皖中片，这两片发生裂化的都是未归入果摄的字，包括端组、精组、泥来、庄组，它们应该在 u 的基础上发生裂化音变，即：*u＞əu/əy。

裂化现象在历史材料中也有表现：明代张位（1538～1605）的《问奇集•各地乡音》中列据“三楚”方音：“祖为走，睹为斗。”“祖睹”都是遇摄一等字，读同流摄一等的“走斗”，说明“三楚”方音当时遇摄字已经有裂化现象。至于“三楚”的具体范围，本书无意考证，但是今湖北省东部、安徽省西部的黄孝片在“三楚”范围之内，当无异议。这说明黄孝片遇摄的裂化早在明代就已存在。清末许惠的《等韵学》（1878）第 12 尤韵收有遇摄字“土族怒醋”，许惠是桐城人，桐城今属黄孝片，也表明黄孝片遇摄字有裂化现象。

3. 通摄入声韵的裂化

通摄入声韵的裂化仅见于黄孝片，因为黄孝片有入声舒化现象。入声字应是在舒化之后并入遇摄，再发生了裂化音变，通摄入声韵的近代拟音是*oʔ，因此裂化的轨迹是：*oʔ>uʔ>u>əu，经高化、舒化、裂化的音变。但是通摄入声韵的裂化范围更广，见组、知组、章组、影组都有裂化的。各个方言的具体情况整理见表 5-20。

表 5-20　江淮官话通摄入声韵的裂化

孝感	合一：读 təu31 秃 thəu13（端组）；禄鹿 nəu13（来）；族 tsəu13（精组）
	合三：六陆 nəu13（来）；足 tsəu13 促 tshəu13 俗续肃 səu13（精组）；畜 ɕiəu13 玉狱 iəu13（见组）；竹 tʂəu13（知组）；缩 səu13（庄组）；烛嘱触 tʂəu13 熟 ʂəu13 辱肉 zʐəu13（章组）；育欲 iəu13（影组）
黄冈	合一：读笃 təu24 秃 thəu24（端组）；鹿 nəu24（来）；族 tshəu24（精组）
	合三：陆绿 nəu24（来）；足 tsəu24 促 tshəu24 续肃 səu24（精组）；畜 ɕiəu24（见组）；竹 tsəu24（知组）；缩 səu24（庄组）；烛嘱 tsəu24 触 tshəu24 熟属 səu24 辱肉 zʐəu24（章组）；育欲 iəu24（影组）
麻城	合一：笃读 təu24 秃 thəu24 鹿 nəu24（端泥）；族 tshəu24（精组）
	合三：绿陆 nəu24（来）；足 tsəu24 促 tshəu24 肃 səu24 续 ɕiəu24（精组）；畜 ɕiəu24 狱 zʐəu24（见组）；竹 tʂəu24（知组）；缩 səu24（庄组）；嘱烛 tʂəu24 触 tʂhəu24 属 səu24 熟 ʂəu24 辱肉 zʐəu24（章组）；育欲 zʐəu24（影组）
黄梅	合一：读 teu53 笃 teu42（端组）；鹿 leu42（来）；族 tsheu42（精组）
	合三：绿六陆 leu42（来）；足 tseu42 促 tsheu42 续 seu42（精组）；畜 ɕieu42（见组）；竹 tseu42（知组）；烛嘱 tseu42 属 seu42 熟 seu33 辱 eu42 肉 eu42 叔 seu42（章组）；欲 ieu42 育 ieu15（影组）
英山	合一：读 təu33 笃 təu313（端组）；鹿 nəu313（来）；族 tsəu33（精组）
	合三：绿陆 nəu313（来）；足 tsəu313 促 tshəu313 续 ɕiəu313 肃 səu313（精组）；菊 tɕiəu313 畜 ɕiəu313（见组）；竹 tʂəu313（知组）；缩 səu313（庄组）；嘱烛 tʂəu313 属 ʂəu313 熟 ʂəu33 辱 zʐəu313 肉 zʐəu313（章组）；欲育 iəu313（影组）

总结以上各个韵摄的裂化情况，可以发现裂化音变似乎排斥唇音组，仅能见到泰兴、如皋遇摄的明母有裂化的情况，未见其他帮组声母裂化，尤其没有见到非组后有裂化的情况。这与前述流摄在唇音声母后发生 əu>u 的变异是相通的，说明唇音组后排斥 əu 的出现。

5.4.3 单元音化

单元音化是指复合元音变为单元音的音变，主要发生在假摄、蟹摄、止摄、效摄、流摄。

1. 假摄开口三等精组的单元音化

假摄开口三等精组的单元音化情况见表 5-21。

表 5-21 假摄开口三等精组的单元音化情况

例字	韵母类型	方言点
姐借且卸斜	ei	六安、舒城
	i	滁州、合肥、庐江、涟水、淮安
	ɪ	连云港、镇江
	iɪ	扬州、盐城、句容
	iɛ/ie	孝感、黄冈、麻城、黄梅、英山、南京
	iɑ（白）	大丰、兴化、泰州、泰兴、如皋

假摄开口三等精组早期应该同二等一样，都是 a 类，泰如片的白读体现了这一读音层次，但是后来经过一步步的高化，进而单元音化，整个音变过程为：iɑ>iɛ/ie>iɪ>i。六安、舒城的 ei 是比较特殊的，本书认为它的音变过程是：iɑ>iɛ/ie>iɪ>ɪ>ei（假摄 3.2.1 节）。

假摄的单元音化一般限于精组、影组三等韵，章组不在此音变范围，但是有些方言也蔓延到了所有假摄三等韵，如淮安、滁州、合肥。

2. 蟹摄一二等韵的单元音化

蟹摄一二等韵的单元音化情况见表 5-22。

表 5-22 蟹摄一二等韵的单元音化

例字	韵基类型	方言点
代埋外怪	ai	孝感、黄冈、英山、麻城、黄梅
	ae	南京
	ɛ/ᴇ/æ	六安、滁州、舒城、庐江、合肥、扬州、连云港、涟水、淮安、盐城、镇江、句容、大丰、兴化、泰州、泰兴、如皋

蟹摄在江淮官话的主体区域都发生了单元音化，仅黄孝片保留了早期形式 ai，南京 ae 是过渡形式，其余方言已经单元音化。ai＞ε 音变的动因可能是由于二者听感接近，只要前者减小发音的动程，很容易变为后者。

3. 止摄合口韵的单元音化

止摄合口韵及止摄开口帮组一般读 ei 韵母，但是也有一些方言读为单元音，各方言读音类型列举见表 5-23。

表 5-23　止摄合口韵的单元音化

例字	韵基类型	方言点
美碑、肥累鬼吹	e	合肥、滁州
	ɪ	镇江
	ei、i/ɪ	孝感、黄冈、英山、麻城、黄梅、盐城
	əi	扬州、句容、兴化、泰州、泰兴、南京
	ei	六安、舒城、庐江、连云港、涟水、淮安、大丰、如皋

合肥、滁州、镇江方言发生了单元音化，具体进程可以概括为：ei＞əi＞ɪ＞e。

4. 效摄的单元音化

效摄的单元音化情况见表 5-24。

表 5-24　效摄的单元音化

例字	元音类型	方言点
保炒乔跳	au/ɔu/ɔo	孝感、黄冈、英山、麻城、黄梅、句容、南京
	ɔ	六安、滁州、舒城、庐江、合肥、扬州、连云港、涟水、淮安、盐城、镇江、大丰、兴化、泰州、泰兴、如皋

可以发现，效摄的单元音化实际上是复元音 au 的动程逐渐减小的过程：au>ɔu>ɔo>ɔ。

5. 流摄的单元音化

流摄的单元音化见表 5-25。

表 5-25　流摄的单元音化

例字	元音类型	方言点
头走丑牛	əu/əɯ/əy/ɤɯ	孝感、黄冈、英山、麻城、黄梅、句容、南京、六安、舒城、庐江、连云港、涟水、淮安、大丰、兴化、泰州
	əi/ei	泰兴、如皋
	o/ɵ/ɯ/ɤ/ə	滁州、合肥、扬州、盐城、镇江

流摄的单元音化可以概括为：əu>əɯ>əi>ə，是韵尾逐渐消失圆唇特征进而脱落的过程。

5.4.4　央化

央化主要发生在通摄（o>ə），也是开口化音变的一部分（参见5.2.1节），我央化情况列举见表5-26。

表5-26　通摄元音的央化

例字	元音类型	方言点
公总穷梦	o/ɔ	黄冈、孝感、英山、麻城、黄梅、镇江、扬州、涟水、淮安、盐城、大丰、兴化、泰州、泰兴、如皋
	o、ə共现	滁州、连云港、南京、句容
	ə	六安、舒城、庐江、合肥

央化不仅发生在通摄阳声韵，通摄入声韵往往也有对应的音变，使得阳声韵和入声韵的主元音保持相同或接近，皖中片大多如此。但是南京、滁州通摄阳声韵和入声韵的对应不是很严密，阳声韵主元音为o、ə共现，入声韵主元音都为u。

5.4.5　元音链移总结

上述音变总结见表5-27。

表5-27　江淮官话元音音变总结

音变	涉及的韵摄	涉及的方言
高化 ʊ>ɯ>u	果摄一等	六安、舒城、滁州、泰州
裂化 ʊ>ɤɯ	果摄一等、遇摄（少数）	泰兴、如皋
裂化 u>əu	遇摄、通摄入声韵	黄孝片，皖中片
单元音化 ia>i	假摄开口三等精组	皖中片、扬淮片
单元音化 ai>ɛ	蟹摄一二等	黄孝片以外的江淮官话
单元音化 ei>e	止摄合口韵	合肥、滁州
单元音化 au>ɔ	效摄	黄孝片、苏南片以外的江淮官话
单元音化 əu>ə	流摄	滁州、合肥、扬州、盐城、镇江
央化 o>ə	通摄	皖中片

元音高化会造成单元音化，前述假摄开口三等精组的单元音过程是：iɑ>iɛ/ie>iɪ>i，这是主元音的高化造成的。而复元音的单元音化也促使元音高化，复元音变为单元音后对单元音的空间造成挤压，迫使单元音发生位移。例如，擦化音变中蟹止摄三四等的i>ɿ擦化就是受假摄开口三等精组ia>i的单元音化推动的，处

于顶点位置的元音冲出舌面元音系统，变为舌尖元音（冯法强，2013）。

上述一系列音变总结见图 5-1（元音擦化也包括在内）。

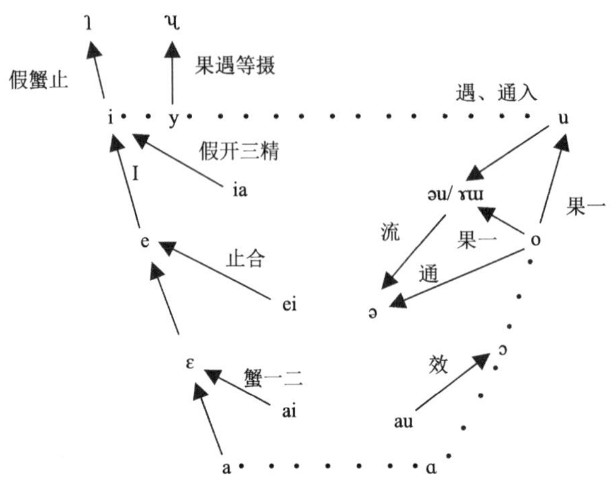

图 5-1　江淮官话元音的音变

第 6 章　明代江淮官话音系构拟及其历史演变总结

6.1　构拟依据和参照系

6.1.1　构拟的依据

本书的构拟，在方法上是通过方言间的对比，由下而上逆推早期音系。在材料上主要以江淮官话核心区域的皖中片、扬淮片、苏南片为依据，因为核心区域的江淮官话受外界影响较小，能够更多地保持江淮官话的本来面貌，在演变上也能够更多地避免外界的干扰，按照江淮官话应有的演化趋势演变。

黄孝片、泰如片的非主流特点不作为本书构拟依据，这是因为它们处在方言交界地带，带有较多的非江淮官话特征。例如，黄孝片方言就很特殊，赵元任等(1948)曾经认为黄孝片方言属于“楚语”，丁邦新（1982：178）更欲把它独立一区作为官话的次方言，其理由见表 6-1。

表 6-1　丁邦新（1982：178）对官话的分区

<table>
<tr><th>普遍条件</th><th>北方官话</th><th>晋语</th><th>下江官话</th><th>西南官话</th><th>楚语</th></tr>
<tr><td>1.古入声的演变</td><td>入派三声
或派二声</td><td>保持入声，
或有ʔ尾</td><td>保持入声，
有ʔ尾</td><td>入声归阳平
或去声</td><td>保持入声，
无塞音尾</td></tr>
<tr><td>2.古泥来母的分混</td><td colspan="2">大致都分</td><td colspan="2">大致相混</td><td>洪音混，细音分</td></tr>
<tr><td>独特条件</td><td>北方官话</td><td>晋语</td><td>下江官话</td><td>西南官话</td><td>楚语</td></tr>
<tr><td>3.鼻音韵尾有弱化消失现象</td><td>－</td><td>＋</td><td>－</td><td>－</td><td>－</td></tr>
<tr><td>4.古鱼虞韵知章见系的字韵母读 ʮ</td><td>－</td><td>－</td><td>－</td><td>－</td><td>＋</td></tr>
</table>

可以发现“楚语”（黄孝片）与下江官话（江淮官话核心区域）在 4 项比较特征中有三项不同。实际上通过前文的分析可知，二者的不同还有很多，如去声是否分阴阳，效摄、蟹摄韵母是否为复元音，咸山摄是否鼻化，等等。

再如，泰如片也比较特殊。由于它距离吴语较近，带有较多的吴语底层，例如，全浊声母清化无论平仄都送气，与吴语浊声母的“清音浊流”特点非常相似，吴语浊声母清化则会变为平仄都送气；入分阴阳也与吴语类似。此外还有很多不同于江淮官话核心区域的特点，例如，没有翘舌音；去分阴阳，有的浊去与阴平合并；深臻曾梗摄一般读后鼻音尾；等等。

6.1.2 参照系

第 3～5 章在梳理江淮官话历史演变过程时，已经对各个音类的近代形式做了构拟，但是这些音类的时间参差不齐，不在一个平面之内，要想把各个音类衔接在一个平面之内，需要找一个可靠的音系作为参照，最好是选择完全按照江淮官话方音编写的韵书，可是这样的韵书却不存在。

目前所见，时间较早与江淮官话有关的成系统的韵书有《书文音义便考私编》《西儒耳目资》《韵通》《切韵声原》。但是由于编写者的目的、审音标准存在差异，它们不能完全反映方言的实际情况，有的带有通语性质，有的带有仿古的特点，有时在同一个问题的处理上也相互矛盾。因此目前对于这些材料的性质存在争论，但是我们不能因为这些争论放弃使用它们，比较合理的做法是对它们进行整合，相互补充，吸收其中合理成分，舍弃不当成分，构拟时也不拘泥于这些参照系，可以根据音系规则和方言实际情况作上下调整。

现把各种材料的音系特点列举如下。

（1）《书文音义便考私编》（1587 年），作者李登，江苏上元（今南京）人。李新魁（1983a）把它归入“表现明清口语标准音”一类；耿振生（1992）认为它反映江淮方音；宁忌浮（2009）把它归为反映时音一类，认为它反映明末南京音；叶宝奎（2001a）认为它反映明代中后期的官话音。主要音系特点有（叶宝奎，2001a）：

①知照合一；

②泥来有别；

③微母独立；

④撮口呼形成；

⑤三等介音 i 在唇音、部分知系后失落；

⑥有舌尖元音 ɿ、ʅ；

⑦遇摄三等知系为 iʉ，尚未变为 y 韵；

⑧m 尾消失；

⑨桓韵（uɔn）独立；

⑩果摄一等除牙喉音外开合无别；

⑪牙喉音开口二等韵腭化；

⑫假开三高化为 iɛ；

⑬n、ŋ 韵尾有别；

⑭平分阴阳；

⑮入声韵为喉塞尾；

⑯有入声调。

（2）《西儒耳目资》（1626年），作者金尼阁，法国传教士。李新魁（1983a）把它归入“表现北方方音”一类；曾晓渝（1991）认为它反映明代末期通行于全国的官话音系，它很可能是以当时的南京音为语音基础[①]；孙宜志（2010）认为其主体反映的是明代江淮官话音系。主要音系特点有（曾晓渝，1991）：

①知庄章合一，多数读 tʂ 类，少数读 ts 类；

②精组不腭化；

③见组不腭化；

④泥来有别；

⑤有 v 声母，多数是中古微母字；

⑥有 ŋ 声母，多数是中古疑、影、喻三开口字；

⑦有入声调；

⑧无入声韵；

⑨有 ʮ 韵母，为中古遇三章组；

⑩有舌尖元音 ʅ、ʅ；

⑪撮口呼 y 韵类尚未形成，为 iʉ 韵类；

⑫m 尾消失；

⑬n、ŋ 韵尾有别；

⑭没有鼻化韵；

⑮桓韵（on）独立；

⑯声调：阴 33、阳 21、上 42、去 35、入 34。

（3）《韵通》（成书于明代天启、崇祯间），作者萧云从（1596～1673），安徽芜湖人。李新魁（1983a）把它归入“表现北方方音”一类，孙宜志（2006）认为它反映芜湖方音。主要音系特点有（孙宜志，2006）：

①分尖团；

②泥来有别；

③知庄章合一，庄组部分字归精组；

④日母自成一类；

⑤影母开口洪音、疑母开口洪音合并；影母合口洪音、疑母合口洪音、微母合并；影母细音、疑母细音、喻母合并；

⑥果摄一等除见系外开合无别；

⑦儿系字不独立；

⑧深臻曾梗四摄阳声韵合并；

⑨咸山摄合并，n、m 尾相混；

① 曾老师在《<西儒耳目资>音系基础非南京方言补证》（语言科学，2014，（7）：424～429）中对此观点有修正，指出这里的“南京音”是指明代南直隶辖区通用的“有教养的人”（读书人）所说的官话——南京官话，其音系基础不是南京方音或江淮官话，也不是中原官话，而是二者的综合。

⑩桓韵独立；

⑪入声韵尾合并；

⑫平分阴阳；

⑬有入声调。

（4）《切韵声原》（1641 年），作者方以智，安徽桐城人。李新魁（1983a）把它归入“表现明清口语标准音”一类，耿振生（1992）认为它反映的是混杂音系，孙宜志（2006）认为它主要反映明末桐城方言。主要音系特点有（孙宜志，2006）：

①分尖团；

②知庄章合并，庄组部分字归精组；

③泥来有别；

④微母独立；

⑤喻母开口、影母开口细音、疑母开口细音合并；喻母合口、影母合口、疑母合口合并；影母开口洪音、疑母开口洪音合并；

⑥果摄一等除见系外开合无别；

⑦果摄三等并入假摄；

⑧保留 m 尾，咸深摄与山臻摄阳声韵不混；

⑨臻曾梗三摄阳声韵合并；

⑩桓韵独立；

⑪两个入声韵尾 p、ʔ；

⑫平分阴阳；

⑬有入声调。

6.1.3　构拟音系的时间和性质

历史比较语言学定位一个音系（或音变）的真实时间，主要有两种方法：一种是斯瓦迪斯发明的通过核心词的变异换算出时间；另一种是通过文献的记录定位时间。前一种统计基于核心词，当对象是两个不同的语言时勉强可以使用，但是若面对一个语言内的不同方言时使用往往受限，特别是对汉语官话方言而言更是不可行[①]。因此所剩的方法就只有通过对比历史文献记录的语音特征与本书构拟音系的特征，类比出构拟音系的时间。

在构拟时，虽然主要依靠方言情况进行推断，但是也参照了 4 种明代音韵材料，对它们的音系特征进行综合取舍，构拟出的大多数特征与音韵材料一致。这促使我们把构拟音系的时间定在明代。具体来讲，鉴于历史文献的记录与音系形成的真实时间存在一定的时间差，一定是某个音变已经发生，且被当时的作者所认可，才能被收入音韵著作之中。估算这个时间差应该在 50 年以上，从时间最早的《书

① 笔者曾经尝试统计不同官话方言的核心词，发现差异非常小，没有参考价值。

文音义便考私编》（1587 年）逆推 50 年，就到了 16 世纪初，也就明代中期，因此本书认为构拟音系的时间应该在明代中期。

关于构拟音系的性质。由于本书构拟的基础是方言的今读，在比较的基础上进行了逆推，构拟的音系是一个能涵盖今江淮官话主流读音类型来源的系统，因此它的性质相当于明代中期江淮官话的“最小公倍数”，也可以看作明代中期江淮官话的通语。

6.2　明代江淮官话声韵调构拟

6.2.1　声母构拟

1. *p、*ph、*m

此组声母所包含的中古音类见表 6-2。

表 6-2　拟音*p、*ph、*m 所包含的中古音类

构拟音值	包含的中古声类
p	帮母，並母仄声
ph	滂母，並母平声
m	明母

这一组音都来自中古帮组，不同之处是，中古並母在明代江淮官话中已经清化，清化规则是“平声送气，仄声不送气”，因此中古並母半数归 p、半数归 ph。

4 种参照系中，《书文音义便考私编》的声母系统分为平声字母和仄声字母两类，平声字母中列有中古全浊声母，仄声字母中没有中古全浊声母，实际上平声字母中的中古浊声母只是为了区分声调，它把声母清浊与声调阴阳视而为一，全浊声母其实并不存在（叶宝奎，2001）。其他三种材料均无全浊声母。

2. *f、*v

此组声母所包含的中古音类见表 6-3。

表 6-3　拟音*f、*v 所包含的中古音类

构拟音值	包含的中古声类
f	非母，敷母，奉母
v	微母

这一组音都来自中古非组，中古非、敷、奉母在江淮官话都只有 f 一种读音，因此可以推测在江淮官话形成时就已经如此。明代江淮官话应该有 v，本书认为它只包括中古微母，v 后来在大部分方言中脱落，微母变为 Ø 声母，仅少部分方言保留。中古影母、云母、以母、疑母合口韵在各片方言也有读 v 的，本书认为这是后来合口介音擦化的结果，它与中古微母遗留的 v 并存。

4 种参照系中古非、敷、奉母都合并。微母在《书文音义便考私编》中独立；《韵通》微母独立，收字有部分中古影、明母；《西儒耳目资》微母也有独立的地位，所收之字绝大多数是中古微母字，仅个别为疑母和影母，也有部分中古微母变为零声母；《切韵声原》微母独立，所辖字都是中古微母字，且中古微母字不混入其他声母。

3. *t、*th、*n（l）

此组声母所包含的中古音类见表 6-4。

表 6-4　拟音*t、*th、*n（l）所包含的中古音类

构拟音值	包含的中古声类
t	端母，定母仄声
th	透母，定母平声
n（l）	泥、来、疑母开口细音

这一组声母多数来自中古端组，其中较复杂的是 n、l 两个声母是否相混。本书认为在最早时期是 n、l 有别，但是这个时期应该非常早，在成熟的江淮官话形成之前；或者 n、l 有别只是当时的标准音，而江淮地区的方言 n、l 应该是相混的。从今天情况来看，江淮官话 n、l 一般不具备区别功能，而且分布很广，仅边缘地带能分。在语音层面有些方言由于不同的语音环境，n、l 互补出现。

4 种参照系中，都是泥来有别。江淮官话系韵书中泥来合一最早见于清代的《许氏说音》（1807 年），也见于后来胡垣的《古今中外音韵通例》（1888；方环海，1998，2005）。

江淮官话 n、l 相混的历史很早，在明代就已经混同，成为音位变体。俞敏（1989）认为江淮地区早在明初就存在 n、l 相混：“古楚国原有现在的湖北湖南，后来往东扩展到安徽。现在的湖北湖南人、安徽人特别是皖南（像绩溪）人也有 n、l 混乱的。明太祖兴兵，把凤阳人迁到南京。现在的南京人也不会分 n、l 了。”麦耘和朱晓农（2012：346）也推断泥来相混在江淮官话早就存在。

中古疑母开口细音在明代江淮官话也应该读 n，因为“牛仰”等字今读声母在江淮官话一般为鼻音或边音，且分布范围很广。《切韵声原》《西儒耳目资》《韵通》中都有少数疑母细音读为泥母。因此本书认为明代江淮官话疑母开口细音读 n。

4. *ts、*tsh、*s

此组声母所包含的中古音类见表 6-5。

表 6-5　拟音*ts、*tsh、*s 所包含的中古音类

构拟音值	包含的中古声类
ts	精母，从母仄声，知母二等、澄母二等仄声、庄母、崇母仄声的内转
tsh	清母，从母平声，彻母二等、澄母二等平声、初母、崇母平声的内转
s	心母、邪母，生母的内转

今读 ts、tsh、s 主要有两个来源，一个是中古精组。本书认为明代江淮官话精组无论洪细都不腭化，与今南京话相同。虽然其他江淮官话精组细音今读一般都发生腭化，但是精组腭化在不同韵摄的推进是不同的，特别在通摄、止摄都不腭化，说明精组腭化较晚，在通摄、止摄三等介音丢失之后才开始腭化。

ts、tsh、s 的另一个来源是知二庄内转韵摄字，知二庄的止、遇、流、深、臻、曾、梗、通摄字读平舌音。这是中古知系字发生的平舌化音变，音变条件是中古内转韵摄，由于内转韵摄主元音一般是央高元音，实际上是央高元音字的平舌化音变。

4 种参照系中，《西儒耳目资》知二庄内转有读 ts 类的现象（孙宜志，2010），《切韵声原》《等韵学》《书文音义便考私编》中都有庄组内转读平舌的现象。

5. *tʂ、*tʂh、*ʂ、*ʐ

此组声母所包含的中古音类见表 6-6。

表 6-6　拟音*tʂ、*tʂh、*ʂ、*ʐ 所包含的中古音类

构拟音值	包含的中古声类
tʂ	知母二等、澄母二等仄声、庄母、崇母仄声的外转，章母，船禅母仄声
tʂh	彻母二等、澄母二等平声、初母、崇母平声的外转，昌母，船禅母平声
ʂ	生母外转，书母
ʐ	日母（止摄日母为 ø，除外）

今江淮官话知系字读音类型多样，皖中片、黄孝片、苏南的南京都还有翘舌音。因此本书认为明代江淮官话主体区域有翘舌音组，但是这个翘舌音的范围小于中古知系，仅限于中古知二庄的外转韵摄字及所有知三章组字。

ʐ 来自中古日母，它在江淮官话各小片都有分布，因此明代应该有这个音，与翘舌音组对应。还有必要指出的是，z 声母有两个主要来源：一个是日母 ʐ 的平舌化音变；一个是非日母字的擦化，如合肥、舒城泥来母、疑母的擦化，甚至形成 z、ʐ 在音系中共现。这两种情况都是后来的演变。

6. *k、*kh、*x、*ŋ

此组声母所包含的中古音类见表 6-7。

表 6-7　拟音*k、*kh、*x、*ŋ 所包含的中古音类

构拟音值	包含的中古声类
k	见母，群母仄声
kh	溪母，群母平声
x	晓匣母
ŋ	疑母开口洪音

k、kh、x 来自中古见组，尽管今方言中见组一般都腭化（见组二等除外），但是本书认为那是后来的演变，见组二等白读不腭化，说明江淮官话腭化音变的时间较晚。明代 4 种参照系都表明精见有别，因此本书认为明代江淮官话见组不腭化。

明代江淮官话也有 ŋ 声母，今江淮官话黄孝片、皖中片、泰如片都还有遗留，只是有些方言发生了变异，例如，六安的 ɣ，合肥、舒城的 ʐ。但是明代 ŋ 的分布范围只限于疑母开口呼之前，疑母合口呼、撮口呼前变为 ∅，齐齿呼前变为 n。

ŋ 在明代江淮官话韵书《书文音义便考私编》《西儒耳目资》，以及清代江淮官话韵书《等韵学》音系中都存在（耿振生，1992）。

7. *∅

*∅ 声母所包含的中古音类见表 6-8。

表 6-8　拟音*∅ 所包含的中古音类

构拟音值	包含的中古声类
∅	影母，云母，以母，疑母合口韵，日母止摄（儿系字）

明代江淮官话有零声母，今读影、云、以、疑母合口、日母儿系字读零声母的占多数，说明它们曾经有过零声母的形式，因此把它们都构拟为零声母。

4 种参照系中，《书文音义便考私编》影母独立；《韵通》中影、疑、喻、微母虽然列于一母之下，但是实际上另有分化，并非合一；《西儒耳目资》中古疑、影、喻母也是重新分化，“自鸣之字”为零声母，所收多为今齐齿呼和合口呼；《切韵声原》影、疑、喻合并列于疑母之下，实际上另有分化：喻母开口、影母开口细音、疑母开口细音合并，喻母合口、影母合口、疑母合口合并，影母开口洪音、疑母开口洪音合并。

“儿系字”在《书文音义便考私编》《韵通》仍然与日母字列一起；《切韵声原》“儿系字”也列于日母之下，但是解释说“儿为独字，姑以人谁切附此”，实际声母可能已经不同于日母。本书把明代江淮官话“儿系字”拟为零声母。

明代江淮官话共有声母 20 个（包括零声母），可为每个声母添加代表字，总结见表 6-9。

表 6-9　明代江淮官话声母构拟汇总

帮[p]	滂[ph]	明[m]	非[f]	微[v]
端[t]	透[th]	泥[n]（[l]）		
精[ts]	清[tsh]	心[s]		
照[tʂ]	穿[tʂh]	审[ʂ]	日[ʐ]	
见[k]	溪[kh]	晓[x]	疑[ŋ]	影[Ø]

6.2.2　韵母构拟

1. *o

*o 韵母所包含的中古音类见表 6-10。

表 6-10　拟音*o 韵母所包含的中古音类

构拟音值	包含的中古韵类
*o	果开一，果合一，遇合一少数（“做错”），遇合三少数（“所”）

此音值主要来自中古果摄一等。江淮官话今读果摄开合不分，一般都读单元音，因此没有构拟合口的 uo。

4 种参照系中，《西儒耳目资》o、uo 有别；《书文音义便考私编》《韵通》《切韵声原》都是中古果摄开合不分，仅在见系后保持区别。至清中期《五声反切正韵》的果摄开合口大部分已经相混。

遇摄一等明母、泥来母、精组的部分字及三等庄组的部分字主元音读同果摄，在明末的《切韵声原》中已经存在（参见 3.3.3 节）。

2. *a、*ia、*ua

*a、*ia、*ua 韵母所包含的中古音类见表 6-11。

表 6-11　拟音*a、*ia、*ua 韵母所包含的中古音类

构拟音值	包含的中古韵类
*a	假开二（多数），果开一端泥组少数（“他那”）
*ia	假开二（见组）
*ua	假合二，蟹合二少数（“画话”）

此音值主要来自中古假摄二等，假摄二等主元音为 a 几乎是所有官话的共同特征。其中 ia 出现于假摄开口二等见组之后，是因为二等介音在明代江淮官话中已经变为 i（梗摄除外），后来导致见组腭化。此外果开一端泥组的“他那”等读 a 韵母在官话中也是广泛存在，是很早期的读音遗留。

《切韵声原》图 10 的假摄二等字“加椏虾”与三等字“借且谢”并列于第二栏，说明此时见系二等的 i 介音已经产生。《书文音义便考私编》也有相同的现象，叶宝奎（2001a：8）指出“牙喉音开口二等韵腭化”，是指二等韵 i 介音产生。

3. *e、*ie、*ye

*e、*ie、*ye 韵母所包含的中古音类见表 6-12。

表 6-12　拟音*e、*ie、*ye 韵母所包含的中古音类

构拟音值	包含的中古韵类
*e	假开三（知系）
*ie	假开三（多数），果开三
*ye	果合三

此音值主要来自假开三，果摄读 ie、ye 的字较少。假开三读音在江淮官话各点差异较大，本书认为其明代形式是 ie，在知系后是 e，后来 ie 高化或擦化为 iɪ、ɪ、i、ʅ 等形式，泰如片假摄的 iɑ 与中古形式接近。

《切韵声原》中果摄三等字有并入假摄的，如“呿茄怯瘸靴”等；《书文音义便考私编》也有相似的现象，“瘸靴嗟”等字与假摄三等字合并。

4. *u、*y

*u、*y 韵母所包含的中古音类见表 6-13。

表 6-13　拟音*u、*y 韵母所包含的中古音类

构拟音值	包含的中古韵类
*u	遇合一，遇合三（非组、知系），流开一三（帮组、非组）
*y	遇合三（多数）

这一组音主要来自遇摄，也是江淮官话的主流类型。这两个音在有些方言中还有裂化形式 əu 和擦化形式 ɥ/ʮ，本书认为那是方言现象，不应进入明代江淮官话系统。其中，遇合三在知系、非组声母后读 u 韵母，是由于知系、非组对三等介音 i 的排斥而脱落，这一局面在明代江淮官话应该也已经形成。而且，不仅是遇摄，其他韵摄的三等介音 i 在知系、非组后丢失也是明代江淮官话的普遍特点。

《书文音义便考私编》遇摄合口三等有分化：知章组仍在三等鱼韵，而庄组字并入一等，说明 i 介音开始丢失。《切韵声原》也将遇摄合口三等的知系、非组字与一等字并列于图 2 第一栏，但是第二栏中也有部分庄章组字与带 i 介音的三等字相拼，这说明知系后的 i 介音部分丢失。《韵通》遇摄三等的照系、非组与遇摄一等并列一图，说明遇摄三等的 i 介音丢失，读同一等 u 韵。

*u 韵母还有一部分来自流摄唇音组，这在汉语语音史上出现的很早，唐宋之际就有了（麦耘，2002），今江淮官话中也有此特点，因此明代江淮官话也有。

5. *ɛ、*iɛ、*uɛ

*ɛ、*iɛ、*uɛ 韵母所包含的中古音类见表 6-14。

表 6-14　拟音*ɛ、*iɛ、*uɛ 韵母所包含的中古音类

构拟音值	包含的中古韵类
*ɛ	蟹开一（多数），蟹开二（多数）
*iɛ	蟹开二（见组）
*uɛ	蟹合二，蟹合一少数（“外会~计”）

此韵类对应于北方官话的 ai，尽管 ai、ɛ 读音相近，但是蟹摄在明代江淮官话是单元音，单元音空间拥挤，才促使江淮官话一系列的元音高化。

此处*ɛ、*iɛ、*uɛ 与前文*e、*ie、*ye 是不同的音位，不能合并。原因是：其一，中古来源不同，前者来自假摄开口三等和果摄开合三等，后者来自蟹摄一二等；其二，演变轨迹也不同，假摄开口三等有高化并擦化的现象，但是蟹摄一二等没有；其二，今滁州音系中还存在 e、ɛ 的对立，合肥话中也有 e、ᴇ 的对立（参见 3.4.1.1 节），这说明江淮官话前元音系统的对立是非常细密的。

6. *ei、*uei

*ei、*uei 韵母所包含的中古音类见表 6-15。

表 6-15　拟音*ei、*uei 韵母所包含的中古音类

构拟音值	包含的中古韵类
*ei	蟹开一帮组（“贝沛”），蟹合一（帮组、端泥组、精组），蟹合三四（非组、精组），止合三（非组、精组、泥来）
*uei	蟹合三四（多数），止合三（多数）

这一组声母主要来自蟹止摄。其中 ei 主要来自蟹合一、蟹合三四、止合三，这些韵摄读开口呼源于开口化音变，本书认为明代江淮官话存在开口化音变，包含非组、帮组、端泥组、精组，与今绝大多数方言相同。

7. *i、*ɿ、*ʅ

*i、*ɿ、*ʅ 韵母所包含的中古音类见表 6-16。

表 6-16　拟音*i、*ɿ、*ʅ 韵母所包含的中古音类

构拟音值	包含的中古韵类
*i	蟹开三（多数），蟹开四，止开三（多数）
*ɿ	蟹开三（精组、知二庄），止开三（精组、知二庄）
*ʅ	蟹开三（知三章），止开三（知三章）

最早期蟹止应该都是 i，今读 ɿ、ʅ 是 i 在舌齿音后的异化。本书认为这种局面在明代江淮官话已经存在。

《书文音义便考私编》《西儒耳目资》中都已经产生舌尖元音，只有少数止摄三等开口未变。

8. *ə

*ə 韵母所包含的中古音类见表 6-17。

表 6-17　拟音*ə 韵母所包含的中古音类

构拟音值	包含的中古韵类
*ə	止开三日母（“儿系字”）

*ə 只见于止摄开口三等日母（“儿系字”），ə 是在近代北方官话 ɚ 读音影响下，在江淮官话产生的地方变体，后来不同方言在 ə 基础上各自发生了音变，产生了 a、ɔ、e、ɛ 等类型。有些方言“儿系字”今读 ɚ，是在普通话影响下产生的最新读音。

《书文音义便考私编》《韵通》“儿系字”都不独立，与止摄三等舌齿音字同韵；《切韵声原》有“儿为独字，姑以人谁切附此”之说，说明韵母已经不同于其他止摄字。

9. *ɔ、*iɔ

*ɔ、*iɔ 韵母所包含的中古音类见表 6-18。

表 6-18　拟音*ɔ、*iɔ 韵母所包含的中古音类

构拟音值	包含的中古韵类
*ɔ	效开一，效开二（多数），效开三（知系），宕江摄入声韵（少数）
*iɔ	效开三（多数），效开四，效开二（见组）

这一组拟音主要来自效摄，相当于北方官话中的 au，把效摄也构拟为单元音，因为单元音是今江淮官话的主流类型，本书认为明代江淮官话也如此。

麦耘（2002）发现中古后期少数宕江摄入声字读同效摄，江淮官话也有此现象，如“饺觉睡~错膜摸跃”。

10. *əɯ、*iəɯ

*əɯ、*iəɯ 韵母所包含的中古音类见表 6-19。

表 6-19　拟音*əɯ、*iəɯ 韵母所包含的中古音类

构拟音值	包含的中古韵类
*əɯ	流开一，流开三（知系）
*iəɯ	流开三（多数）

这一组拟音主要来自流摄，对应北方官话的 əu 类，但是流摄韵尾在明代江淮官话中应该是不圆唇的 ɯ，这是今江淮官话的主流类型，也有些方言读 əu 类，但是一般分布在江淮官话的边缘地带。

11. *ã、*uã、*iẽ、*yẽ

*ã、*uã、*iẽ、*yẽ 韵母所包含的中古音类见表 6-20。

表 6-20　拟音*ã、*uã、*iẽ、*yẽ 韵母所包含的中古音类

构拟音值	包含的中古韵类
*ã	咸山开一，咸山开二，咸山合三（非组）
*uã	山合二，咸山合三（知系）
*iẽ	咸山开三，咸山开四
*yẽ	咸山合三（多数），咸山合四

把 ã、uã 和 iẽ、yẽ 放在一起是因为它们都属 ã 韵类，主元音在介音后高化。我们认为咸山摄的鼻化在明代江淮官话就已经存在，今方言中一般都鼻化，六安鼻化韵在细音韵母中已经脱落。不鼻化的只存在于黄孝片和南京，黄孝片不是构拟的主要依据，南京咸山摄的一部分与宕江摄合并，有鼻化的趋势。

尽管《切韵声原》表明咸山有别，保存-m 尾，但是明代韵书也有表明-m、-n 尾合并的，《书文音义便考私编》《韵通》中-m、-n 尾都混同。韵书表现相互矛盾，因此不把-m 尾作为明代江淮官话的特征（下文的臻摄也不构拟-m 尾），认为《切韵声原》是仿古做法。

12. *õ

*õ 韵母所包含的中古音类见表 6-21。

表 6-21　拟音*õ 韵母所包含的中古音类

构拟音值	包含的中古韵类
*õ	山合一

这一音值只来源于中古的山摄合口一等，构拟这一音值是为了体现江淮官话的特色——山摄合口一、二等有别。吴语也有这一特点，二者是否有联系，有待继续研究。从江淮官话的特点看，山摄合口一二有别的方言分布有一定的广度，且集中在核心区域，皖中片、扬淮片、苏南片、泰如片都有。4 种参照系中也都是山摄合口一二等有别，桓韵独立。

13. *ən、*uən、*in、*yn

*ən、*uən、*in、*yn 韵母所包含的中古音类见表 6-22。

表 6-22　拟音*ən、*uən、*in、*yn 韵母所包含的中古音类

构拟音值	包含的中古韵类
*ən	臻开一，曾开一，梗开二，深臻曾梗开三（知系），臻合一（帮组、端组、精组、泥来），臻合三（非组、精组、泥来）
*uən	臻合一（见组、影组），臻合三（知系、微母），曾合一，梗合二
*in	深臻曾梗开三（多数），梗开四，梗合四（“萤荥”）
*yn	臻合三（精组、见组、影组），梗合三（见组、云母）

把 ən、uən 与 in、yn 放在一起是因为二者都属于 ən 韵类，in、yn 都是 ən 韵类添加介音，央元音失落之后形成的。ən 韵类来自中古的深臻曾梗四摄，本书认为在明代江淮官话四摄合并。明末的《韵通》、清中期的《五声反切正韵》都记录了这一特点，应该为明代江淮官话的特征。

臻摄合口一三等有部分声组读为开口的 ən，这是江淮官话的开口化音变造成的，本书认为臻摄开口化音变包含的声组有非组、帮组、端泥组、精组。开口化音变在明代江淮官话中应该存在，包括臻摄及上文的蟹止摄。

江淮官话今读中普遍存在梗摄见系开口二等字读 in 韵母（多为匣母、影疑母，如“杏幸行”），本书认为这是后来其他方言的影响所致，梗摄开口二等韵（包括见系）在明代江淮官话应该是 ən，多数方言“硬”都读此音。《韵通》中也有梗摄二等的“硬行更”与曾摄一等同居一图，说明读音为 ən。董建交（2007：87）留意到梗摄二等牙喉音在《中原音韵》和《洪武正韵》中有不同表现，前者有 i 介

音，后者无 i 介音，认为后者依据的是南京一类方言，本书赞同这种观点。

14. *aŋ、*uaŋ、*iaŋ

*aŋ、*uaŋ、*iaŋ 韵母所包含的中古音类见表 6-23。

表 6-23　拟音*aŋ、*uaŋ、*iaŋ 韵母所包含的中古音类

构拟音值	包含的中古韵类
*aŋ	宕开一，宕开三（知章组），宕合三（非组），江开二（多数）
*uaŋ	宕合一，宕合三，宕开三（庄组），江开二（知庄组）
*iaŋ	宕开三，江开二（见组）

此组音来自中古宕江摄，韵尾为后鼻音，不鼻化。今方言中，有一些方言宕摄韵尾鼻化，但是不鼻化的仍然占多数，因此认为明代也是不鼻化的。

uaŋ 有一部分来自宕江摄知、庄组的开口韵，这种开口到合口的转变在明代江淮官话应该已经完成。《切韵声韵》中古开口字“窗双（庄组），幢撞（知组）”列于第三栏合口呼，《西儒耳目资》《书文音义便考私编》也有相同的现象。

15. *oŋ、*ioŋ

*oŋ、*ioŋ 韵母所包含的中古音类见表 6-24。

表 6-24　拟音*oŋ、*ioŋ 韵母所包含的中古音类

构拟音值	包含的中古韵类
*oŋ	通合一，通合三（多数），曾梗摄（帮组、见组）
*ioŋ	通合三（部分见系、影组），曾梗摄（见组）

此组音来自通摄，通摄是较稳定的韵摄，中古至今变化较少，今读大多数为 oŋ/ɔŋ 类，也有读 əŋ 类的，源于后来的 o>ə 央化音变，本书认为明代江淮官话为 oŋ 类。

江淮官话方言都有一些曾梗摄的帮组、见组合口字（如“猛孟萌，横宏兄”）读为 oŋ、ioŋ，并入通摄，本书认为明代江淮官话也有此特点。早在元代的《蒙古字韵》《中原音韵》中就有曾梗摄并入通摄或在二摄重出的情况（董建交，2007：90）。明代《书文音义便考私编》《韵通》里中古曾梗摄与通摄也有混杂的情况。

今江淮官话通摄合口三等 i 介音在见系后参差不齐，有的保留、有的丢失，而其他声组后全部丢失，并入一等韵。这种情况也见于《西儒耳目资》，本书认为明代江淮官话也是这种情况。

16. *aʔ、*uaʔ、*iaʔ

*aʔ、*uaʔ、*iaʔ韵母所包含的中古音类见表 6-25。

表 6-25　拟音*aʔ、*uaʔ、*iaʔ韵母所包含的中古音类

构拟音值	包含的中古韵类
*aʔ	咸山开一，咸山开二（多数），咸山合三（非组）
*uaʔ	山合二，咸山合三（知系）
*iaʔ	咸山开二（见组）

这一组韵母主要来自咸山摄一二等入声韵。扬淮片、苏南片多为 aʔ类、æʔ类，泰如片多为 æʔ，本书构拟为 aʔ类，与咸山摄阳声韵一二等相照应。

4 种材料对入声韵尾的处理有所不同。《西儒耳目资》入声韵不带塞音尾；《书文音义便考私编》《韵通》的入声字都为ʔ尾；《切韵声原》咸深摄似乎都还保留 p 尾，与其阳声韵的 m 尾对应，其他入声韵尾合并为ʔ尾。本书遵照《书文音义便考私编》的处理，把所有入声韵尾都构拟为ʔ尾（下同）。

17. *ieʔ、*yeʔ

*ieʔ、*yeʔ韵母所包含的中古音类见表 6-26。

表 6-26　拟音*ieʔ、*yeʔ韵母所包含的中古音类

构拟音值	包含的中古韵类
*ieʔ	咸山开三，咸山开四
*yeʔ	山合三（多数），山合四

此组音来自咸山摄三四等入声韵，与咸山摄三四等阳声韵的 iẽ、yẽ 对应。

18. *əʔ、*uəʔ、*iʔ、*yʔ

*əʔ、*uəʔ、*iʔ、*yʔ韵母所包含的中古音类见表 6-27。

表 6-27　拟音*əʔ、*uəʔ、*iʔ、*yʔ韵母所包含的中古音类

构拟音值	包含的中古韵类
*əʔ	曾开一（多数），梗开二（多数），深臻曾梗开三（知系）
*uəʔ	臻合一（多数），臻合三（非组、知系、微母），曾合一见组（“国或”），梗合二见组（“划计~划~船”）
*iʔ	深臻曾梗开三（多数），梗开四
*yʔ	臻合三（多数），曾合三（“域”），梗合三（“疫役”）

此组音主要来自深臻曾梗四摄入声韵，与阳声韵的 ən、uən、in、yn 对应。

19. *ɑʔ、*uɑʔ、*iɑʔ

*ɑʔ、*uɑʔ、*iɑʔ韵母所包含的中古音类见表 6-28。

表 6-28　拟音*ɑʔ、*uɑʔ、*iɑʔ韵母所包含的中古音类

构拟音值	包含的中古韵类
*ɑʔ	宕开一，宕开三（知章组），宕合三（非组），江开二（多数）
*uɑʔ	宕合一，江开二（知庄组）
*iɑʔ	宕开三，江开二（见组）

这一组音来自宕江摄入声韵，对应宕江摄阳声韵的 ɑŋ、uɑŋ、iɑŋ。扬淮片、苏南片、泰如片多数仍然保持 ɑʔ类。

20. *oʔ、*ioʔ

*oʔ、*ioʔ韵母所包含的中古音类见表 6-29。

表 6-29　拟音*oʔ、*ioʔ韵母所包含的中古音类

构拟音值	包含的中古韵类
*oʔ	通合一，通合三（多数），山合一，臻合一（帮组），曾摄开口一等（帮组），梗开二（帮组）
*ioʔ	通合三（影组、部分见组）

此音类主要来自通摄，还有山摄、臻摄、梗摄部分字，与前述阳声韵的 oŋ、ioŋ 对应。

山合一等是 oʔ韵类的一个重要来源，与前述 õ 对应，这一个音仍然体现了江淮官话山摄合口一二等有别，而且今方言中入声韵的表现更出色，在黄孝片、皖中片、扬淮片、苏南片、泰如片都有分布，范围之广超过阳声韵。

臻曾梗摄一二等帮组读 oʔ/ɔʔ主要出现在扬淮片、苏南片、泰如片，如淮安“没 moʔ4，墨默 mɔʔ4，白伯百 poʔ4，迫 phoʔ4，麦 mɔʔ4”，源于唇音后的异化，本书认为在明代江淮官话已经产生。

韵母构拟总结，明代江淮官话共有韵母 50 个，为每个韵母添加代表字，见表 6-30。

表 6-30　明代江淮官话韵母构拟汇总

阴声韵	资[ɿ] 支[ʅ] 儿[ə]	基[i]	孤[u]	居[y]
	麻[a]	假[ia]	瓜[ua]	
	车[e]	借[ie]		靴[ye]
	开[ɛ]	皆[iɛ]	乖[uɛ]	

续表

阴声韵	杯[ei]		归[uei]	
	钩[əɯ]	鸠[iəɯ]		
	高[ɔ]	交[iɔ]		
	歌[o]			
阳声韵		斤[in]		君[yn]
	干[ã]	坚[iẽ]	关[uã]	拳[yẽ]
			官[õ]	
	跟[ən]		昆[uən]	
	冈[ɑŋ]	姜[iɑŋ]	光[uɑŋ]	
	公[oŋ]	雍[ioŋ]		
入声韵		急[iʔ]		屈[yʔ]
	答[aʔ]	甲[iaʔ]	滑[uaʔ]	
	各[ɑʔ]	脚[iɑʔ]	郭[uɑʔ]	
		劫[ieʔ]		掘[yeʔ]
	刻[əʔ]		骨[uəʔ]	
	谷[oʔ]	欲[ioʔ]		

注：①入声韵和阳声韵的主元音基本对应；②e、ie、ye 与 ɛ、iɛ、uɛ 是两套不同的音位；ɔ、o 是不同的音位；③关[kuã]≠官[kõ]，后者来自山摄合口一等，山摄合口一二等有别；④aʔ、ɑʔ是不同的韵母。今南京、扬州的方言二者不合并，前者来源于咸山摄一二等，后者来源于宕江摄一二等；以后的演变也不同，黄孝片舒化后，前者读同假摄，后者读同果摄。

6.2.3　声调构拟

第 4 章构拟了近代江淮官话调类演变，并根据江淮官话主体区域的今读调值对近代调值进行了构拟，明代江淮官话与之基本相同，现摘录见表 6-31。

表 6-31　江淮官话声调构拟汇总

明代江淮官话调类	阴平	阳平	上	去声	入声
明代江淮官话调值	31	35	313	55	5

6.3　明代江淮官话的语音特征

严格来讲，语音特征是与其他方言相比，有区别意义的特征。但是本书将不以某一个具体的方言点为参照，而是根据经验筛选出江淮官话的一般特征，因此它们不一定具有区别性，但往往能给人留下深刻的印象，对方言定位有一定的指示作用。

另外，本书语音特征的选择将不限于静止的共时音系特征，还会涉及动态的历史演变特征。把明代江淮官话的特征分层级，第一级是历史演变特征，即中古至构拟音系的历史演变情况；第二层级为共时语音特征，包括上文构拟音系的音值特征。

6.3.1　历史演变特征

（1）全浊声母清化，塞音、塞擦音声母平声送气、仄声不送气。
（2）泥来相混。
（3）知庄章合并，但知二庄内转字读平舌音。
（4）尖团有别。
（5）影、云、以、疑母合口韵、部分日母合并，读零声母。
（6）微母独立。
（7）果摄一等开合无别。
（8）流摄唇音字并入遇摄。
（9）见组二等介音演变为 i。
（10）有开口化音变，涉及非、帮、端、泥来、精组的蟹、止、臻摄。
（11）舌尖元音 ɿ、ʅ 产生，范围为蟹止摄三四等舌齿音组之后。
（12）一二等合并、三四等合并，一二、三四等有别。
（13）四呼形成，撮口呼介音为 y，三等介音 i 在翘舌音组后失落。
（14）“儿系字”（日母止摄字）独立。
（15）咸山摄韵尾鼻化。
（16）山摄合口一二等有别（桓韵独立）。
（17）深臻曾梗四摄合并，韵尾为 n。
（18）平分阴阳。
（19）浊上归去。
（20）有一个入声调。
（21）入声韵尾合并为ʔ。

6.3.2　共时语音特征

（1）平翘对立。
（2）有 ŋ 声母。
（3）蟹摄一二等韵基为 ɛ。
（4）效摄韵基为 ɔ。
（5）流摄韵基为 əɯ。
（6）阳入韵母主元音基本对应。
（7）阴平为低降 31。
（8）阳平为升调 35。

（9）上声为曲折调 313。
（10）去声为高平调 55。

6.3.3 各片方言与明代音系的亲疏关系

1. 各片方言对明代语音特征的保留情况

以上述 31 项特征为参项，把各片的今读特点与之比较，“1”表示保留此特征，“0”表示无此特征，得出对比关系见表 6-32（为求简洁，特征用简称，但顺序不变）。

表 6-32　各方言片对 31 项特征的保留情况

对比参项	黄孝片	皖中片	扬淮片	苏南片	泰如片
（1）平送仄不送	1	1	1	1	0
（2）泥来相混	1	1	1	1	1
（3）知二庄内外转有别	1	1	0	0	0
（4）尖团有别	0	0	0	1	0
（5）影云以疑合为 ø	1	0	1	1	1
（6）微母独立	0	1	0	1	1
（7）果摄一等开合无别	1	1	1	1	1
（8）流摄唇音归遇摄	1	1	1	1	1
（9）见组二等介音为 i	1	1	1	1	1
（10）有开口化音变	1	1	1	1	0
（11）有舌尖元音	1	1	1	1	1
（12）中古四等二分	1	1	1	1	1
（13）四呼形成	1	1	1	1	1
（14）“儿系字”独立	1	0	0	0	1
（15）咸山韵尾鼻化	0	1	1	1	1
（16）桓韵独立	0	1	1	1	1
（17）深臻曾梗韵尾为 n	1	1	1	1	0
（18）平分阴阳	1	1	1	1	1
（19）浊上归去	1	1	1	1	0
（20）一个入声调	0	0	1	1	0
（21）入声韵尾合并为ʔ	0	1	1	1	1
（22）平翘对立	1	1	0	0	0
（23）有 ŋ 声母	1	1	0	1	0
（24）蟹摄一二等韵基为 ε	0	1	1	1	1

续表

对比参项	黄孝片	皖中片	扬淮片	苏南片	泰如片
（25）效摄韵基为单元音	0	1	1	0	1
（26）流摄韵基为 əɯ	0	1	1	1	1
（27）阳入韵母元音对应	0	0	1	1	1
（28）阴平为低降 31	1	1	1	1	1
（29）阳平为升调 35	0	1	1	1	1
（30）上声为曲折调 313	0	1	1	1	1
（31）去声为高平调 55	0	0	1	1	0

注：这里的苏南片把南京话排除在外，因为南京话比较特殊，有多项特点都与其他苏南片不同。

31 项特征中，皖中片、扬淮片都保留 25 项，保留率为 81%；苏南片保留 27 项，保留率为 87%；泰如片保留 21 项，保留率为 68%；黄孝片保留 18 项，保留率为 58%。

2. 亲疏关系的聚类分析

上面以构拟音系特征为参项的矩阵，可以显示各片与构拟音系的差异。但是这只是简单的比较。要想得出直观、量化、综合的各片与构拟音系及各片之间的亲疏关系，还需要寻求其他方法。

聚类分析是一种统计学方法，通过变量之间的两两比较，能够全面地获得变量之间的关系。聚类分析在语言学中使用的可行性，前人已经做过积极的探索，有很多成功的案例。本书参照郑锦全（2003）和黄行（1999）的方法，先把前述特征矩阵转换为相关系数，再做出各片的聚类。具体有以下几点。

第一，先统计两两方言片对比可能出现的对比关系。以黄孝片和皖中片为例，可能有 4 种情况：①二者都有；②黄孝片有，皖中片没有；③黄孝片没有，皖中片有；④二者都没有。统计出各种情况的数值，如下：

	皖中片 “1”	皖中片 “0”
黄孝片 “1”	16（*a*）	2（*b*）
黄孝片 “0”	9（*c*）	4（*d*）

第二，把上述数值带入公式 phi=（$ad-bc$）/square_root（（$a+b$）（$a+c$）（$b+d$）（$c+d$）），得出相关系数。以黄孝片和皖中片为例，如下：

phi=（16×4−9×2）/square_root（（16+2）（16+9）（2+4）（9+4））=0.246

第三，重复上述过程，得出每两小片之间的相关系数[①]，结果见表 6-33。

① 有的相关系数为负数，负数为负相关，它所表达的意义有待研究。这里采用陆致极（1987）的做法，用相关系数的绝对值。

表 6-33　相关系数表

	黄孝片	皖中片	扬淮片	苏南片	泰如片
黄孝片	1.000				
皖中片	0.246	1.000			
扬淮片	0.085	0.173	1.000		
苏南片	0.132	0.055	0.542	1.000	
泰如片	0.167	0.186	0.361	0.138	1.000

第四，用“平均连结法”（average linkage method）画出聚类树图。方法是：首先在表中查出最高系数，是苏南片和扬淮片的 0.542，二者成为一个聚类。其次查出次高系数，是泰如片和扬淮片的 0.361，但是扬淮片已经和苏南片形成一类，要把三者连结起来，连结点应是泰如片和扬淮片的系数（0.361）、泰如片和苏南片的系数（0.138）的平均数，计算得出为 0.250，这样三者就在 0.250 这一点上连结起来了。依次类推，把五小片连结起来形成聚类，做出树图 6-1。

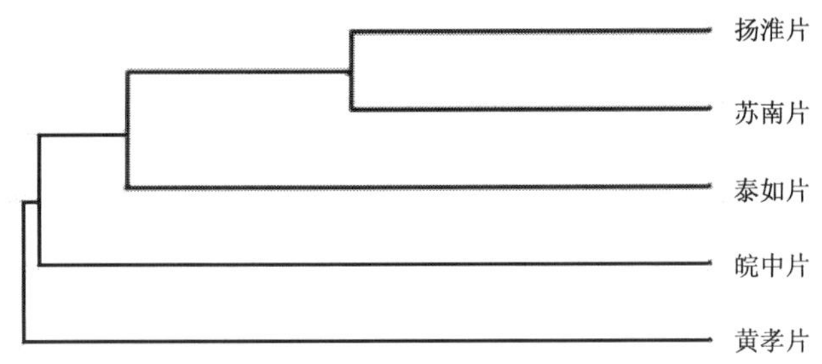

图 6-1　江淮官话各片之间亲疏关系的聚类树图

通过图 6-1 可以发现，扬淮片和苏南片之间的相关系数最大，同时因为此相关系数是基于明代语音特征的分析，所以它们和明代音系的关系也更近。另外，图 6-1 两两方言之间树枝长度之和表示二者的亲疏关系，可以发现两两之和各有差异，其中扬淮片与苏南片关系最近，而皖中片与黄孝片关系最远。

聚类分析的优势在于它的全面性。上文统计皖中片、扬淮片对早期特征的保留数目相同（都为 25 项），但是根据笔者对方言的感知经验，皖中片与扬淮片的差异非常明显，前文简单的数目统计不能显示这种差异，而聚类分析能够把它表现出来，图 6-1 证实皖中片与扬淮片关系较远。这是因为聚类分析是全面地比较，它不仅比较二者共有的特征，也比较二者共同没有的特征，以及一方有而另一方没有的特征，其中前两个数据与亲疏关系正相关，后一个数据与亲疏关系负相关。这就能够把两个方言的深层差异表现出来，因此聚类分析是全面的、综合的，所得的结论也更贴近于方言实际。

6.4　明代音系到现代方言的演变

本书构拟的明代音系与现代各片方言存在一定的差异，两个因素导致这种情况：一是本书意在构拟明代江淮官话，方言中早于明代音系的特征不作为本书构拟的依据，本书称之为存古；二是构拟音系到现代方言在这段时间内发生了变化，本书将以构拟为起点，梳理各片方言从构拟音系到现代方言的变化。

6.4.1　声母的演变

1. *p、*ph、*m

构拟音系中，这组声母来自帮组，从构拟音系至现代方言没有发生变化。但是泰如片在原来“平仄都送气”基础上，又有了“平送则不送”的文读，一些原来读送气音的字读为不送气音。

2. *f、*v

构拟音系中，这组声母来自非组。这组声母主要是*v 的变化，它在黄孝片、扬淮片变为 Ø；在皖中片的滁州、庐江，苏南片的句容，以及大部分泰如片方言中保留。

3. *t、*th、*n（l）

构拟音系中，这组声母来自端组。t、th 在皖中片后来擦化为 ts、tsh，在泰如片的部分方言擦化为 tɕ、tɕh，限于蟹摄开口四等韵和个别止摄开口三等字。

关于*n（l）。大多数保持了 n、l 相混，但是以韵母条件（洪细、鼻非鼻）发生分化，成为条件变体；皖中片在 n、l 相混基础上还发展出擦化形式 z、ʐ，但是一般限于 ɿ、ʮ 韵母之前，是韵母的擦化所致。

来自中古疑母细音的*n（l）也发生了变化，在皖中片、扬淮片普遍脱落，仅少数字保留，如“牛”；在皖中片还有少数与泥来母一起擦化为 z、ʐ，如“疑 zɿ 义 zɿ 艺 zɿ”。

4. *ts、*tsh、*s

构拟音系中，这一组声母有两个来源：一个是所有中古精组声母，另一个是知二庄内转韵摄字。精组字后来发生腭化音变，在细音韵母前分化出 Tɕ 类母，今除南京以外精组细音一般都读 Tɕ 类。皖中片还有进一步的 Tɕ>Ts 音变，是擦化音变的一部分。

5. *tʂ、*tʂh、*ʂ、*ʐ

构拟音系中，这组声母来自中古知二庄的外转字及所有知三章组字是翘舌音。黄孝片、扬淮片、泰如片的方言有少数中古知系字读 Tç 类的情况，是早期底层形式 Ts 类的腭化。

黄梅方言日母都读 ∅ 是明代之前的形式；还有的方言日母读 l，但是与 ʐ 不存在演变关系，而是平行关系，都来自更早期的 j。

6. *k、*kh、*x、*ŋ

*k、*kh、*x 来自中古见组，后来细音韵母前发生了腭化音变，变为 Tɕ 类。黄孝片、皖中片的还进一步发生了 Tɕ>Tʂ/Ts 的音变。

*ŋ 仅出现在开口呼之前，今方言黄孝片保持，皖中片变为 ɣ、ʑ、z、ʒ 等类型，扬淮片、苏南片、泰如片发生脱落。

7. *∅

构拟音系中*∅ 包括影、云、以、疑合口字。后来的变化情况是：黄孝片、皖中片、泰如片有 ∅>ŋ 的音变，皖中片有 ∅>ŋ>ɣ/ʐ 和 ∅>z/ʒ 的音变，皖中片、苏南片、泰如片有 ∅>v 的音变。

6.4.2　韵母的演变

1. *o

构拟音系中，这个韵母主要来自中古果摄。在皖中片变为 u、ɷ、ʊ 等类型，在泰如片裂化为 ɤɯ。

2. *a、*ia、*ua

构拟音系中，这一组音主要来自假摄二等，后来在苏南片、泰如片变为 ɑ，其他方言未变。

3. *e、*ie、*ye

构拟音系中，这一组韵母主要来自假摄三等、果摄三等。变化情况是：皖中片发生 ie>iɪ>i>ʅ 或 ie>iɪ>ɪ>ei 的音变，使假摄三等读为 ʅ、ɪ、i、ei 等类型；扬淮片、苏南片也发生了这样的音变，但是仅停留在 ɪ、i、ei 阶段，没有擦化为 ʅ，苏南片的句容还有 ie>iɪ>ɪ>əi 的音变；泰如片假摄三等有文白读，白读保留了早期的 a 类韵母，是存古。

4. *u、*y

构拟音系中，这一组韵母主要来自遇摄，还有流摄的唇音组。变化情况是：黄孝片发生 u>əu 的裂化，y>ʯ 的擦化，以及 y>i 的开口化音变；皖中片的 u 变异为 ʉ、ω、ʋ、o 类型，也有 u>əy 的裂化，以及 y>ʮ 的擦化；扬淮片、苏南片各片保持不变；泰如片也有 u>ɤɯ 的裂化音变。

5. *ɛ、*iɛ、*uɛ

构拟音系中，这一组韵母主要来自蟹摄一二等，多数方言保持了这一类型。黄孝片则保持了较早期的类型 ai，属于存古。

6. *ei、*uei

构拟音系中，这一组韵母主要来自蟹止摄合口一三四等。各片变化情况为：黄孝片的蟹摄合口一等字由于开口化音变，变为 i 韵母；皖中片有些方言韵尾脱落为 e、ue，有些方言中元音脱落，变为 ui；扬淮片的扬州话变异为 əi、uəi 类；苏南片变异为 əi、uəi // ɪ、uɪ 类型；泰如片变异为 əi、uəi 类型。

7. *i、*ɿ、*ʅ

构拟音系中，这一组韵母主要来自蟹摄开口三四等、止摄开口三等。皖中片的 *i 进一步擦化，普通话的帮组、端组、泥来、见组后读 i 韵母的字，皖中片都读 ʅ 韵母，皖中方言的很多擦化都与这组音变有关，造成声母的擦化。

8. *ə

构拟音系中，这一组韵母主要来自止摄开口三等日母（“儿系字”）。在皖中片、扬淮片的部分方言变为 a、ɔ、e/ɛ 等类型，音变原因是流摄的排斥。在黄孝片、扬淮片、苏南片、泰如片有的读为 ɚ，是受普通话的影响。

9. *ɔ、*iɔ

构拟音系中，这一组韵母主要来自效摄及少数宕江摄舒化入声字。效摄在黄孝片韵母为 au 类，体现了较早期的读音，为存古；苏南片还有读 ɔu、ɔo 类的，是早期读音的变式；其他各片都读 ɔ 类。

10. *əɯ、*iəɯ

构拟音系中，这一组韵母主要来自流摄。黄孝片为 əu/eu 类，与早期读音接近，为存古类型；皖中片、扬淮片、苏南片都是以 əɯ 类为主，当然也有 o、ɯ、əy、ɵ、ɤ、ə 等多种变异形式；泰如片以 ɤɯ 类为主，也有 əi、ei 变异形式。

11. * ã、*uã、*iẽ、*yẽ

构拟音系中，这一组韵母主要来自咸山摄。黄孝片一般为 an、ien 类，鼻音尾不鼻化，代表了早期类型，为存古；其他各片都以读 ã/ɛ̃、iĩ 类为主，这是构拟形式的变体，江淮官话元音有高化的趋势。还有一些特殊的类型，如南京咸摄一二等韵读 aŋ，六安咸山摄三四等鼻化韵甚至脱落，变为单元音 i、y。

12. *õ

构拟音系中，这一组韵母主要来自山摄合口一等。这是江淮官话的特色，是目前官话中仅存的保留独立桓韵的方言，在皖中片、扬淮片、泰如片一般都还保留此韵母，有的略加变化，为 ʊ̃。但是在后来的演变中，也有些方言的这一韵类消失：黄孝片一般变为 ã 类，苏南片的南京、句容也消失，与合口二等韵相同。

13. *ən、*uən、*in、*yn

构拟音系中，这一组韵母主要来自深臻曾梗摄。今黄孝片、扬淮片、苏南片保留了这种类型；皖中片略有变化，在*in、*yn 韵母中鼻韵尾变为鼻化；泰如片*ən、*in 多数都变为后鼻音韵母 əŋ、iŋ 类。

14. *ɑŋ、*uɑŋ、*iɑŋ

构拟音系中，这一组韵母主要来自宕江摄。多数方言中保留这一类型，只在皖中片、扬淮片、苏南片有少数鼻化，合肥话在开口呼韵母中韵尾甚至脱落，变为单元音。

15. *oŋ、*ioŋ

构拟音系中，这一组韵母主要来自通摄。黄孝片、扬淮片、苏南片保留了这种类型；皖中片元音央化，变为 əŋ、iəŋ/iŋ 类型；泰如片为 ɔŋ、iɔŋ 类，元音稍低。

16. *aʔ、*uaʔ、*iaʔ

构拟音系中，这一组韵母主要来自咸山摄一二等入声韵。黄孝片塞尾脱落，变为 a 类；扬淮片、苏南片多为 aʔ类、æʔ类，泰如片多为 æʔ类，与构拟形式相去不远；皖中片多数央化为 ɐʔ类。

17. *ieʔ、*yeʔ

构拟音系中，这一组韵母主要来自咸山摄三四等入声韵。黄孝片塞尾丢失，但是元音保持不变；扬淮片、苏南片、皖中片的部分方言完全保留了这一韵母类型（如淮安、南京、滁州），有的发生了高化（如镇江、扬州的 iɪʔ、yɪʔ），有的发生了央化（如六安、舒城、合肥 ɐʔ、yɐʔ）；泰如片进一步演变为 iɪʔ、yʊʔ，其中合口三四等 yʊʔ韵母的主元音变得与合口一等相同。

18. *əʔ、*uəʔ、*iʔ、*yʔ

构拟音系中，这一组韵母主要来自深臻曾梗摄入声韵。黄孝片入声舒化，*əʔ类塞尾丢失，韵母元音前化为 e 类，*iʔ、*yʔ直接脱落为单韵母 i、y；其他方言基本保持了构拟类型，只是不同程度地出现了低化、央化音变：*iʔ>iɪʔ>iəʔ。

19. *ɑʔ、*uɑʔ、*iɑʔ

构拟音系中，这一组韵母主要来自宕江摄一二等入声韵。黄孝片塞尾脱落变为 o 类；皖中片多数央化为 ɐʔ类；扬淮片、苏南片、泰如片多数保持 ɑʔ类。

20. *oʔ、*ioʔ

构拟音系中，这一组韵母来源广泛，有山摄、臻摄、曾梗通摄。山摄合口一等入声多数读 oʔ韵母，仅皖中片央化为 ɐʔ类；臻曾梗摄一二等的帮组读 oʔ/ɔʔ在扬淮片、苏南片、泰如片都有保留。通摄多数保留 oʔ类，皖中片变为 əʔ类。

6.4.3　声调的演变

构拟明代江淮官话调类和调值见表 6-34。

表 6-34　明代江淮官话的调类和调值

明代江淮官话调类	阴平	阳平	上	去声	入声
明代江淮官话调值	31	35	313	55	5

明代声调到现代江淮官话声调的变化是：

扬淮片、苏南片基本上保持了这一声调类格局和调值；

黄孝片入声韵舒化并长化，塞尾脱落，仅保留入声调；

皖中片大部分保留了这一格局，部分方言以元音高低为条件分化为两个入声调；

泰如片的入分阴阳、七调区的去分阴阳是早期形式，为存古；六调区方言在原来全浊上、浊去归阴平的基础上，经权威官话的影响又进一步出现了全浊上、浊去读去声的文读。

此外，入声韵喉塞尾的短促特征减弱，少数入声字舒化并派入其他三声，是所有江淮官话的共同特点，只是不同方言音变的程度不同。

6.4.4　主要音变总结

根据上文的表述，本节把主要音变汇总做成表 6-35，以资提纲挈领。

表 6-35　明代江淮官话音系到现代方言音系的主要音变汇总

明代的形式及范围	明代到现代的音变	涉及的方言	例证	书中章节
*v（微母）	*v>Ø	黄孝片、扬淮片	武 u 闻 uən 万 uan	2.1.2
*T 类（端组）	*t、*th>ts、tsh/_ɿ	皖中片	低 tsɿ 题 tshɿ 体 tshɿ	5.1.1
	*t、*th>tɕ、tɕh/_i	泰如片	低 tɕi 题 tɕhi 体 tɕhi	
*n/l（泥组）	*n>z、z/_ɿ、ʮ	皖中片	礼 zɿ 女 zʮ 驴 zʮ	

续表

明代的形式及范围	明代到现代的音变	涉及的方言	例证	书中章节
*Ts 类（精组）	*Ts>Tɕ/_i、y	多数方言	接 tɕiʔ秋 tɕhiɵ 选 ɕyĩ	2.5.1
	*Ts>Tɕ>Ts/_ɿ、ʮ	皖中片	祭 tsɿ 妻 tshɿ 聚 tsʮ	5.1.1
*K 类（见组）	*K>Tɕ/_i、y	所有方言	京 tɕin 奇 tɕhi 玄 ɕyĩ	2.4.1
	*K>Tɕ>Tʂ/_ʮ	黄孝片	句 tʂʮ 靴 ʂʮɛ 玄 ʂʮan	5.1.1
	*K>Tɕ>Ts/_ɿ、ʮ	皖中片	鸡 tsɿ 去 tshʮ 虚 sʮ	
*ŋ（疑母开口呼）	*ŋ>Ø	扬淮片、苏南片	岸 aŋ 昂 aŋ 傲 ɔo	2.8.1 5.1.1
	*ŋ>ɣ、ʐ、z、ʒ	皖中片	岸 ʐæ̃ 昂 ʐɑ 傲 ʐɔ53	
*n（疑母齐齿呼）	*n>Ø	皖中片、扬淮片	仰 iã 砚 ĩɪ 疑 i	
	*n> z、ʒ/_ɿ	皖中片	疑 zɿ 义 zɿ 艺 zɿ	
*Ø（影云以，疑母合口）	*Øi>ʐ	黄梅片	荣 ʐoŋ 用 ʐoŋ 育 ʐəu	2.8.2 5.1.1
	*Ø>ʔ>ŋ/ɣ/ʐ	黄孝片、皖中片、泰如片	矮 ŋai/ʐe/ŋɛ 袄 ɣɔ	
	*Ø>z、ʒ/_ɿ、ʮ	皖中片	衣 zɿ 姨 zɿ	
	*Ø>v	皖中片、苏南片、泰如片	瓦 va 温 vən 围 vəi	
*o（果摄）	*o>ɤɯ	泰如片	多 tɤɯ 歌 kɤɯ 破 phɤɯ	5.4.2
*ie（假开三）	*ie>iɪ>i>ɿ 或 *ie>iɪ>ɪ>ei	皖中片、扬淮片、苏南片	野 ie/iɪ/i/zɿ 谢 ie/ɕiɪ/ɕɪ/sei	3.2.1 5.4.3
*u、*y（遇摄）	*u>əu/ɤɯ/əy	黄孝片、皖中片、泰如片	路 nəu/ləy 怒 nɤɯ	5.4.2
	y>ʮ，-y->-ʮ-	黄孝片、皖中片	玉 ʮ/zʮ 鱼 ʮ/zʮ 玄 ʂʮan	5.1.2
*ei、*uei、*i（蟹止摄）	*ei>e	皖中片	倍 pe 卫 ue 桂 ue	3.4.1
	*uei>ui/uɪ	皖中片、苏南片	卫 ui/uɪ 桂 kui/kuɪ	3.4.1
	*uei>ui>i	黄孝片、泰如片	背 phi 陪 phi 梅 mi	3.4.3
	*i>ɿ	皖中片	计 tsɿ 皮 phɿ 厘 zɿ	5.1.2
*ɔ（儿系字）	*ɔ>a/ɔ/e/ɛ	皖中片、扬淮片	二 ə/ɛ/e/a/ɔ	3.4.3
*əɯ（流摄）	*əɯ>o/ɯ/ɵ/ɤ/ə	皖中片、扬淮片、苏南片	头 tho/thɯ/thɵ/thɤ/thə	3.6.1 5.4.3
*iẽ、*yẽ（咸山摄）	*iẽ、*yẽ>i、y	六安片	盐 i 典 ti 选 ɕy	5.3.1
*ən、*in（深臻摄）	*ən、*in>əŋ、iŋ	泰如片	跟 kəŋ 林 liŋ	5.3.1
*in、*yn（深臻曾梗摄）	*in、*yn>ĩ、ỹ	皖中片	林 lĩ 应 ĩ 瓶 phĩ 均 tɕỹ	5.3.1
*oŋ（通摄）	*oŋ>əŋ	皖中片	公 kəŋ 总 tsəŋ 穷 tɕhiəŋ	5.4.4
*aʔ类（咸山一二等） *ɑʔ（宕江）	*aʔ>ɐʔ	皖中片	达 tɐʔ滑 xuɐʔ甲 tɕiɐʔ	3.7.2 3.9.2
	*ɑʔ>ɐʔ	皖中片	托 thuɐʔ约 yɐʔ桌 tʂuɐʔ	
	*ɑʔ>oʔ>o	黄孝片	托 tho 约 io 桌 tso	
*ieʔ、*yeʔ（咸山三四等）	*ieʔ、*yeʔ>iɪʔ、yɪʔ	扬淮片、苏南片	涉 ɕiɪʔ节 tɕiɪʔ缺 tɕhyɪʔ	3.7.2
	*ieʔ、*yeʔ>iɐʔ、yɐʔ	皖中片	甲 tɕiɐʔ节 tɕiɐʔ缺 tɕhyɐʔ	
	*yeʔ>yʊʔ	泰如片	月 yʊʔ缺 tɕhyʊʔ	

续表

明代的形式及范围	明代到现代的音变	涉及的方言	例证	书中章节
*əʔ、*uəʔ（深臻曾梗一二等） *iʔ、*yʔ（深臻曾梗三四等）	*əʔ>ə>e	黄孝片	德 te 格 ke 国 kue	3.8.2 3.8.3
	*iʔ>i，*yʔ>y	黄孝片	立 ni 逼 pi 域 y	
	*iʔ>iɪʔ	扬淮片、苏南片、泰如片	粒 liɪʔ逼 piɪʔ绩 tɕiɪʔ	
	*iʔ>iɪʔ>*iəʔ（先） *əʔ>ɐʔ（后）	皖中片	立 liəʔ逼 piəʔ绩 tɕiəʔ 得 tɐʔ格 kɐʔ国 kuɐʔ	
*oʔ（通摄）	*oʔ>əʔ	皖中片	木 məʔ毒 tuəʔ欲 yəʔ	3.10.1
*-ʔ（韵尾）	*-ʔ> ø	黄孝片	答 ta 德 te 骨 ku 学 ɕio	3.9.2

结　语

本书按照历史比较语言学方法，以中古音类为比较单位，通过分析方言间的语音对应，推断出近代江淮官话的历史演变序列，在各项演变序列确定之后，构拟了近代江淮官话音系，并结合历史文献定位了构拟音系的时间大致为明代中期。本书的主要结论有如下几个方面。

第一，梳理了近代江淮官话的演变。江淮官话浊音清化的方式，主体区域是“平送仄不送”，东部的泰如片是平仄都送气，西部的黄孝片也保留了不少仄声送气的残留；泥来二母在近代江淮官话中相混；知二庄内转韵摄分化出平舌音；影、云、以、疑母合口韵合并为零声母；假摄三等元音普遍高化，还造成皖中片的其他擦化音变；蟹止摄舌齿音组后产生舌尖元音；流摄唇音字并入遇摄；深臻曾梗摄合并；江淮官话有少量入声字舒化并入其他三声之中；江淮官话的擦化音变以皖中片最多，且多数与蟹止摄有关；开口化音变导致合口介音消失，合口呼转为开口呼，且按照声组渐次进行；鼻韵尾演变为鼻化韵，尤以低元音的咸山摄普遍；江淮官话韵母元音普遍存在高化、裂化、单元音化等音变。

第二，以 4 种明代音韵材料为参照系构拟了明代江淮官话音系。明代江淮官话泥来相混；微母独立；尖团有别；平翘有别，但是平舌音多于普通话；果摄一等开合不分；效摄韵基为单元音；山摄合口一等（桓韵）独立，主元音不同于合口二等；四呼形成；二等介音已经演变为 i；蟹止臻摄的非、帮、端、泥来、精组声母后中古合口韵读开口呼。并且，本书参照历史文献的记录，把构拟音系的时间定为明代中期。从构拟音系到现代各片方言发生了程度不同的音变，通过以构拟音系特征为参项的聚类分析，得出了各片之间的亲疏关系，发现扬淮片、苏南片距离最近，黄孝片、皖中片距离最远。

第三，运用历史层次理论对特殊方言现象进行了分析和解释。知庄章的读音类型复杂，本书基于统计和方言地理学的分析，认为存在底层现象，知庄章全读平舌音曾经是江淮地区的底层，核心区域今读翘舌音是后来中原官话入侵的结果。再如，入声舒化后多数归去声，而不是归入调值相近的声调，这是受到权威的“扬州-南京”方言入声归派规则的影响。

第四，对历史文献信息进行了发掘。明清之际江淮官话区的音韵材料丰富，其中有可贵的语音演变信息。《许氏说音》较早记录了江淮官话泥来相混和知系、精组合流的现象；《韵通》《五声反切正韵》都记录了江淮官话深、臻、曾、梗阳声韵的合并现象。另外，通过多种音韵材料的分析对比，以及与方言的对比，对历史材料的性质有了进一步的认识。历史材料并不完全遵照方言实际，或多或少带有仿古或通语的特点，《切韵声韵》的-m尾是仿古特点，《五声反切正韵》的泥来有别反映通语的正音特点。

本书的不足也是客观存在的：一是方言选点数量偏少，且集中在江淮官话的主体区域，如果能扩大选点，所得结论将会更加全面；二是只研究江淮官话的近代演变，对于更早时期的演变情况论述甚少，有时与中古语音的衔接存在断层；三是一般只关注江淮官话内部音变，较少涉及外因影响的变化。

参考文献

安徽省地方志编纂委员会，1997. 安徽省志·方言志[M]. 北京：方志出版社.

鲍明炜，1980. 六十年来南京方音向普通话靠拢情况的考察[J]. 中国语文，4：241-245.

鲍明炜，1986. 南京方言历史演变初探[C]//复旦大学汉语言文字学《语言研究集刊》编委会. 语言研究集刊：第 1 辑. 南京：江苏教育出版社.

鲍明炜，1993. 江淮方言的特点[J]. 南京大学学报，4：71-85.

鲍明炜，王均，2002. 南通地区方言研究[M]. 南京：江苏教育出版社.

卜玉平，1998. 淮阴方言同音字汇[J]. 江苏教育学院学报，4：86-89.

蔡华祥，2011. 盐城方言研究[M]. 北京：中华书局.

曹志耘，2008. 汉语方言地图集[M]. 北京：商务印书馆.

陈清汉，1984. 孝感方言的韵母变读[J]. 语言研究，1：168-175.

陈寿义，2007. 安徽庐江南部方言研究[D]. 重庆：西南大学.

陈章太，李行健，1996. 普通话基础方言基本词汇集[M]. 北京：语文出版社.

陈忠敏，2003. 吴语及邻近方言鱼韵的读音层次——兼论“金陵《切韵》”鱼韵的音值[J]//北京大学汉语语言学研究中心《语言学论丛》编委会. 语言学论丛：第 27 辑. 北京：商务印书馆.

笪远毅，1997. 镇江方言比较研究[J]. 镇江师专学报，4：23-46.

笪远毅，1999. 镇江方言同音字汇[J]. 镇江师专学报，1：16-28.

丁邦新，1998a. 汉语方言区分的条件[C]//丁邦新. 丁邦新语言学论文集. 北京：商务印书馆.

丁邦新，1998b. 论官话方言研究中的几个问题[C]//丁邦新. 丁邦新语言学论文集. 北京：商务印书馆.

丁邦新，2007. 历史层次与方言研究[M]. 上海：上海教育出版社.

丁声树，李荣，1981. 汉语音韵讲义[J]. 方言，4：241-274.

邓晓华，王士元，2009. 中国的语言及方言的分类[M]. 北京：中华书局.

邓兴峰，1992. 明代官话基础方言新论[J]. 南京社会科学，5：112-115.

邓兴锋，1994.《南京官话》所记南京音系音值研究——兼论方言史对汉语史研究的价值[J]. 南京社会科学，4：45-57.

董建交，2007. 明代官话语音演变研究[D]. 上海：复旦大学.

方环海，1998. 论《古今中外音韵通例》的音系性质及其语音史地位[J]. 古汉语研究，2：13-17.

方环海，2005.《古今中外音韵通例》声系的几个问题[J]. 语言研究，2：51-55.

方以智，1641. 切韵声原[M]//钦定四库全书•通雅卷五十.

冯蒸，1987. 北宋邵雍方言次浊上声归清类现象试释[J]. 首都师范大学学报，1：80-87.
冯蒸，2013. 桓欢（-on）类韵为近代汉语北方方言普遍特征说[J]. 语言研究，4：20-36.
冯法强，2011. 中古入声在方言中的舒化研究[D]. 上海：上海师范大学.
冯法强，2013. 青海卓仓藏语、乐都汉语与江淮官话元音擦化现象比较探讨[J]. 云南师范大学学报（哲学社会科学版），4：20-26.
冯法强，2014a. 汉语南方方言韵尾“阳入对应”的类型学分析[J]. 语言研究，1：55-64.
冯法强，2014b. 江淮官话泥来母的今读类型及演变[J]. 南开语言学刊，2：40-47.
高晓虹，2009. 官话方言宕江摄阳声韵知系字读音分合类型及其演变[J]. 中国语文，2：153-165.
耿军，2011. 安徽怀远话的“嵌 l 词”[J]. 西华大学学报，3：119-122.
耿振生，1992. 明清等韵学通论[M]. 北京：语文出版社.
耿振生，2007. 近代官话语音研究[M]. 北京：语文出版社.
贡贵训，2010. 安徽怀远方言“分音词”举例[J]. 安徽理工大学学报，3：58-61.
贡贵训，2011. 安徽淮河流域方言语音比较研究[D]. 保定：河北大学.
顾黔，1990. 泰兴方言同音字汇[J]. 方言，4：284-292.
顾黔，1993a. 通泰方言声调的历史演变[J]. 南京师大学报，2：80-84.
顾黔，1993b. 论盐城方言咸山两摄舒声韵与阴声韵的关系[J]. 徐州师范学院学报，1：84-86.
顾黔，1997. 通泰方言韵母研究——共时分布及历史溯源[J]. 中国语文，3：192-201.
顾黔，2001. 通泰方言音韵研究[M]. 南京：南京大学出版社.
顾黔，2010. 鲍明炜语言学文集[M]. 南京：南京大学出版社.
顾劲松，2011. 苏北江淮官话古阴声韵字收 m 尾现象考察[J]. 语言科学，4：434-439.
郭丽，2006. 孝感（花园镇）话音韵研究[D]. 西安：陕西师范大学.
郭丽，2009a. 湖北黄孝方言鱼虞韵的历史层次[J]. 语言科学，6：660-666.
郭丽，2009b. 也谈黄孝片方言圆唇舌尖化现象的来源[J]. 语言研究，1：54-57.
郭沈青，2006. 陕南客伙话的性质和归属[J]. 中国语文，6：499-509.
合肥师范学院方言调查工作组，1962. 安徽方言概况[M]. 合肥：安徽教育出版社.
何大安，2004. 规律与方向：变迁中的音韵结构[M]. 北京：北京大学出版社.
何自胜，2005. 六安话语音研究[D]. 福州：福建师范大学.
何自胜，2009. 六安话入声字现状分析[J]. 皖西学院学报，3：93-96.
侯超，2009. 合肥方言带擦元音[ʅ]的实验研究[J]. 南京师范大学文学院学报，1：172-177.
胡安顺，2002. 汉语辅音韵尾对韵腹的稳定作用[J]. 方言，1：1-8.
胡士云，1989. 涟水方言同音字汇[J]. 方言，2：131-143.
黄行，1999. 苗瑶方言亲疏关系的计量分析[J]. 民族语文，3：56-64.
黄宾主，2006. 黄梅方言“入派”调查[J]. 湖北师范学院学报，2：60-61.
黄继林，1992. 宝应氾光湖方言中的 m 尾[J]. 方言，2：120-124.
季红霞，2008. 红安方言语法研究[D]. 昆明：云南师范大学.

江苏省地方志编纂委员会，1998. 江苏省志 • 方言志[M]. 南京：南京大学出版社.
江苏省和上海市方言调查指导组，1960. 江苏省和上海市方言概况[M]. 南京：江苏人民出版社.
姜莉，2008. 连云港市新浦方言语音研究[D]. 济南：山东大学.
金尼阁，2002. 西儒耳目资[M]//《续修四库全书》编委会. 续修四库全书 259•经部•小学类.上海：上海古籍出版社.
赖仙仙，2009. 河南洛宁方言语音研究[D]. 重庆：西南大学.
李登，2002. 书文音义便考私编[J]//《续修四库全书》编委会. 续修四库全书 251•经部•小学类. 上海：上海古籍出版社.
黎锦熙，1934. 国语运动史纲[M]. 北京：商务印书馆.
黎新第，1995. 明清时期的南方系官话方言及其语音特点[J]. 重庆师院学报（哲社版），4：81-88.
李荣，1985. 官话方言的分区[J]. 方言，1：2-5.
李金陵，1997. 合肥话音档[M]. 上海：上海教育出版社.
李如龙，辛世彪，1999. 晋南、关中的“全浊送气”与唐宋西北方音[J]. 中国语文，3：197-203.
李思敬，1994. 汉语“儿”[ɚ]音史研究[M]. 北京：商务印书馆.
李新魁，1979a. 古音概说[M]. 广州：广东人民出版社.
李新魁，1979b. 论近代汉语照系声母的音值[J]. 学术研究，6：38-45.
李新魁，1982. 记表现山西方音的《西儒耳目资》[J]. 语文研究，1：126-129.
李新魁，1983a. 汉语等韵学[M]. 北京：中华书局.
李新魁，1983b.《中原音韵》音系研究[M]. 郑州：中州书画社.
林焘，2010. 中国语音学史[M]. 北京：语文出版社.
林美玉，陈有根，1989. 南通音与中古音之比较[J]. 徐州师范学院学报，4：106-118.
刘存雨，2012. 江苏江淮官话音韵演变研究[D]. 苏州：苏州大学.
刘丹青，1994.《南京方言词典》引论[J]. 方言，2：81-102.
刘丹青，1997. 南京话音档[M]. 上海：上海教育出版社.
刘俐李，2007. 江淮方言声调实验研究和折度分析[M]. 成都：巴蜀书社.
刘祥柏，2007. 江淮官话的分区（稿）[J]. 方言，4：353-362.
刘勋宁，2012. “支微入鱼”的地理分布及其成因——兼说古中原官话 ü[y]语音层的变异[J]. 陕西师范大学学报，1：85-91.
鲁国尧，2001. 通泰方言研究史脞述[J]. 方言，4：301-314.
鲁国尧，2002.“颜之推谜题”及其半解（上）[J]. 中国语文，6：536-549.
鲁国尧，2003a.“颜之推谜题”及其半解（下）[J]. 中国语文，2：137-147.
鲁国尧，2003b. 泰州方音史和通泰方言史研究[C]//鲁国尧. 鲁国尧语言学论文集. 南京：江苏教育出版社.
陆志韦，1946. 释中原音韵[J]. 燕京学报，31：35-70.
陆志韦，1948. 金尼阁《西儒耳目资》所记的音[J]. 燕京学报，33：115-128.

陆致极，1987. 汉语方言间亲疏关系的计量描写[J]. 中国社会科学，1：155-166.

罗常培，1933a. 释内外转[J]. 中央研究院历史语言研究所集刊，2：209-226.

罗常培，1933b. 唐五代西北方音[R]. 中央研究院历史语言研究所单刊甲种之十二.

马秋武，2009. 南京方言两字组连读变调的优选论分析[J]. 语言研究，1：27-32.

麦耘，1991a. 中原音韵的舌尖后音声母补证[C]//高福生，等. 中原音韵新论. 北京：北京大学出版社.

麦耘，1991b. 论近代汉语-m 韵尾消变的时限[J]. 古汉语研究，13：21-24.

麦耘，1994. 关于章组声母翘舌化的动因问题[J]. 古汉语研究，1：21-25.

麦耘，2000.《正音撮要》中尖团音的分合[J]. 古汉语研究，1：31-34.

麦耘，2002. 汉语语音史上“中古时期”内部阶段的划分——兼论早期韵图的性质[J]. 东方语言与文化，3：147-166.

麦耘，2008. 语音史研究中历史比较研究与历史文献考证相结合的几个问题[J]//中国社会科学院语言研究所. 历史语言学研究：第 1 辑. 北京：商务印书馆.

麦耘，2010. 从中古后期-近代语音和官客赣湘方言看知照组[J]. 南开语言学刊，1：15-30.

麦耘，朱晓农，2012. 南京方言不是明代官话的基础[J]. 语言科学，4：337-358.

梅耶，1957. 历史语言学中的比较方法[M]. 北京：科学出版社.

梅祖麟，2001. 现代吴语和“支脂鱼虞，共为不韵”[J]. 中国语文，1：3-15.

宁继福，1985. 中原音韵表稿[M]. 长春：吉林文史出版社.

宁忌浮，2009. 汉语韵书史（明代卷）[M]. 上海：上海人民出版社.

潘悟云，2000. 汉语历史音韵学[M]. 上海：上海教育出版社.

潘悟云，2002. 中古汉语方言中的鱼和虞[J]//潘悟云. 著名中年语言学家自选集·潘悟云卷. 合肥：安徽教育出版社.

潘悟云，2006. 竞争性音变与历史层次[J]. 东方语言学（创刊号），1：152-165.

平山久雄，1984. 江淮方言祖调值构拟和北方方言祖调值初案[J]. 语言研究，1：185-199.

秦筠，2007. 镇江市区方言“n、l 不分”情况调查[D]. 上海：华东师范大学.

丘学强，2005. 军话研究[M]. 北京：中国社会科学出版社.

侍建国，1992. 沭阳音系及其历史演变[J]. 语言研究，2：100-109.

侍建国，2011. 历史语言学——方音比较与层次[M]. 北京：中国社会科学出版社.

石绍浪，2007. 江淮官话入声研究[D]. 北京：北京语言大学.

史皓元，石汝杰，顾黔，2006. 江淮官话与吴语边界的方言地理学研究[M]. 上海：上海教育出版社.

时秀娟，向柠，2010. 武汉话语音的鼻化度考察[J]. 语言研究，2：49-54.

时秀娟，冉启斌，石锋，2010. 北京话响音鼻化度的初步分析[J]. 当代语言学，4：348-255.

苏晓青，1993. 江苏省盐城方言的语音[J]. 方言，2：121-128.

苏晓青，丁苏丽，2011. 沭阳方言入声现状考察[J]. 常熟理工学院学报，9：97-102.

盛银花，2007. 安陆方言语法研究[D]. 武汉：华中师范大学.
宋益丹，2006. 南京方言声调实验研究[D]. 南京：南京师范大学.
孙宜志，2002. 安徽宿松方言同音字汇[J]. 方言，4：368-379.
孙宜志，2005. 方以智《切韵声原》与桐城方音[J]. 中国语文，1：65-84.
孙宜志，2006. 安徽江淮官话语音研究[M]. 合肥：黄山书社.
孙宜志，2007. 合肥方言泥来母今读[z]声母现象的探讨[J]. 中国语文，1：55-60.
孙宜志，2010. 从知庄章的分合看《西儒耳目资》音系的性质[J]. 中国语文，5：438-450.
孙华先，2000. 吴烺《五声反切正韵》的二十纵音[J]. 扬州教育学院学报，4：36-39.
谭其骧，1982. 中国历史地图集[M]. 北京：中国地图出版社.
田恒金，2009. 汉语方言“泥”“来”二母相混类型研究[J]. 河北师范大学学报，1：108-113.
汪平，2011. 宝应方言语音初探[J]. 语言研究，2：81-87.
汪化云，1997. 黄冈方言没有入声韵[J]. 黄冈师专学报，3：62-64.
汪化云，2005. 关于“江淮官话黄孝片”的两点意见[J]. 方言，4：379-379.
王骏，2010. 安徽舒城方言语音研究[D]. 漳州：漳州师范学院.
王力，1980. 汉语史稿[M]. 北京：中华书局.
王力，1985. 汉语语音史[M]. 北京：中国社会科学出版社.
王力，1995. 王力语言学词典[M]. 济南：山东教育出版社.
王洪君，2011. 历史音变面面观——《历史语言学：方音比较与层次评介》[J]. 语言科学，6：657-669.
王军虎，2004. 晋陕甘方言的“支微入鱼”现象和唐五代西北方音[J]. 中国语文，3：267-271.
王求是，1996. 孝感方言的入声[J]. 方言，2：143-145.
王世华，1981. 扬州语音的一些变化[J]. 扬州师院学报，2：82-85.
王世华，1992a. 扬州话的声韵调[J]. 方言，2：115-119.
王世华，1992b.宝应方言的边音韵尾[J]. 方言，4：272-274.
王文婷，2011. 滨海方言语音研究[D]. 南京：南京大学.
王韫佳，1998. 海安话轻声与非轻声关系初探[J]. 方言，3：211-217.
吴波，2006. 合肥话“-i”、“-y”音节声韵母前化再探[J]. 合肥学院学报，4：49-51.
吴波，2007a. 江淮方言的边音韵尾[J]. 语言研究，1：41-44.
吴波，2007b. 江淮官话语音研究[D]. 上海：复旦大学.
吴波，2008. 中古精组及知见系声母在江淮官话中的塞化音变[J]. 语文研究，3：60-61.
吴烺，2002. 五声反切正韵[M]//《续修四库全书》编委会. 续修四库全书 258•经部•小学类. 上海：上海古籍出版社.
吴继光，李建，1989. 扬州方言的连读变调[J]. 徐州师范学院学报，3：98-105.
吴宗济，林茂灿，1989. 实验语音学概要[M]. 北京：高等教育出版社.
伍巍，1995. 合肥话“-i”，“-y”音节声韵母前化探讨[J]. 语文研究，3：58-60.

伍巍，2006. 江淮官话入声发展演变的轨迹[J]. 中国方言学报，1：185-193.
夏中华，2011. 麻城方言调查报告[D]. 南宁：广西民族大学.
向然，2011. 镇江方言语音研究[D]. 南京：南京大学.
项梦冰，2006. 客家话古日母字的今读——兼论《切韵》日母的音值及北方方言日母的音变历程[J]. 广西师范学院学报，1：83-91.
萧云从，2002. 韵通[M]//《续修四库全书》编委会. 续修四库全书 257•经部•小学类. 上海：上海古籍出版社.
邢公畹，1984. 安庆方言入声字的历史语音学研究[J]. 中国语言学报，2：1-21.
谢留文，2003. 客家方言“鱼虞”之别和“支”与“脂之”之别[J]. 中国语文，6：512-521.
熊正辉，1990. 官话区方言分 ts tʂ 的类型[J]. 方言，1：1-10.
徐通锵，1994. 音系的结构格局和内部拟测法（上）——汉语的介音对声母系统的演变的影响[J]. 语文研究，3：1-9.
徐通锵，1996. 历史语言学[M]. 北京：商务印书馆.
许惠，等韵学[M]//《续修四库全书》编委会. 续修四库全书 258•经部•小学类. 上海：上海古籍出版社.
杨自翔，1989. 安徽桐城方言入声的特点[J]. 中国语文，5：361-368.
杨耐思，1958. 北方话“独上变去”来源拭探[J]. 学术月刊，2：72-77.
杨耐思，1981. 中原音韵音系[M]. 北京：中国社会科学出版社.
杨耐思，2004. 近代汉语语音史的分期[C]//中国音韵学研究会. 音韵论丛. 济南：齐鲁书社.
杨亦鸣，王为民，2003.《圆音正考》与《音韵逢源》所记尖团音分合之比较研究[J]. 中国语文，2：131-136.
叶宝奎，2001a. 试论《书文音义便考私编》音系的性质[J]. 古汉语研究，3：6-10.
叶宝奎，2001b. 明清官话音系[M]. 厦门：厦门大学出版社.
俞敏，1992. 方言区际的横向联系[C]//俞敏. 俞敏语言学论文二集. 北京：北京师范大学出版社.
俞扬，1991. 泰州方言同音字汇[J]. 方言，4：259-274.
雍淑风，史国东，刘雅清，2010. 中古知庄章三组声纽在庐江方言中的读音[J]. 巢湖学院学报，1：94-100.
袁家骅，1960. 汉语方言概要[M]. 北京：文字改革出版社.
曾晓渝，1991. 试论《西儒耳目资》的音系基础及明代官话的标准音[J]. 西南师范大学学报，1：66-74.
曾晓渝，1992.《西儒耳目资》的调值拟测[J]. 语言研究，2：132-136.
曾晓渝，2004.《西儒耳目资》声韵系统研究[C]//曾晓渝. 语音历史探索. 天津：南开大学出版社.
曾晓渝，2013. 明代南直隶辖区官话方言考察分析[J]. 古汉语研究，4：40-50.
曾晓渝，2014.《西儒耳目资》音系基础非南京方言补证[J]. 语言科学，7：424-429.
赵元任，丁声树，杨时逢，等，1948. 湖北方言调查报告[M]. 北京：商务印书馆.

中国社会科学院和澳大利亚人文科学院，1987. 中国语言地图集[M]. 香港：朗文（远东）有限公司.

张安生，贡贵训，2010. 安徽怀远方言的入声演变及归属[J]. 河北大学学报，4：1-9.

张光宇，1993. 吴闽方言关系试论[J]. 中国语文，3：161-170.

张光宇，2006. 汉语方言合口介音消失的阶段性[J]. 中国语文，4：346-358.

张光宇，2012. 汉语方言的鼻化运动[J]. 语言研究，2：17-28.

张位，2002. 问奇集[M]//《续修四库全书》编委会. 续修四库全书 238•经部•小学类. 上海：上海古籍出版社.

张小英，2002.《切韵声原》研究[D]. 济南：山东师范大学.

张玉来，1988. 内外转补释[J]. 山东师大学报，1：71-78.

张玉来，2009. 再释内外转并论及早期韵图的性质[J]. 语言研究，3：27-45.

郑锦全，1994. 汉语方言沟通度的计算[J]. 中国语文，1：35-43.

郑锦全，2003. 方言亲疏关系的计算与验证[R]. 台湾大学创校 75 年暨改制 58 年周年校庆暨“语言学之科学研究：实验的设计、方法及统计分析”研习课程.

周扬，2007. 黄孝片方言 ɥ 韵系的历史层次及来源[J]. 语言研究，4：84-86.

周芸，2007. 句容方言研究[D]. 南宁：广西大学.

周政，2006. 关于安康方言分区的再调查[J]. 方言，2：177-183.

周政，2009. 平利方言调查研究[M]. 北京：中华书局.

周元琳，2001. 安徽庐江方言音系[J]. 方言，3：263-280.

朱晓农，2006. 音韵研究[M]. 北京：商务印书馆.

朱晓农，2007. 近音——附论普通话日母[J]. 方言，1：2-9.

朱晓农，2010. 语音学[M]. 北京：商务印书馆.

Campbell L，2008. Historical Linguistics：An Introduction.2nd Edition[M]. Edinburgh：Edinburgh University Press.

Coblin W S，2002. A palatal nasal in late ming guanhua[J]. Acta Orientalia.

Coblin W S，2005. Comparative phonology of the Huáng-Xiào dialects[R]. 语言暨语言学专刊甲种之十三.

Ladefoged P，2003. Phonetic Data Analysis：An Introduction to Fieldwork and Instrumental Techniques[M]. Malden，USA：Blackwell Publishing.